国家社会科学基金项目资助(项目批准号:16BYY101)

基于词汇类型学的空间量度形容词习得研究

苏向丽 著

中国社会科学出版社

图书在版编目（CIP）数据

基于词汇类型学的空间量度形容词习得研究/苏向丽著.—北京：
中国社会科学出版社，2024.2
ISBN 978-7-5227-2963-3

Ⅰ.①基⋯　Ⅱ.①苏⋯　Ⅲ.①形容词—研究　Ⅳ.①H042

中国国家版本馆 CIP 数据核字（2024）第 035317 号

出 版 人	赵剑英
责任编辑	孔继萍
责任校对	夏慧萍
责任印制	郝美娜

出　　版	中国社会科学出版社
社　　址	北京鼓楼西大街甲 158 号
邮　　编	100720
网　　址	http://www.csspw.cn
发 行 部	010-84083685
门 市 部	010-84029450
经　　销	新华书店及其他书店

印刷装订	北京市十月印刷有限公司
版　　次	2024 年 2 月第 1 版
印　　次	2024 年 2 月第 1 次印刷
开　　本	710×1000　1/16
印　　张	16.75
插　　页	2
字　　数	254 千字
定　　价	98.00 元

凡购买中国社会科学出版社图书，如有质量问题请与本社营销中心联系调换
电话：010-84083683
版权所有　侵权必究

序

张 博

初识向丽是在 2011 年春季学期。那个学期我给全校语言学专业的硕士生上一门汉语词汇学选修课,刚分娩不到两个月还在休产假的苏向丽老师,每次都从三十公里以外的家中赶来听课,她那强烈的学术热情给我留下深刻印象。2012 年 7 月,向丽进入北京语言大学中国语言文学博士后流动站,之后与我及课题组的老师同学密切合作了两年多。

2009—2014 年间,我们课题组正在做教育部重点研究基地重大项目"不同母语背景的汉语学习者词语混淆分布特征及其成因研究"。为了引导大家较为高效地探寻词语混淆的主要致因,我提出一个推测:不同学习群体的共通性词语混淆主要与目的语词汇特征有关,而特定学习群体的特异性词语混淆则可能来自母语词汇知识的干扰。然而,接触到刚引起国内学界关注的词汇类型学后让我意识到,词语混淆现象的探因远非如此简单,不同母语背景学习者词语混淆的共通性与特异性当与不同语言概念的词汇化方式及语义扩展异同相关。于是,在 2011 年春季学期,我组织团队的博士和硕士研究生,共同研读了 Martine Vanhove 主编的 *From Polysemy to Semantic Change: Towards A Typology of Lexical Semantic Associations* (《从多义性到语义演变:走向词汇语义关联的类型学》,2008),这应当是第一部较为系统的词汇类型学论文集。此外,我们还研读了其他一些有关词汇类型学理论和个案研究的中英文文献。可由于课题研究有时间限制,加上忙于琐事,我自己没能借鉴词汇类型学理论方法对学习者词语混淆做进一步研究。令我感到欣慰的是，有几位团队成员对词汇类型学产生了兴趣，坚持不懈地研修思考，做出了可喜的成绩。其中用力最勤、钻研最深的是向丽老师，她的这部专著是词汇类型学视角的多语别学习者词语混淆问题的开拓性、系统性研究成果。

词汇类型学研究难度大，需要基于数量多、类型广的语言样本抽绎概念的词汇化方式及语义演变规律。而这部专著选取的研究对象是"大/小、长/短、高/低（矮）、深/浅、宽/窄、粗/细、厚/薄、远/近"等空间量度形容词，这就更增加了研究的难度。一方面，与名词动词相比，形容词的意义较为抽象，用以区分比较对象的语义特征更难提取，这也是以往词汇类型学研究多关注名词动词而较少涉及形容词的原因。另一方面，这些形容词又都是常用词，常用词的搭配关系广，语义扩展力强，概括不同语言词汇化和语义扩展异同的工作会倍加繁难。因此，选择常用空间量度形容词作研究对象，体现了向丽老师不畏艰难的学术勇气。

本书反映出的研究工作主要有两项，一是空间量度形容词的类型学研究，二是学习者空间量度形容词的混淆研究。首先，运用词汇类型学的研究范式，从定名学视角分析汉语、英语、日语、韩语、印尼语空间量度概念的词汇化共性及差异，从符意学视角考索这五种语言空间量度形容词语义扩展的普遍规律及特有变异；在这项工作的基础上，对英、日、韩、印尼四种母语背景学习者空间量度形容词的混淆分布特征进行描写，结合词汇类型学视角的研究发现，揭示不同语言空间量度概念词汇化方式及同词化模式、语义扩展的普遍性及特异性对不同母语背景学习者词语混淆的影响。

该书基于词汇类型学研究来探讨不同母语背景汉语学习者词汇习得问题的总体思路具有前沿性，研究框架清晰合理。不论是词汇类型学视角的空间量度形容词词汇化和语义扩展研究，还是对学习者空间量度形容词使用偏误的分析，都能立足于充分的语言事实精细描写，精准地归纳概括。令人信服地表明，学习者凸显性、系统性的词语混淆现象多与汉语或母语特异性的词汇化方式和语义扩展方向有关。该研究拓展了词汇类型学的研究空间，也为二语词汇习得及教学研究昭示了一个大有可为的新方向。

阅读这部专著，还会加深我们对一个老问题的认识，即语言本体与语言习得及教学的关系。二语学习者容易习得哪些语言知识、不易习得哪些语言知识，二语教学应当把哪些语言知识作为重点难点，在很大程度上是由人类语言共性与差异决定的。因此，二语习得及教学研究必须基于深入扎实的语言研究，向丽老师的这部著作就是将语言本体研究与语言习得及教学研究相贯通的样板。希望向丽老师继续努力，也希望更多的汉语教师及研究者在深入研究汉语及人类语言类型特征的基础上，深入探讨第二语言习得规律及教学策略，为汉语第二语言教学提供更多理论指导和参考依据。

前　言

　　词汇类型学与二语词汇习得属于两个独立的分支学科，但二者的互动可以促进彼此的发展。Greenberg（1991：39）认为，"中介语或第二语言在揭示人类语言能力的研究中与第一语言具有同等重要的意义，二者都可以为语言研究的总体目标提供重要的参照点"。到目前为止，国内外形态、句法以及语音类型学的研究模式已经得到了很好的建立和发展，类型学中的标记理论、蕴含共性和语法层级等已经广泛应用于二语习得领域中。相对于其他领域类型学的发展，词汇类型学属于相对年轻的类型学分支领域，是一种跨语言的词汇学和类型学研究模式。相对于语法类型学与二语语法习得的深度结合研究，基于词汇类型学的二语词汇习得研究还未真正展开，加强二者的互动研究有助于拓展彼此的研究空间，从词汇类型学角度关注和研究词汇习得是必然的发展趋势。本书所做的研究是这方面的一项尝试。

　　词汇类型学作为类型学的一个分支领域，是一种专门针对词汇语义系统进行跨语言研究的理论框架，它聚焦于人类语言在表达概念的词汇语义系统中所具有的相似性和差异性。汉语中介语词汇系统体现学习者母语词汇知识系统和目的语词汇知识系统的互动，不同学习者的母语和目的语中蕴含的语言共性和差异往往会在这一系统中有所反映。从词汇类型学视角出发，可以关注到语言间的共性及差异如何投射到中介语中。在二语学习者的中介语中，词汇偏误在各类言语错误中比重最高，词语混淆是词汇偏误的重要类型之一。聚类观察某一语义范畴中的词语混淆现象，可以更系统地发现二语学习者的习得规律。从词汇类型学视角研究不同母语背景下汉语学习者的中介语词汇习得问题，特别是词语混淆现象，将有助于在理论上加深对语言本体和语言词汇习得两方面的认识，在实践上可以促进二语词汇教学的研究。

不同类型的语言，语义范畴是相同或相通的，用语义范畴做基底，方能进行语言间的对比或类型学研究（李宇明，2001：1）。空间量度范畴是人类共同的认知范畴，也是人类最基本的认知范畴之一，空间量度概念也是人类最早产生和使用的基本概念之一，本书选取空间量度范畴常用形容词（例如"大/小、长/短、深/浅"等）作为对象进行跨语言的研究。本书的主要内容分为两大部分：一是基于词汇类型学理论跨语言分析空间量度形容词，重点从定名学视角分析汉外空间量度概念的共时词汇化表现，从符意学视角分析空间量度形容词的语义扩展规律，其目的是为二语词汇习得的深入研究奠定基础；二是在跨语言分析的基础上，基于大规模汉语中介语语料库考察汉语二语学习者空间量度形容词的习得状况，重点分析空间量度混淆词的分布特征及影响因素，并从词汇类型学视角进行深入的解释和分析。希望通过这一研究可以促进词汇类型学与二语词汇习得的深度结合，不断拓展空间范畴的跨语言研究视野，深化空间量度形容词习得的研究，进而在应用上不断推进二语汉语词汇教学及易混淆词学习词典的编纂。

本书虽已完成并即将出版，但是限于时间和精力，有很多问题尚需深入研究和完善。希望能与对本研究感兴趣的同仁一起继续探讨和研究，也恳请专家和朋友们多多批评指正。

本研究获得国家社会科学基金一般项目资助，特此感谢。项目名称：基于词汇类型学的 CSL 学习者空间量度范畴形容词的习得研究（批准号：16BYY101 结项证书号：20220013 鉴定等级：优秀）。

目　　录

第一章　绪论 …………………………………………………… (1)
第一节　研究缘起 ……………………………………………… (1)
第二节　研究对象与研究目标 ………………………………… (4)
　　一　研究对象 ……………………………………………… (4)
　　二　研究目标 ……………………………………………… (7)
第三节　研究的理论基础及相关研究 ………………………… (7)
　　一　词汇类型学及其相关研究 …………………………… (8)
　　二　中介语理论与易混淆词研究 ………………………… (13)
　　三　词汇类型学视角的二语习得研究 …………………… (16)
第四节　研究方法 ……………………………………………… (17)
　　一　语言样本选取方法 …………………………………… (18)
　　二　词典、访谈与语料库结合法 ………………………… (19)
　　三　汉语词汇偏误分析法 ………………………………… (20)
　　四　多视角比较分析法 …………………………………… (20)
第五节　研究意义 ……………………………………………… (21)
　　一　促进类型学与词汇习得结合的研究 ………………… (21)
　　二　拓展词汇类型学形容词领域的研究空间 …………… (22)
　　三　深化汉语中介语的词汇偏误研究 …………………… (23)

第二章　空间量度形容词研究综述 …………………………… (25)
第一节　国外空间量度形容词相关研究 ……………………… (25)

一　基于结构语义学视角的研究 …………………………………（25）
　　二　基于认知语言学视角的研究 …………………………………（27）
　　三　基于类型学视角的研究 ………………………………………（31）
第二节　国内空间量度形容词相关研究 …………………………………（33）
　　一　汉语空间量度形容词本体研究 ………………………………（33）
　　二　空间量度形容词汉外对比研究 ………………………………（38）
　　三　汉语空间量度形容词习得研究 ………………………………（42）
第三节　小结 ………………………………………………………………（44）

第三章　定名学视角空间量度概念词汇化的跨语言分析 …………（45）

第一节　定名学视角的词汇化 ……………………………………………（45）
第二节　汉语空间量度概念的词汇化 ……………………………………（47）
　　一　汉语古今表征基本空间量度概念的主导词 …………………（47）
　　二　现代汉语方言表征基本空间量度概念的主导词 ……………（53）
第三节　跨语言审视空间量度概念的词汇化 ……………………………（57）
　　一　汉外语言中表征空间量度概念的对应主导词 ………………（57）
　　二　基于数据库的空间量度概念的同词化分析 …………………（61）
　　三　汉外空间量度概念词汇化的普遍性与变异性 ………………（74）
第四节　小结 ………………………………………………………………（75）

第四章　符意学视角空间量度形容词语义扩展的跨语言分析 ………（76）

第一节　符意学视角的语义扩展 …………………………………………（76）
　　一　词的多义性 ……………………………………………………（76）
　　二　多义性与同词化的区别与联系 ………………………………（78）
第二节　语义扩展跨语言分析的基础 ……………………………………（79）
第三节　空间量度形容词语义扩展的跨语言分析 ………………………（81）
　　一　［大／小］语义扩展的跨语言分析 …………………………（82）
　　二　［长／短］语义扩展的跨语言分析 …………………………（89）
　　三　［高／低］语义扩展的跨语言分析 …………………………（94）
　　四　［深／浅］语义扩展的跨语言分析 …………………………（102）

五　[宽/窄] 语义扩展的跨语言分析 …………………………… (109)
　　六　[粗/细][厚/薄] 语义扩展的跨语言分析 …………………… (114)
　　七　[远/近] 语义扩展的跨语言分析 …………………………… (125)
 第四节　空间量度形容词语义扩展的普遍性与变异性 ……………… (130)
　　一　五种语言空间量度形容词隐喻映射的目标域 ……………… (130)
　　二　空间量度形容词语义扩展的普遍性 ………………………… (132)
　　三　空间量度形容词语义扩展的变异性 ………………………… (134)
 第五节　小结 …………………………………………………………… (136)

第五章　基于中介语语料库的空间量度形容词习得偏误分布 …… (138)
 第一节　空间量度形容词习得的整体分布情况 ……………………… (138)
 第二节　空间量度混淆词的判断与确定 ……………………………… (141)
　　一　空间量度混淆词探查的汉语中介语语料库来源 …………… (141)
　　二　空间量度混淆词探查及误例判断 …………………………… (142)
　　三　空间量度混淆词的误用词与当用词的确定 ………………… (143)
 第三节　空间量度形容词混淆误用的分布特征 ……………………… (144)
　　一　空间量度混淆词的词际关系分布特征 ……………………… (144)
　　二　空间量度混淆词的语义关系分布特征 ……………………… (150)
　　三　空间量度形容词表达不同范畴时的混用分布特征 ………… (153)
　　四　空间量度形容词混用的国别分布特征 ……………………… (160)
 第四节　小结 …………………………………………………………… (163)

第六章　汉语空间量度形容词混淆的成因及类型学分析 ………… (164)
 第一节　汉语中介语词语混淆的影响因素 …………………………… (164)
 第二节　空间量度形容词混淆的成因分析 …………………………… (166)
　　一　正向空间量度形容词混淆成因分析 ………………………… (167)
　　二　负向空间量度形容词混淆成因分析 ………………………… (178)
 第三节　空间量度形容词混淆的类型学分析 ………………………… (184)
　　一　空间量度概念词汇化类型对词语混淆的影响 ……………… (184)
　　二　空间量度词语义扩展的普遍性对词语混淆的影响 ………… (190)

第四节　小结 …………………………………………………… (201)

第七章　空间量度形容词的教学建议及混淆词辨析 ……… (202)
第一节　汉语空间量度形容词的教学建议 ………………… (202)
一　加强汉外对比意识及国别/语别化教学 ……………… (202)
二　关注空间量度多义词教学 …………………………… (204)
三　注重空间量度形容词语境及搭配教学 ……………… (206)
四　明确空间量度形容词教学的阶段性 ………………… (207)
第二节　汉语空间量度混淆词辨析 ………………………… (208)
一　空间量度混淆词辨析策略 …………………………… (209)
二　空间量度混淆词辨析原则 …………………………… (210)
第三节　小结 ………………………………………………… (211)
附　易混淆词辨析案例：矮—低 …………………………… (212)

第八章　余论 …………………………………………………… (215)
第一节　研究结论 …………………………………………… (215)
第二节　研究不足及展望 …………………………………… (219)
一　研究不足 ……………………………………………… (219)
二　研究的展望 …………………………………………… (220)

参考文献 ………………………………………………………… (222)

附录一　目标词的等级、形容词义项及配例 ………………… (244)

附录二　空间量度概念 BIG｛大｝同词化的语系和语种分布 …… (247)

附录三　空间量度概念同词化类型分布 ……………………… (248)

后　记 …………………………………………………………… (252)

第一章

绪　论

第一节　研究缘起

空间范畴在人类认知世界中占据非常重要的地位,是人类最基本的认知范畴之一。空间感知能力也是人类最基本的认知能力之一,人类在最初认识世界的时候往往通过和事物的空间关系来表达对事物的认知,由此形成各种空间概念,如"上/下、左/右、前/后、大/小、远/近、高/低"等。随着认知语言学研究的不断深入,空间词的研究越来越具有广度和深度。

"量"是人类认知世界、把握世界和表述世界的重要范畴。在人类的认知世界中,事物（包括人、动物）、事件、特征等无不含有量的因素。（李宇明,1999a）"量度"是人们把握"量"的重要手段之一,人们对客观的事物、事件、特征等也习惯用量度的方法测算。量度范畴是这种反映客观世界的逻辑范畴在语言中的投射。量度范畴包括很多方面,如空间、时间、温度、强度、力度等,其中最直观、最基础的是"空间量度"。几乎所有的语言都有表示高度、宽度、距离和厚度的空间量度词（Clark H &Clark E,1977:533）。就最典型的事物而言,"它们一般都占据一定的空间,随着具体事物类型不同而表现出大小、高低、厚薄、聚散、离合等等特征"（陈平,1988）。

空间量度是量度范畴中的重要范畴,可以用来"计算事物的长度（包括长短、高低、深浅、远近、粗细等）、面积、体积（包括容积）以及事物间距离"（李宇明,2000:40）。表达空间量度概念既可以用计量词语，如"公里、米"，也可以使用具有空间量度意义的形容词语，如"大、小、高、低"等。空间量度形容词"是对具有一定形状的事物所占据的空间量进行说明的词语，是对事物一个或一个以上维度的物理延伸程度的描述"（胡德明，2003：62）。这类词既可以用于表达空间概念，也用于表达非空间概念，而且是汉语作为第二语言（简称 CSL）学习者应该学习和掌握的常用词，然而准确习得这些词语并不容易，我们在汉语教学以及中介语语料库中发现不同国别/语别学习者常常会混用这些词语，误例①如：

（1）弟弟不仅比他的朋友更｛大｝，而且比我更｛大｝。

（大→高，韩国②）

（2）年龄｛高｝的爷爷奶奶们基本上都不会带上眼镜。

（高→大，老挝）

（3）她的身材呢，不高不｛低｝，身材也是很苗条。

（低→矮，泰国）

（4）我的影子越来越｛矮｝，终于到一条莽莽苍苍的河。

（矮→小，美国）

（5）我生日的那一天，我们本来打算去上海旅游，但是爸爸在中国的时间很｛矮｝，所以我们就去乐北公园玩儿。（矮→短，印尼）

误例（1）中，当用"高"表达人的"个子"，但误用为"大"；误例（2）中当用"大"表达"年龄"，但误用为"高"。CSL 学习者将这两个词混用，形成一组双向误用混淆词"大—高"。误例（3）中"个子"当与"矮"搭配，但误用为"低"；误例（4）中"影子"当与"小"搭配，却误用为"矮"；误例（5）中"时间"当与"短"搭配，

---

① 本书中介语误例的语料库来源丰富，每个语料库的标记方式差异较大，本书的误例统一用｛｝括注误用的目标词，并在例句后标注正确的词语。误例中可能存在多个偏误点，本书只提取目标词误用的偏误，其他偏误保留原貌。

② 由于本研究中使用的汉语中介语语料库多数是按照国别标注的学习者信息，因此本书出现的误例统一按照国别标注。

却误用为"矮"。以汉语为母语的绝大多数人语感丰富，使用这类词语时一般不容易出现误用，然而在汉语中介语语料库中，却发现大量表达空间量度概念的形容词混淆误用的现象。结合语境我们可以推测出 CSL 学习者想要表达的意思，然而在实际交流中这种不符合汉语习惯的误用则会延长话语解码时间，甚至影响交际（苏向丽、莫修云，2014）。虽然有些词并不是同（近）义词，但却有可能是 CSL 学习者易混淆的词。张博（2007）提出我们必须站在中介语立场、着眼于目的语的理解和使用来观察这类中介语的词语误用和词语混淆现象。

各种语言的词汇都有系统性，中介语词汇也是"一个语言系统"（鲁健骥，1993），多项研究已经证实在学习者各种类型的言语错误中，词汇错误是最严重的，"在各种类型的词汇错误中，词语混淆又是最为常见的"（张博，2016：1）[1]。"学习者会混淆某些词语的关系，在当理解为甲时误解为乙，或当使用甲时误用了乙。那些为众多学习者经常混淆的词对或词聚就是易混淆词（confusable words）"（张博，2008a）。词语混淆是从心理归因的角度予以定性的词汇错误，如果从言语表达的角度来看，这种错误主要表现为词语误用（张博，2013）。在词语误用中，"误用词"是第二语言学习者在句中用错了的词语，与"误用词"相对的是"当用词"，即根据上下文语境可以替换误用词的正确词语。词语混淆是汉语学习者最常见的词汇错误，分清易混淆词语的意义和用法是词汇学习的难点之一。

Corder（1967：161-170）将二语习得中的错误区分为失误（mistake）和偏误（error）[2]两类。刘珣（2009：191-192）指出"失误是指偶然产生的口误或笔误"，"偏误则是指由于目的语掌握不好而产生的一

---

[1] 北京语言大学"HSK 动态作为语料库"中把词汇错误分为"错词""缺词""多词""离合词错误"和"外文词"5 类。张博（2016）基于该库"词错误汇总"的数据发现，在 5 种词汇错误中，"错词"数量最大，占词汇错误总数的 57.75%，其中绝大多数属于词语误用。
[2] 迟道加（2021）通过知网搜索调查了"error analysis"一词的翻译，调查发现：国内很多外语研究者翻译为"错误分析"，而国内汉语二语研究者多数译为"偏误分析"。但也有很多学者对二者不作区分。关于 error 的翻译本书主要采用"偏误"一词，但在原文引证或介绍一些观点时也会根据上下文语境采用"错误"一词。

种规律性错误，它偏离了目的语的轨道，反映了说话者的语言能力和水准"。二语词汇习得中，有些词汇错误属于失误，往往是由于思维受限而产生的偶然性的、非系统性的错误；有些词汇错误属于偏误，是系统性的、带有某种规律性的错误。汉语中介语中有些混淆词语的产生是由失误造成的，一般偶尔出现，这些词语混淆现象是个别学习者偶发性的；有些词语混淆现象比较普遍，有一定规律性或系统性，是词汇偏误的表现。对 CSL 学习者词汇习得过程中存在的、具有普遍性和规律性的词语混淆现象进行研究，将有助于了解和掌握学习者的词汇偏误规律，从而为第二语言词汇教学提供参考。

词汇系统十分庞杂，"如果孤立地一对对分析混淆词语往往'只见树木，不见森林'，如果聚类观察某一语义范畴中的词语混淆，则可以更系统地发现有规律性的语言现象"（苏向丽，2015）。因为"某些词语混淆现象往往不是孤立存在的，性质相同的词语混淆可能存在于若干个有语义聚合关系的词上"（张博，2008b）。以空间量度范畴为例，聚类考察空间量度形容词在汉语中介语中的混淆现象将有助于系统分析与这一语义范畴相关的语言现象。在中介语系统中，这些形容词混淆误用的分布特征如何？哪些是母语迁移造成的？哪些是词汇知识的过度类推产生的？不同母语背景学习者的混用表现有何异同？空间量度形容词的混用反映了不同民族认知方面的哪些共性和特性？要深入分析这些问题，了解制约这类词混淆的因素需要深入到目的语与母语的跨语言比较中，而词汇类型学强调基于范畴的跨语言比较，可以用来分析不同语言表达某一语义范畴时的词汇手段的异同。从词汇类型学视角关注不同国别/语别的 CSL 学习者词语混淆现象有助于了解不同学习群体习得这类词语的共性与个性特点，为词汇习得偏误分析提供新的研究分析视角。

第二节 研究对象与研究目标

一 研究对象

（一）空间量度形容词

空间量度范畴是不同时代、民族和地域人们共有的认知范畴，表达空间量度范畴的形容词,也有研究称为"空间维度形容词"(伍莹,2015)。由于这些词首先是对物体所占据的空间量进行说明,维度只是其中一个构成因素,而空间量不仅与维度密切相关,"还与距离、方向等因素相关"(徐今,2015),因此,本书采用"空间量度形容词"这一术语。

我们依照系统性原则对现代汉语空间量度形容词进行提取,以《同义词词林》《形容词词典》《现代汉语分类词典》为基础,同时参考斯瓦迪士制定的核心词表,从中确定选取出现代汉语基本的空间量度形容词,并以单音词"大/小、长/短、高/低(矮)、深/浅、宽/窄、粗/细、厚/薄、远/近"为重点研究对象。这些词都属于《国际中文教育中文水平等级标准》(2021)中的常用词汇。从范畴层级结构而言,这些词大多是在交际中处于优先地位的基本层次范畴词,是跨语言研究的重要词语类聚。这些形容词分别用来描述事物空间的大小、长度、高度、深度、宽度、粗度、厚度、距离等。在现代汉语中,这些空间量度形容词具有如下基本语义特征:

大/小:[空间][整体维度][面积/体积][±超过参照物]

长/短:[空间][一维][长度][±距离较大]

高/低(矮):[空间][一维][高度][地面上][垂直][上向][±距离大]

深/浅:[空间][一维][垂直][深度][下向/内向(外到内)][±距离大]

宽/窄:[空间][二维][横向][宽度][±距离大]

粗/细:[空间][三维][条状/颗粒状][粗度][±距离大]

厚/薄:[空间][三维][扁状][厚度][±距离大]

远/近:[空间][一维][两事物间][长度][±距离大]

以上主要从维度①、量度、形状、方向、距离②等角度描写汉语空间量度形容词主要的语义特征。这些形容词大多是成对的反义词。量度的表述涉及人类的期待倾向，期待"多"称之为"正向期待"，期待"少"为"负向期待"（沈家煊，1999）。"大、高、长、宽、厚"等词表示的多是一种"正向期待"，多是无标记词，在量上一般指向大量，可称之为"正向空间量度形容词"；"小、低、短、窄、薄"等词表示的多是一种"负向期待"，多是有标记词，在量上一般指向小量，可称之为"负向空间量度形容词"。苏向丽（2015）指出"正向量度形容词通常表达事物超出某个现实或心理标准，负向量度形容词通常表达事物没有达到某个现实或心理标准。量的心理标准常常是一个较为主观的标准，表达常伴随着主观性"。因此，这类空间量度形容词也可以被分为积极空间量度形容词和消极空间量度形容词。由于本书涉及跨语言对比，研究对象还会涉及其他语言的空间量度形容词。

（二）CSL 学习者空间量度混淆词

本研究基于大规模汉语中介语语料库考察 CSL 学习者空间量度形容词的习得状况，并重点研究空间量度形容词之间混淆误用的词（简称"空间量度混淆词"）。研究中，通过一定的程序判断并提取汉语中介语语

---

① 维度是物体的首要形状特征，物体可分为三种，即一维物体、二维物体和三维物体。一维物体是指在一个维度方向上具有优势，即在这个维度方向上的延伸性大大超过在其他两个维度方向上延伸的物体，如"棍子""铅笔""绳子""河"等。二维物体是指在两个维度方向上的延伸性比在第三个维度上大得多的物体，包括典型的平面物体，如"纸""叶子""布"等，还包括厚度不大的立体物体，如"书""木板"等。三维物体是指在三个维度方向，即长、宽、高上都有延伸性的物体，并且没有任何一个维度特别凸显、具有优势，主要是立体物体，如"球""石头""水果"等。汉语学界不同学者关于空间维度的划分有不同标准，本书在金美顺（2009）、伍莹（2011）、徐今（2015）、刘桂玲（2017）和刘志远（2020）的划分标准的基础上，同时基于国家语委现代汉语平衡语料库考察这些词的搭配对象，依据这些搭配词表示的事物的凸显特征确定维度标准。"大/小"为整体维度形容词，整体维度包括零维、一维、二维、三维所有的维度。

② 徐今（2015）认为"距离"的语义特征可以包括连续距离和间隔距离。连续距离是物体自身从一端到另一端的距离，间隔距离是距离参照面的距离。基于这一标准，"长/短、宽/窄、粗/细、厚/薄"都表达空间的连续距离，"高/低（矮）、深/浅、远/近"既可以表达连续距离，也可以表达间隔距离。其中"远/近"通常是对物体相对位置进行度量，所以多用于间隔距离，只在描述"道""路"类词语时表达连续性距离。

料库中空间量度形容词的误例,从中筛选出误用的空间量度混淆词。本书考察从汉语中介语语料库中收集到的所有误例,涉及 42 个国别的 CSL 学习者空间量度混淆词,重点对比韩语、日语、英语、印尼语四种母语背景学习者的混淆词及混淆成因的共性与差异。(目前这四种学习者群体的资源相对充足,中介语语料的数量和规模比较大,并且有较为长期的相关母语背景合作研究者。)

二 研究目标

语言类型学与二语习得分别属于两个不同的分支学科,但语言类型学和二语习得之间的互动可以促进彼此的发展(Comrie,1981;Hawkins,1987;Eckman,1977、1991;孙文访,2012)。从已有研究来看,张赪(2016)认为类型学理论影响下的二语习得研究有两种研究范式。一种是印证类型学所揭示的跨语言蕴涵共性特征,另一种是以类型学研究框架为指导,对比分析母语和目的语的相关语言项目,揭示异同,在此基础上讨论二语习得问题。验证类型蕴含共性的研究是一般性的、理论性的研究。而类型学框架下的语言对比研究是具体的,与二语教学实践关系密切。本书的问题源自教学,因此更倾向于第二种研究范式。

第二语言词汇习得能够体现二语学习者的母语词汇知识和目的语词汇知识的互动,母语和目的语知识系统中所蕴含的共性和个性有可能会在学习者的中介语中有所反映。不同母语背景学习者的汉语中介语中,词语混淆误用存在共通性与特异性,从语言的词汇类型学视角出发,可以关注并发现语言间的词汇共性及个性是如何投射到二语词汇习得中的。因此,本书尝试借鉴词汇类型学的研究视角,跨语言对比空间量度形容词的词汇语义系统,并通过分析不同母语背景学习者空间量度形容词的混用现象,探析这一较为复杂的混淆词群形成的影响因素。

第三节 研究的理论基础及相关研究

对汉语中介语词汇系统的深入研究,需要我们不断借鉴新的理论视角来开拓研究领域。本书将在词汇类型学的视野下研究空间量度形容词,然后结合二语习得中介语理论探讨汉语二语学习者空间量度形容词的习得问题,并重点研究词语混淆现象。

一　词汇类型学及其相关研究

(一) 词汇类型学

对人类语言的比较可以揭示出系统性的变异规律。语言类型学与语言共性的研究通过揭示这些规律来归纳并探索人类语言普遍性的制约条件(Croft,1990:1)。语言类型学的研究对象是跨语言系统出现的语言模式,主要目的是"展示人类不同语言之间的差异所受到的严格制约,揭示纷繁复杂的语言差异背后的系统性"(贾燕子、吴福祥,2017)。作为一种重要理论和方法,类型学研究的是大多数语言的共有规则,目前已被广泛应用于解释很多语言现象与习得现象。长期以来,语法(特别是语序)一直是类型学研究的重点。而词汇类型学研究自20世纪50年代出现后,在很长时间里没有取得大的突破,这与词汇研究领域滞缓于其他领域的状态一致。近20年来,类型学研究对象和范围深入到语音、语义、词汇、语用功能等多个方面,研究更加注重对语言的外部特征的动因和机制的探讨,并向其他语言学流派渗透,其解释的深度和广度都得到很大拓展;在研究方法和手段上除蕴涵关系、标记现象的不对称和等级性等,还"十分重视跨语言的语言数据的整理和统计研究"(江轶,2006)。在这种研究趋势的推动下,词汇类型学逐步发展起来。Martine Vanhove 主编的 *From Polysemy to Semantic Change——Towards a Typology of Lexical Semantic Associations*(2008)收集14篇词汇类型学文章,探讨词汇类型学的理论、方法,并重点对语义演变进行类型学的理论阐释和实证研究。

词汇类型学(lexical typology)是词汇语义学与语言类型学相结合产生的一门新学科,是一种跨语言的词汇学和类型学研究模式(Koptjevskaja-Tamm,2008:5)。在跨语言比较中,研究一种语言的词汇系统与另一种语言的不同表现在什么地方?这些差异是随机的还是受制约的?跨语言的差异表现是否具有可预测性?(李亮,2019:1)词汇类型学旨在揭示词汇层面的内在规律和系统性,致力于"发现词义扩展的变异范围和对这些变异施加的限制,揭示词义演变背后的规律性、寻求构成普遍规律的原因、揭示人类认知的内在本质"(张莉,2013)。按照 Lehrer(1992:249)的经典定义,词汇类型学就是研究各种语言里"把语义材料包装进词语的独特方式"。其基本思想是,尽管不同语言的词汇从表面上看是杂乱无章、没有规律的,但是通过系统的比较可以发现,语言中丰富的词汇现象在一定程度上是可以解释和预测的。Koch(2001)较早提出该领域有两个研究视角:定名学(onomasiological)和符意学(semasiological)。定名学视角关注不同语言中哪些意义可编码为独立的词汇形式,对特定概念域的语义切分是自由变异,还是存在限制。符意学视角关注特定概念域里具有共时语义关联或历时派生关系的词汇单位可表达多少不同的意义,存在哪些反复出现的语义演变路径,以及跨语言常见的隐喻和转喻模型。Stefan Grondelaers 和 Dirk Geeraerts(2003:71)认为定名学研究一个特定概念的不同指称,是从意义到语言形式的研究路子;符意学则关注某一概念的语义关联和语义衍生,是从语言形式到意义的路子。后来的研究者(Koptjevskaja-Tamm,2008)进一步拓展了研究视角,增加了词汇和语法的互动视角,这一视角致力于发现词汇和语法之间的类型学联系,尤其关注语义系统对句法关系的影响。贾燕子(2019)认为定名学和符意学是词汇演变研究中最重要的两种主要视角。

(二)词汇类型学的相关研究

1. 国外词汇类型学的相关研究

词汇类型学是语言类型学中相对年轻的分支领域,因此目前还未形成完全统一的分析方法,不同学派有不同的研究重点。张莉(2016:150-160)梳理了欧洲语言类型学派中的德国科隆学派、捷克布拉格学派、俄罗斯彼得堡学派以及美国的格林伯格学派,并重点介绍欧洲进行的"语义联系"研究的项目。关于"语义联系",德国学者主要研究历时的词汇类型学,重点对语义变化的类型进行分类分析;由于词汇借用也是语言变化的重要表现,德国莱比锡马普人类进化研究所还关注借词类型的研究,并建立"跨语言的链接数据库"(Cross-Lingistic Link Data,CLLD);

俄罗斯学者主要关注语义转移并建立数据库①；法国学者主要研究多义词和语义变化的跨语言的模式；荷兰学者主要研究不同语言如何编码的人类共同的经验，从简单的感知刺激到具体对象，再到复杂的动态事件，研究跨语言的范畴和认知。

俄罗斯学者李亮（2019：6-71）则进一步根据当前词汇类型学的研究归纳出如下几种研究范式。第一种是与语法类型学交叉的词汇类型学研究，如 Talmy（1985）运动事件的研究、Newman（1996、1997、2002、2009）的"给予类"动词、姿势动词"坐、站、躺"以及"吃喝类"动词等方面的研究。第二种是基于"自然语义元语言"的词汇类型学，"自然语义元语言"对词汇类型研究有很大贡献，但基于语义基元的研究也存在局限性。第三种是以"刺激反应"理论为基础的语言心理学影响下的词汇类型学研究。这类研究在"马普"语言与认知小组②的研究中得到进一步发展，但基于这一研究方法收集的数据也会存在一些问题，比如脱离语言自然使用，不考虑词搭配和各种用法、抽象概念无法考察、视频制作复杂、情景局限等。第四种是莫斯科词汇类型学的理论及研究范式。

随着词汇类型学的不断发展，马克斯·普朗克人类历史科学研究所（Max-Plank Institute）建立了跨语言同词化数据库（CLICS^3）③，这一数据库有助于跨语言词汇的语义关联（semantic associations）研究。基于CLICS^{3}跨语言词汇数据库，可以研究跨语言的语义关联，涉及语义演变、概念化模式等方面的内容。尽管李亮（2019：11-12）认为该数据库受词典质量的制约，而且不区分本义与引申义，不注明语义转移的方向，但通过比较不同语言中的同词化现象，可以研究很多问题，例如人类的

---

① 语义转移类型数据库标注每个语义转移的方向、来源词和目标词的语义类和语法特征（李亮，2019：11）。

② 该研究所简称"马普所"，是德国联邦和州政府支持的一个非营利性研究机构，其研究领域的成绩享誉世界。马普所由近80个科研院所组成，涵盖自然科学、生命科学、社会科学、艺术和人文学科基础研究。马普所的"语言与认知小组（Language and Cognition Group）"是词汇类型学研究的重镇，官方网站为：http://www.mpi.nl/departments/language-and-cognition。

③ 数据库网站为：https://clics.clld.org。

感知、语言的演变和语言的接触等。在 Science（2019）的一项最新研究中[1]，来自多个国家的研究团队一起合作，通过使用比较语言学的定量研究中的新方法，分析了20个语系中的2474份语言样本中的情绪概念，该研究方法通过分析不同语言之间的情绪概念的同词化网络（colexification networks），考察情绪语义在语言间的变异性，揭示了情绪语义的普遍性和变异性。该研究集中分析情感概念在世界语言中的不同表达，使用CLICS³来研究世界各地语言中情感的词汇编码差异。这项研究比较了来自全球语言样本中的用于情感概念的同词化网络，发现情感的含义在不同语言家族中差异很大。Jackson 和 Watts et al.（2019）研究表明，基于这一数据库可以为心理学、人类认知以及语言类型学等问题提供一些有力的研究支持。

现阶段的词汇类型学研究包含历时和共时两个维度，前者关注词汇语义演变、语法化和词汇化历程，后者通常限定在特定语义场，或者研究特定词语的多义模式等。目前研究较深入的名词类词语有"颜色词、身体词、亲属词、动植物词"等；动词类词语有"感知动词、位移动词、水中运动动词、疼痛类动词、切割—破坏类动词、吃喝类动词"等；形容词类词语有"通感形容词、维度属性词、温度属性词、物理属性词"等。总体而言，"近十年来，欧洲数个大型团队项目使得该领域研究更趋深入和规模化"（韩畅、荣晶，2019），词汇类型学研究的内容也日渐丰富起来。

2. 国内词汇类型学的相关研究

国内词汇类型学的研究随着国外研究的发展近年来逐步发展起来，主要是借鉴欧洲词汇类型学的一些框架进行研究。其中从词汇类型学共词化角度进行的研究比较早，研究多以动词为主，也有个别名词的研究。例如易焱、王克非（2013）最早运用共词化研究汉英"相遇"类动词，而后刘文隆（2015）考察动词"想"的共词化，赵果（2017）考察名词

---

[1] Joshua Conrad Jackson, Joseph Watts, Teague R. Henry, et al., Emotion semantics show both cultural variation and universal structure, *Science*, 2019, Vol. 366, Issue6472, P1517 – 1522. https：//www.science.org/doi/10.1126/science.aaw8160.

"头"的共词化。还有些学者主要运用语义图进行词汇类型学的研究，例如张定（2016、2017）运用语义图考察"追逐"类和"穿戴"类动词；吴瑞东（2020）考察 22 种语言或方言的"躺卧"义，并构建"躺卧"动词义的概念空间，绘制出不同语言的语义图；姬雪儿（2021）则基于 30 种语言或方言，跨语言构建出"行走"义动词的概念空间，并证明词义演变跨语言共性的存在。后来的一些研究从词汇类型学的符意学视角，将共词化与语义地图进行结合研究动词，例如韩畅、荣晶（2019）从符意学视角，运用共词化和重叠多义性原理考察"坐"义动词的跨语言语义共性和限制的存在。付冬冬、于洋（2023）则从符意学视角运用"共词化—语义地图"模型分析 18 种语言"吹"概念的 21 个意义，构建了"吹"的概念空间，发现具有亲缘关系的语言在语义地图上呈现出大致相似的分布走向，可能是受到词语本源义的影响。

此外，贾燕子、吴福祥（2017）从三个视角（定名学、符意学及词汇—语法互动）讨论汉语"吃、喝"类动词；墙斯（2016、2019）、贾燕子（2019）基于莫斯科词汇类型学的理论框架和研究方法，分别考察汉语旋转类动词、水中运动动词的历时演变和汉语"硬"语义场的历时演变。金采里（2021）也借鉴这一理论考察空间维度形容词 THICK/THIN 在汉语和韩语两种词汇系统中的具体表现，重点分析这些概念在两种语言中的词化模式，即语义场成员的基础义与引申义用法。同时基于 MLexT 参数和语义框架的研究方法更直观地呈现汉韩两种语言在认知上的差异。

总体上看，词汇类型学主要是比较特定语义范畴或某些词在跨语言中的共性与差异，就像语法类型学比较不同语法范畴或某些功能词在不同语言中的具体表现一样。从某一语义范畴出发，分析世界语言范围内人类语言如何对同一概念进行词汇编码，以及可以用什么样的语言形式来词汇化同一概念，可以从中看到人类表达同一个概念时语言组织形式的异同以及受到的制约；同时也可以观察到同一语义范畴内，不同语言形式的语义演变轨迹和扩展方式，并找到其中变异的制约因素和背后的一致性。

二 中介语理论与易混淆词研究

（一）中介语理论

美国语言学家 Selinker（1972：209-231）最早提出，"中介语是一种介于母语和目标语之间并且随着学习的深入不断向目标语靠近的过渡性语言系统"。James（1998）认为中介语有三种范式：对比分析、偏误分析、迁移分析。一般而言，对比分析主要比较母语系统和目标语系统；偏误分析主要比较中介语系统和目标语系统；迁移分析主要比较母语系统和中介语系统。对比分析认为学习中的偏误多数是由母语干扰造成的，偏误分析则排除母语干扰因素，迁移分析则忽视目标语因素。目前的中介语分析"把二语习得看作是学习者从母语出发不断假设验证目标语，创造性地建立一个介于母语和目标语的新的语言系统过程"（温伟力，2010）。然而母语和目标语到底是怎样共同影响二语学习者的？单纯的对比分析、偏误分析和迁移分析对中介语的产生不能做出全面的、令人满意的解答。要想充分研究这一领域，必须把三者结合起来。

当前汉语二语习得研究中，基于汉语中介语研究引发的一些新研究常跟偏误分析有关，而各种大型中介语语料库的建设又为偏误研究提供更加坚实的资源基础。然而偏误分析发展到今天也面临着现实和理论的双重困境。蔡淑美、施春宏（2020）认为，从现实层面来说，对偏误形式的归纳长期停留在遗漏、误加、错序等分布类型的表面说明上。从理论层面来说，对偏误发生的层次性还缺乏深入探讨，对学习者习得意识的机制缺乏充分挖掘，对偏误现象所反映出的规律性缺少必要概括。如何既能发挥偏误分析的效度，又能突破既有的研究观念，成为人们思考和实践的新问题。

（二）易混淆词研究

词语混淆是二语学习者中介语中最为凸显的一种词汇偏误，也是最影响有效交际的言语偏误类型之一。国外英语作为第二语言（简称 ESL）的研究者（如 Duskova，1969；Laufer，1988、1991；James，1998；María Pilar，2011）早已认识到词语混淆对二语学习者习得的重要性，并研究不同母语背景学习者的词语混淆现象。国内张博（2005）将中介语理论与汉语易混淆词分析结合起来，最早从对外汉语角度提出"易混淆词"这一概念，随后系列研究探讨汉语易混淆词的性质和范围、判定的标准、主要特点和类型、测查方法和辨析要领以及易混淆词辨析词典的编纂原则和体例，此外还有关于词语混淆的预防与辨析策略等诸多方面的问题（张博，2007、2008a、2008b、2011、2013、2015、2017）。目前汉语易混淆词研究已经突破传统同、近义词研究的视域，成为近年来汉语词汇偏误研究的一个热点和焦点。

诱发词语混淆的语言因素很多，比如语音、书写形式、语义、结构、词性的相同或相近等等，这些都有可能使学习者混淆某些词语，由此有研究者提出各种词语混淆类型，如国外学者 Laufer（1988）提出"形近混淆"（confusion of 'synforms'）①，Agustín Llach（2011）提出"语音混淆"（phonetic confusion）、"语义混淆"（semantic confusions）。国内学者张博（2007：102 – 103）首先基于汉语中介语语料库探查，将汉语易混淆词分为七种类型：理性意义基本相同的词、有相同语素的词、语音相同或相近的词、字形相近的词、母语一词多义对应的汉语词、母语汉字词语对应的汉语词、方言词与对应的普通话词。其中前三种类型产生的原因主要受目的语的形音义影响，后四种主要受母语影响。方绪军（2014：25）从词语的相似性角度考察二语学习者常用词的偏误表现，而且从发音、书写形式、词义、词性等方面对比分析1000组常用相似词语，将相似词语分为十五类并进一步归纳为四大类型：一方面相似、两方面相似、三方面相似和四方面相似。

相比较而言，在各种不同类型的词语混淆中，由于音近或形近引发的混淆比较容易被分辨出来，如"由—油、大—太、己—已、借—错、使—便"等，这类词语只需提醒学习者注意音、形之间差别以及各自的语义即可。但在意义上混淆的词语则较难分辨，Agustín Llach（2011：19）研究发现"化石化的错误因人而异，但最可能化石化的是那些语义

---

① 因语音、文字、形态等各种形式要素相近而导致的词语混淆。

混淆的错误"①。而语义混淆的词对或词群与母语和目的语的语义系统的关系最密切,也最为复杂。属于同一语义范畴的混淆词语往往和语义有关,不仅是最令学习者困惑的词语,也是词汇偏误研究中最困难、最复杂的领域。关于词语的混淆误用,James(1998/2001:144-154)在讨论词汇错误分类时,主要区分为形式错误和语义错误,在词汇的语义错误中,又分出"意义关系混淆"(confusion of sense relations)和"搭配错误"两个类次。张博(2016:2)认为二者并不能截然分开,主张把"意义关系混淆"视为"搭配错误"的心理根源,把某些"搭配错误"视为"意义关系混淆"的外在表现。因此,本书在指称使用层面的错误替代时不刻意区分是"意义关系混淆"还是"搭配错误",通常称为"词语误用/混用";从心理归因的角度提及这类词汇错误时则多称为"词语混淆"。词语的意义与搭配的关系十分密切,很多词语混淆现象往往与搭配融合在一起。对混淆词语的分析不仅要深入研究目的语的词汇语义,还要深入到母语对应词语的词汇语义,同时还要关注词语的搭配。

判断某一语义范畴的词语混淆是语内偏误还是语际偏误?是受目的语的语义关系影响?还是受母语的语义关系影响?还是二者共同作用?要回答这些问题,需要基于大规模汉语中介语语料库、语言测试等方式对不同母语背景学习者词语混淆的分布状况进行调查和对比分析,同时还需要向母语者访谈求证,弄清楚哪些是多种母语背景学习者共通性易混淆词,哪些是单一(或少数)母语背景学习者的特异性易混淆词,在此基础上才可以更准确地分析词语混淆的影响因素。

目前研究中,有些属于泛母语背景的易混淆词研究(如苏英霞,2010;蔡北国,2010;程娟,2011;韩美美等,2012),即不区分学习者的母语背景,从整体上分析这类词语的特征。有些属于特定母语背景的易混淆词研究,如印尼语背景学生易混淆词(萧频,2008)、蒙语背景学生易混淆词(周琳、萨仁其其格,2013)、韩语背景学生易混淆词(申旼

---

① Agustín Llach(2011:124)还将词语混淆直接命名为"语义混淆(semantic confusion)",以此指"语义相关的词语的混淆,换句话说,两个词由于它们语义相似而混淆,即它们有相似的意义但功能不同",如 My bedroom is *great(✓huge/✓big.)。

京，2011；董婷婷，2012）、日语背景学生易混淆词（胡朗，2016）、俄语背景学生易混淆词（朱晓军，2012）、英语背景学生易混淆词（张连跃，2014；付冬冬，2017）、阿拉伯语背景学生易混淆词（芙蓉，2019；玫瑰，2016）、意大利语背景学生易混淆词（谢宗旭，2013）、泰语背景学生易混淆词（卿雪华、王周炎，2010；陈昌旭，2017）、老挝语背景学生易混淆词（潘美莲，2011）等等。多国别/语别学习者的易混淆词受到学界的日益关注，特定母语背景学习者词语混淆的研究更有针对性，有助于深入对比两种语言，了解两种语言之间的差异，分析导致混淆的深层根源。但如果进一步深入分析词语混淆属于多母语背景共通性的还是特异性的，则需要进行跨语言的比较分析。张连跃、郑航（2021）以英语背景 CSL 学习者特异性混淆词为例，采用语料库、语言测试和回顾性访谈的三角检测方式提出探证词语混淆母语影响的综合性探证方法，通过多种数据互补的优势，深化了词语混淆母语影响因素的研究。

三　词汇类型学视角的二语习得研究

类型学作为一个重要理论和方法研究大多数语言的共有规则，已被广泛用于解释很多语言和习得现象。到目前为止，国内外形态、句法以及语音类型学的研究模式已经得到很好的发展。相对于其他领域类型学的发展，词汇类型学起步较晚，研究相对落后（Koch，2001），但是具有广阔的发展前景。词汇系统中语义范畴丰富，可以为研究者提供广泛的研究对象，而且前人很多词汇对比研究为进一步的跨语言研究的展开奠定了基础。类型学中的很多概念和理论（如标记理论、蕴含共性和语法层级等）已经广泛应用于二语习得领域中。由于词汇类型学属于相对年轻的类型学分支领域，其在二语习得中的应用还未充分展开，但是从词汇类型学角度关注和研究词汇习得是必然的发展趋势。

在易混淆词研究领域，有研究者已开始并尝试将二者结合进行研究，孙菁（2013）首次尝试在词汇类型学视角下对比汉语、英语、日语、韩语等四种语言变化范畴词语之间的普遍性和差异，在此基础上对中介语中变化类词语混淆表现的共同点和差异点进行了原因探析。付冬冬（2019）调查了中介语中增加类词语的混淆状况，系统地观察汉语、英语、日语、韩语、印尼语等五种语言表达这一语义范畴的词汇成员数目、语义差异以及词化模式，通过对汉外词义系统差异的对比以及人类普遍认知规律的探究，分析对比不同母语背景学习者增减类词语混淆的分布特征及其成因。程潇晓（2015、2017）研究二语者路径动词的混淆分布，从矢量、指示、维度和方向四个语义侧面考察五种母语背景学习者混淆的分布特征及其成因。苏向丽（2020）基于大型中介语语料库调查量度形容词"大—多"和"小—少"的混用分布，从词汇类型学视角分析混用的影响因素。研究发现，表示空间量大小和数量多少的概念在世界语言中存在同词化和非同词化两种类型；两组概念的主导词在隐喻机制下分别由空间域和数量域向抽象域映射，不同语言的语义扩展呈现出"空间型"和"数量型"两种典型的模式；不同母语背景的汉语学习者的词语混淆受到语言共性因素和语言差异的影响。这些典型语义类聚词语混淆的研究从类型学角度将词语混淆研究与跨语言对比研究结合起来，虽然需要进一步深化，但是可以看出词汇类型学逐渐与二语词汇习得相结合的研究趋势。此外，从二语教学角度出发，应该注重类型学视野的词汇对比，类型学、语言对比和第二语言教学之间可互相联系，基于词汇类型学的二语词汇习得研究也会促进教学的发展。

本书基于词汇类型学理论，结合中介语中的词语混淆现象，探讨汉语二语学习者空间量度形容词的习得问题。主要从词汇类型学的定名学视角和符意学视角跨语言分析空间量度形容词，考察空间量度形容词的同词化表现。同时，基于大型中介语语料库考察空间量度形容词整体混用的分布表现，通过中介语词语混淆复杂性研究语言的共性与个性如何投射在中介语词汇系统中。

第四节　研究方法

本书主要采用词汇类型学和二语习得中介语研究中的方法，重点从以下四个方面进行说明。

一 语言样本选取方法

语言类型学对语言取样数量有较高要求,一般涉及多种语言对比。金立鑫(2011:27)指出:"单独对某一种语言进行研究而不参照其他语言的研究成果绝对无法得出语言类型学上的任何结论。"而通过研究世界上所有语言来寻找语言共性也是不可能的。"语言类型学要求研究者对人类语言作尽可能广泛的调查,在调查的基础上对各种语言现象进行分析和抽象,在此基础上才可能对各种现象进行一致性分类,并从分类中寻求规律。"刘丹青(2003)认为"一个语种数量充足、兼顾谱系、地域和类型三方面平衡性的语种库,是类型学研究的材料基础"。

在类型学研究中,语法、语音系统相对封闭,因此在跨语言调查中,研究对象出现频率往往较高,通常可依靠第二手材料(如词典、文献、相关研究)来获取数据,语言样本的选取数量往往可以进行大规模分谱系调查,有些语法类型学调查可借用的资料可达上百种。但语法类型学家也提出,研究特定的语法范畴时,要得到比较可靠的研究结果不一定需要考察很多语言。[①] 词汇系统比较开放,变化较快,莫斯科词汇类型学小组则明确提出,词汇类型学的研究不同于语法或语音方面的类型学研究,对语言样本之间有无亲属关系没有特殊要求。事实上,从已经完成的研究项目来看,所选择的语义场、母语者的生活环境和文化因素对词化策略的影响往往比语言的亲属关系的影响更为直接(李亮,2019:21)。

不同的研究目标对样本类型要求也不完全相同。词汇类型学视角的研究,语言取样不一定是越多越好,大样本的研究不深入很容易产生各种偏差。本研究在语言种类的选取上,主要根据目前所具有的研究条件(有较为固定的母语调查对象,以确保对语言现象的分析比较充分,有较为丰富的中介语语料),重点以汉语、英语、日语、韩语和印尼语作为跨语言对比分析的对象,其中,英语属于印欧语系日耳曼语族,韩语属于阿尔泰语系,汉语属于汉藏语系,印尼语属于马来—波利尼西亚语系,

---

[①] Haspelmath(2003:217)认为,按照以往的经验,通过考察12种亲属关系疏远的语言,我们就可以得出较为稳定的语义地图,这个地图不会因为考察更多的语言而发生巨大的变化。

日语的语系存在争议，但受到语言接触影响，日语的词汇系统与汉语词汇系统关系复杂。此外，在同词化研究中还将借助世界语言同词化数据库进行多语种分析。

二 词典、访谈与语料库结合法

本研究采取词典、访谈与语料库相结合等多种手段收集材料，在此基础上进行跨语言的比较分析。首先利用母语词典（含方言词典）、双语词典、在线词典等多种类型的工具书对所考察的目标词进行考察。通过词典确定汉语空间量度形容词在不同语言中对应的主导词，确立跨语言对比分析的基础。本书所使用的词典如下：

《现代汉语词典》（第 7 版）（2016）、《古辞辨》（1993/2011）、《汉语方言词汇》（1995）、《新牛津英汉汉英双解大词典》（第 9 版）、『표준국어 대사전』（1999）（标准国语词典）、《现代日汉双解词典（修订版）》（2012）、《新印度尼西亚语汉语词典》（1997）、《汉语印度尼西亚语大词典》（2002），等等（详见参考文献）。此外，还借助网络电子词典。例如：

英语在线词典：http：//oxforddic - tionaries. com/

韩语在线词典：http：//cndic. naver. com/
　　　　　　　http：//dic. daum. net/

日语在线词典：https：//www. mojidict. com/
　　　　　　　https：//dict. hjenglish. com/jp

印尼语在线词典：www. kbbi. web. id

类型学研究需要调查不同语言样本，有时仅依靠词典无法对词汇进行精细的跨语言比较研究，为确保所收集数据的可靠性和分析的恰当性，研究者通常需要反复与母语者确认。本书还将借助汉语和母语者语料库考察词语的搭配，找出更多依据做支撑材料。当然语料库也存在一些问题，比如不同语言语料库的规模、性质，语例的时代性、语体、规范性等可能存在一定的问题，所以收集到的例子需要跟母语者确定。本书所使用的语料库主要有：北京大学 CCL 语料库、国家语委现代汉语平衡语料库、Corpus of Historical American English（简称 COHA）语料库、21 世纪世宗计划韩语语料库等。此外，本书还充分吸收前人对比研究的各种成果，作为跨语言对比分析的基础。

三 汉语词汇偏误分析法

本研究充分运用词汇偏误分析方法。关于词汇偏误可以通过多种方法测查和确定，比如对易混淆词的调查可以通过"自然观察、语料库统计、特定语言任务诱导、基于汉外词汇对比进行预测和验证、相关词连类探查等"（张博，2008b）。其中，基于大规模汉语中介语语料库的调查和统计可以克服以往汉语词汇偏误研究方面的感悟式、心得式、简单枚举式的研究和小规模语料的语例不足、量化不充分的缺陷，有助于发现中介语系统词语混淆的规律性特征。本书对空间量度形容词偏误的研究基于多种来源的中介语语料库，对误例的诊断结合汉语中介语语料库偏误标注和人工查验，以确保误例判断的准确性。

在研究空间量度混淆词时，本书基于中介语语料库确定出目标词交互混用的误例，然后从多个维度考察这些混淆词的词际关系、误用方向、语义关系、表达不同范畴时的混用分布以及国别分布等，并运用偏误分析法对空间量度形容词混用的母语和目的语影响因素进行细致分析。在进行偏误分析的同时也会借助翻译法和母语者访谈法，前者根据误例正用，请母语者翻译，以发现学习者母语和汉语中的差别，探查母语影响的线索；后者则对母语者进行访谈，向母语者问询词语误用是否受到母语影响，受到何种影响，从而综合判断量度形容词混淆的成因。

四 多视角比较分析法

比较是科学发现的基本逻辑方法。虽然每种语言都具有独特性，但是不同语言从宏观的语言外部影响因素和语言微观的内部结构来看，都是存在可比层面的（许余龙，2010：18）。本书首先运用跨语言比较分析的方法，比较不同语言对同一概念范畴化、词汇化方式以及语义扩展的普遍性与差异性。其次，在偏误分析的基础上对空间量度混淆词的混用表现进行多方位比较分析。此外，本书不仅比较混淆词在汉语、母语中的异同，还比较不同母语背景学习者空间量度形容词混淆的成因异同，尝试揭示不同学习群体空间量度形容词混淆的共通性与特异性背后更为深层的类型学的影响因素。

语言研究只有在充分的观察和描写的基础上进行相应的解释，才可以揭示语言现象内在的规律性。描写研究十分重要且必要，对于同一语言现象进行不同角度的描写可能会得出不同的结论。但是合乎事实的描写并不是研究的终结点，合理的解释才是研究的最终目的。吕叔湘（1990）指出："指明事物的异同所在不难，追究它们何以有此异同就不那么容易了。而这恰恰是对比研究的最终目的。"[①] 描写的现象和对应的解释要交替进行，不断检验与修正。本书在研究中，将尽可能准确地对跨语言的空间量度形容词以及中介语中空间量度形容词的混淆误用进行描写，并把"得出合理解释"作为最终目标。

第五节 研究意义

一 促进类型学与词汇习得结合的研究

孙文访（2012）曾指出语言类型学与二语习得交流互动可以体现在两方面：首先，类型学中概括出的语言共性及其变异形式，可以为二语习得研究提供理论依据，为描述、解释和预测二语习得中的各种现象提供新的视角和参项，可以提升二语习得及中介语研究的理论高度。其次，学习者的语言可作为类型学研究的样本，二语习得过程和结果可为类型学提供一个潜在的观察窗口，还可以作为语言共性研究和语言类型变异趋向的试金石，对习得的考察可以使我们对语言的本质和人类的认知获得更多了解。词汇类型学以跨语言研究为本，透过词汇类型学视角研究汉语中介语系统中不同母语背景学习者的词汇现象，在理论上可以加深我们对语言本体和语言词汇习得两方面的认识，在实践上也可以促进二语词汇教学研究。二者结合不仅为二语词汇习得研究提供新视角，也可以丰富词汇类型学理论。中介语中某些词语偏误现象（比如词语混淆现

[①] 引文是吕叔湘先生为《英汉对比研究论文集》题词中的内容（参见杨自俭、李瑞华主编《英汉对比研究论文集》，上海外语出版社1990年版）。

象）可以为词汇类型学研究提供佐证和研究线索；反之，词汇类型学的视角也有助于跨语言分析中介语词汇问题。

二 拓展词汇类型学形容词领域的研究空间

不同类型的语言，语义范畴是相同或相通的，用语义范畴做基底，方能进行语言间的对比或类型学研究（李宇明，2000：1）。空间量度范畴是人类最基本的、稳定的认知范畴之一，这一研究既可以深化空间量度形容词的本体研究和习得研究，也可以带动其他语义范畴的深入研究。空间概念主要由表述空间关系、方位、位移以及距离的词语体现出来。空间词语一直是语言学界关注的焦点，语言学界，特别是跨语言研究中对空间方位词、空间关系词、空间位移词关注比较多，但对空间量度形容词的关注相对较少，空间量度范畴值得进一步深入研究。

目前词汇类型学的研究也主要以名词、动词为主，对形容词的跨语言研究还很不充分。目前在形容词领域已有研究者关注"通感形容词""温度属性词"和"物理属性形容词"，但还有很多语义范畴的形容词还未受到更多关注。而空间量度形容词是形容词范畴的典型成员，Dixon（1982：16）根据多种语言的研究指出各种语言的形容词词表中都包括空间量度（DIMENSION）[①]、物理属性（PHYSICAL PROPERTY）、颜色（COLOUR）、人类天性（HUMAN PROPENSITY）、年龄（AGE）、价值（VALUE）和速度（SPEED）等七类形容词。这一研究表明空间量度形容词在语言和形容词范畴中都具有重要的基础地位。张国宪（1996：33）指出，事物是质和量的统一体，质由量来表现且受量的制约。哲学上把体现事物质和量的统一的概念称之为度，度是事物保持自身质和量的限度，度的两端存在关节点的界限。刘桂玲（2017：7）认为量度形容词是表达事物量和度的词语。空间概念是各种语言中皆有的概念，空间量度形容词是语言中普遍存在的词语类聚，因此，这一研究也有助于拓展词汇类型学形容词的研究空间。

[①] Dixon（1982：16）中 DIMENSION 列举的词主要有："big, large, little, small; long, short; thick, fat, thin, and just a few more items"。

三 深化汉语中介语的词汇偏误研究

偏误分析（error analysis）自20世纪60年代兴起便一直是二语习得研究中比较活跃的领域，"为揭示第二语言习得的过程、性质和规律提供了一个窗口，在语料收集、类型整理、用法对比等方面具有操作方便的优点"（蔡淑美、施春宏，2020）。汉语作为第二语言习得领域多项研究（罗青松，1997；吴丽君等，2002；张博，2008b）证实词汇偏误在各种言语错误类型中最严重。词汇偏误是影响二语学习者习得的主要障碍之一，但相对于汉语语法、语音、汉字偏误的研究，词汇偏误研究相对滞后。随着学科的发展，词汇偏误研究越来越深入，开始注重分词类、分语义、分学习者阶段、分母语背景进行分析研究。

在中介语词汇系统中，词语混淆现象是词汇偏误的典型现象。研究中介语词语混淆现象，研究者不能仅限于简单的一对一的混淆误用，有时更需要从概念出发，通过聚类观察发现问题。"因为思维中的一个概念特别是抽象概念，在语言中往往用多个词语表示，其间的差异非常细微；加之母语和目的语表示同一概念的词往往数量不同，意义范围不一，对应关系十分错综，这更容易导致第二语言学习者发生多个词语混淆的问题。"（张博，2007）在语言的词汇系统中，可以依据语义范畴或语义聚合关系把词语划归不同的义类。基于汉语中介语语料库的词语混淆研究发现，有些义类中的多个词语往往在二语者的言语表达中交相混用。因此，如果对表相同概念的词或有语义聚合关系的词进行聚类观察，则有利于发现复杂的易混淆词群。在研究中，基于某一语义范畴、选取中介语易混淆词群作为研究对象有助于深化汉语中介语词汇偏误研究。不同母语背景学习者的词语混淆对比研究也有助于我们进一步了解特定母语背景学习者词语混淆的特点，还可以分析不同母语背景学习者词语混淆的深层影响因素，有助于发现跨语言的共性与个性在中介语中的体现。

此外，本书在应用上推进了二语汉语词汇教学及易混淆词学习词典的编纂。词汇类型学视角的二语习得研究可以引发对CSL词汇教学内容、方法的思考，为汉语教材编写和外向型学习词典，特别是易混淆词词典的编纂提供一定的参考依据。空间量度形容词混淆的复杂性和普遍性表明这些词是二语教学和学习中的难点，通过这一研究可以使教学者和学习者对空间量度形容词的学习重点和混淆点有所了解，从而进行有效的偏误预治。可以从不同学习群体偏误实际出发，针对空间量度混淆词误用的性质和主要倾向以及学习者的接受能力等进行有针对性的辨析，对准学习者的词汇错误，提高词汇教学及词典编纂的针对性。

第 二 章

空间量度形容词研究综述

任何物质都体现为空间的存在,空间在人类认知系统中具有基础性地位,很多非空间概念都是由空间概念隐喻而来的(徐今,2015)。空间量度范畴是人类认知世界、把握世界和表述世界的范畴之一,空间量度形容词既有丰富的空间义,还有复杂的隐喻义,国内外很多研究者从多种角度进行探讨和分析。空间量度形容词的相关研究散见于不同语言学专著以及各种文献中,有些研究对这一范畴的形容词进行聚类、系统探讨,有些研究仅对其中部分形容词进行分析。下面分别对国外研究和国内相关研究进行综述。

第一节　国外空间量度形容词相关研究

国外语言学对空间量度形容词关注较早,最早采用结构语义学的义素分析法考察这些词语的语义特征,而后从心理和认知语言学视角进行深入探讨,后来随着类型学的发展,很多学者展开跨语言的分析和研究。本书主要从以上三个视角对一些重要研究进行综述,重点介绍国外法语、德语、英语、波兰语、俄语、瑞典语、意大利语、韩语等语言中空间量度形容词的代表性研究。

一　基于结构语义学视角的研究

国外较早关注空间量度形容词的学者是欧洲学者 Greimas,他在《结构语义学》(1966:31-36)中阐述语义系统时聚类观察了6个法语空间量度形容词，提出从空间性、维度、方位（垂直和水平）、方向（前后和左右）等视角分析这些词语。这一研究主要不是为了研究这些词的意义，而是阐明义素分析法的作用，但对后来空间量度形容词的研究产生深远的影响。

Bierwisch（1967）沿用 Greimas（1966）的分析方法，对德语中的空间量度形容词展开系统的研究，该研究拓展了 Greimas 相关特征的研究范围，增加了形状、维度数量、主要维度和次要维度的层级划分、比例、内在属性、距离、一致性和密度等特征。除此之外，他提出观察者视角，并提供丰富的研究材料展示影响语言使用的多种语境。这一研究还认为名词性词语和形容词在意义方面有很密切的联系，研究形容词也包括对名词性词语的研究。Lafrenz（1983）对德语空间量度形容词的研究采用 Bierwisch 使用的"义素的引申模式"（extended form of the semantic primes）。Weydt 和 Schlieben-Lange（1998）的研究细化了维度特征的研究，认为德语空间量度形容词的三维应该划分为二维和三维。比如：一个垫子首先应该被看待成二维的（计算与地面平行的两个维度），然后第二步再考虑它的第三维——垂直的维度。德语中形容词 tief（深）可以与 hoch（高）和 lang（长）一起用于第一个维度。Lang（1989、2001）为德语八对空间量度形容词构建了两级路径的结构框架，提出分析这些词的语义特征及空间概念要遵循两个原则：（1）空间由事物之间的关系构成（即事物构成空间）；（2）空间可以理解为一个盛放物体的有界容器（即空间构成事物）。在 Lang 的研究中，"空间"和"事物"被作为不可分割的整体。这一研究发展和验证了 Bierwisch（1967）初步构建的空间量度形容词的语义结构系统，而且完善了对这些词的语义特征的分析。

Lyons（1977）基于语义研究的传统研究英语空间量度形容词系统，主要关注的形容词有 long、short、tall/high、low、deep、shallow、wide/broad、narrow、thick、thin。这一研究详细、全面、清晰地将具有方向性对象和不具有方向性对象区分开来，并进一步预测不同形容词描述什么类型的对象。Fillmore（1997）则借鉴 Bierwisch 的研究成果，对英语的空间量度形容词做了简单介绍，并进一步研究英语中 long、short、tall、deep、wide 等形容词，指出"凸显的维度"和"具体的空间方位"决定着事物维度的分配。Galeote et al.（1999）则用母语为西班牙语的被试来测试 Lyons 的预测是否与现实相符。研究要求被试使用空间量度形容词或相关术语（如高度和宽度）来指称各种对象的类型。研究发现的难度系数顺序为：高度＜长度＜宽度＝厚度＜深度，其中高度出现的问题最少，深度出现的问题最多。该研究还对 Lyons 关于被试的分析提出质疑，因为 Lyons 的研究结果主要出于内省。除此之外，Galeote et al.（1999）认为空间量度形容词的研究应该更多地考虑物体比例和方向以外的其他事实，比如物体的整体特性、特定维度的主导关系、观察者与特定维度之间的交互关系，以及物体的功能性等。

Linde - Usiekniewicz（2000、2002）研究波兰空间量度形容词，该研究遵循结构语言学的成分语义分析框架，并在相关研究中开启了新局面。这一研究认为，如果不同时考虑与维度相关的空间量度形容词和名词，就不可能对维度分配得出有效的结论。该研究通过词汇聚类观察发现高度、深度、长度都是具有方向性的，而宽度、粗度和厚度没有该语义特征。高度与垂直性相关，而深度和长度与垂直性无关。宽度与平面相关，而高度、深度和长度与平面无关。

自从 Greimas（1966）提出义素分析法以来，不同语言中对空间量度形容词的研究首先是基于这一视角，然后再展开其他的研究。

二 基于认知语言学视角的研究

认知语言学认为，"从语义和语法上来说，空间表达比其他非空间表达更为基本"（Lyons，1977：30）。空间范畴是语言中表达其他很多关系范畴的基础。空间概念是人类最基本的认知范畴。随着认知语言学的发展，越来越多的学者从认知语言学角度对空间概念进行分析。既有对空间词语认知理据的分析，也有对其意象图式、原型范畴、多义范畴的研究，空间隐喻也是其中最活跃的领域。对空间概念的认知研究中，空间形容词研究虽不及空间名词、动词研究丰富，但也日益受到关注，其认知研究最初是从儿童习得和心理语言学框架展开的。

Bierwisch（1967）、Clark（1972）研究发现儿童空间形容词习得顺序为：大小→高矮→长短→高低→宽窄→厚薄→深浅。这一习得序列反映了儿童使用这些词的规律，也反映了这些词的语义难度由左到右依次递增。Clark（1973）从心理语言学角度进行研究，认为处理空间关系，主要是通过考虑物理环境（如重力和地面）以及人类生理和认知先决条件。Clark 根据物理、生物学的标准，引入认知空间（Perceptual Space，简称 P-space）和语言空间（Language Space，简称 L-space）两个术语。重力、地面和人体的不对称性为 P-space 提供了基础，参考点和方向是 L-space 的一般性质。例如：高度和身高以地面作为参考平面，向上的方向作为参考方向。在认知空间中，垂直是最基本的方向，向上是积极的方向，向下是消极的方向。这一研究还将空间量度形容词分为三类，分别是描述一维、二维和三维事物的形容词。Clark 的研究强调了人类的物理和认知特性，拓宽了该领域的研究范围，也为后来的认知语义学奠定了基础（Anna Vogel，2004：17）。此外，Clark（1973：49）提出"自我移动（the time moving metaphor）"和"时间移动（the ego moving metaphor）"两个意象图式[①]，并指出时间是一维概念，可用一维量度词 long、short 来描述时间。一般在语言的习得过程中，"空间词语先于时间词语习得，对于既能表达空间概念又能表达时间概念的词语，其空间概念先于时间概念习得"（Clark，1973：57）。

  Lyons（1977）的研究继承了 Clark 的认知观察视角，不仅为英语空间量度形容词建立了一个全面的语义系统，而且认为环境和人类生理特点影响语言使用，身体经验会反映在语言中。该研究认为地面提供给人类固定的参照点，"受到地球引力影响，人们理解向上和向下的区别，这使得垂直维度成为凸显维度。受人体结构的影响，在描述有方向的物体时，首要维度为垂直维度，在描述无方向物体时，通常最大的维度是长度"（Lyons，1977：702）。这一研究还认为，"在描述区分前后的物体时，通常使用 wide、deep 或 thick，在描述不区分前后的物体时，使用 long 和 wide（Lyons，1977：703）。Dirven 和 Taylor（1988）的研究进一

---

  ① Clark 认为，在人类语言中存在"自我移动"和"时间移动"两套时空隐喻系统。在"自我移动"隐喻系统中，认知主体在静止的时间长河中面向未来移动，在"时间移动"隐喻系统中，时间被看作为一条运动的河流，认知主体相对静止。

步从认知语言学角度研究了垂直空间的概念化。这一研究运用语料库检索和可接受性判断的启发式实验研究了英语中的表达高度概念的空间形容词。该研究认为形容词与名词的搭配限制取决于人们对这些名词所指称的事物的概念化方式，人们与这些事物相互作用时所获得的身体经验会影响搭配。研究指出 high 和 low 既可以表示维度义，也可以表示位置义，垂直维度常从事物底部开始向上测量。tall 只用于描述狭长的、垂直维度凸显的固态、三维结构物体的纵向空间延伸，不用于描述人或物体在纵向空间所处的位置（Dirven & Taylor，1988：388-390）。这一研究还重点分析了 tall 的语义特征及其与名词的搭配限制[①]，并运用统计方法证明可以从搭配角度区别同、近义词的异同。通过对比发现，high 和 low 常用于描述无生命的对象，tall 和 short 常用于描述有生命的对象，high 蕴含纵向延伸的静态性特征，tall 蕴含自然生长和建造的动态性特征，搭配对象往往是人，特别是成年人，此外还有树、特定种类植物、建筑及人工制品等。

　　Athanasiadou（2001）基于认知语言框架研究英语的 broad 和 wide，该研究利用词典和语料库收集数据，研究人们优先使用的一维形容词与被替换形容词之间的模糊边界。这一研究认为宽度概念不能只考虑形状特征，宽度概念化是"事物形状或大小的数学式描述、事物固有的特征或性质、说话人面向事物的位置"这三个不同特征关联的结果。此外，该研究还考察了 broad、wide 与名词搭配的倾向性。该研究还将 WIDTH 的语义特征描述为一个包含空间和隐喻意义的网络结构。该网络结构中的各点相互联结，其中的一个点是原型，"Measurement"（量度）义是宽度范畴的原型义，是认知宽度的语义范畴的起点。这种网络结构表达方式与 Langacker（1987）的研究一致。

　　Rakhilina（2000）研究俄语的空间量度形容词。她以不同拓扑类型作为起点的视图，并与以欧几里得几何为起点的更传统的视图进行比较。研究认为，在分析中采用拓扑类型（而不是几何类型）将能对与各种对象类型相关的一系列复杂属性有更深入的理解和更清晰的描述。此外，

[①] 能与 tall 搭配的事物具有如下特征：实心、三维、形状细长、垂直维度凸显，此外具有动态性，即可通过自然生长过程或建造过程使事物向上延伸。

Rakhilina 还强调对象的功能与人和物互动的关系,称之为人类中心主义,如果脱离该观点,拓扑类型对于该研究来说就没有意义,因为许多对象有着相似的外形(比如床和书架),但是由于它们的功能不同,对它们的描述也不同。

  Goy(2002)研究意大利语 alto(高)和 basso(低)。该研究首先对词的语义特征进行描述,认为词汇语义一定涉及语言和认知之间的关系,并将空间量度形容词的使用与特定的形状联系起来。Goy 考察了 alto(高)和 basso(低)与名词搭配组合的等级,数据来自于启发式实验。在该任务中,要求被试对某些组合搭配的适配程度进行排序,比如:alto(高)和 torre(塔)的组合。Goy 的研究促进了认知语言学的发展,此外还讨论了人工智能和计算机处理的语言模型,根据搭配适配度等级和语义特征设计了自动识别形容词的自然语言信息处理模型,将这些词语的研究与认知语言学、计算机语言学结合起来,Goy 的研究方法及结论对后来的研究都很有启发性。

  Anna Vogel(2004)在总结前人研究成果的基础上,从认知语言学框架下系统研究瑞典语中的 6 对空间量度形容词。该研究基于语料库、启发式实验、词典及母语者直觉研究这些词的空间义,重点研究这些词语与名词结合所指称事物的特征。该研究认为,空间量度形容词与名词的组合搭配取决于事物的方位、功能和性状。研究的主要目的之一是提出形容词的原型用法,用法就是形容词和名词的组合搭配,其中一些用法(如 djup sjö[深湖])比另一些用法(如 djup tjäle[深霜])更具有原型性。在复杂范畴的层次上,每种情况对应一个简单范畴,其中一些用法是原型的,另一些用法是边缘的。在原型用法中,djup(深)描述一个容器,并且轴方向向下,如 djup havt(深海)是原型用法。在非原型用法中,djup(深)描述一个容器,表示水平轴,从开口到内侧,如 djup fåtölj(深的扶手椅)。原型用法在形容词的各种用法中都占有重要地位。(Anna Vogel,2004:45-46)此外,这一研究证实了"德语、英语的研究结果对瑞典语也是有效的,并认为瑞典语与意大利语、俄语和波兰语相近似"(Anna Vogel,2004:353)。

  除了欧洲语言学者外,韩国学界从认知角度进行的相关研究也比较

丰富，如임지통（1984）分析韩语空间量度形容词的特征，朱松姬（2012）以现代韩国语空间量度形容词为研究对象，系统研究多义词的语义结构，指出空间量度形容词语义系统与意义之间的内在联系。研究认为，这些词的意义是由与形容词结合的名词来确定的。空间义是词语语义扩展的基础，空间形容词的意义并不是独立存在的，它们之间存在着概念上的联系。扩展义是通过概念之间的关系构成多义语义场，每个空间形容词的多义场各不相同，但有共同之处，这些空间形容词共同构成一个语义场。该研究分析了空间形容词语义特征及基本义，并在此基础上分析每个空间形容词的多义性及其语义结构。这一研究把个体空间形容词置于整个空间形容词的意义体系中，探索这些词之间语义上的内在关联性。朱松姬（2018）进一步以"높다（高）"类、"크다（大）"类空间形容词为对象，分析韩国语空间形容词的量性特征。这一研究从认知角度分析这两类空间形容词语义扩展的原因，并通过与"많다（多）"类形容词的比较发现，在体现非空间对象的量的表现方面，这两类空间形容词具有不同特点。

三　基于类型学视角的研究

语言类型学通过跨语言的比较观察获得对人类语言共性的认识，其研究目标是"揭示在表面上看起来千差万别的人类语言背后所隐藏的共性和规则"（金立鑫，2006）。有些学者对空间量度形容词进行跨语言分析，在结构语义和认知语义研究的基础上走向类型学研究。

从类型学角度研究这一范畴最具代表性的是 Wienold 和 Rohmer（1997）的研究，该研究涵盖 31 种语言，得到两种线性关系。该研究提出一种跨语言的空间量度形容词的蕴含量表。这个量表是双重的，一个是与 SIZE（大小）、THICKNESS（厚度）和 WIDTH（宽度）概念相关，另一个是与 SIZE（大小）、LENGTH（长度）、DISTANCE（距离）、DEPTH（深度）和 HEIGHT（高度）概念相关。研究假定所有语言都有关于 SIZE（大小）和 LENGTH（长度）概念的表达。Wienold 和 Rohmer 选择 SIZE（大小）优先出现在量表上，因为从理论上来说，SIZE（大小）可以来表达 LENGTH（长度）概念，反之则不然。THICKNESS（厚度）和 WIDTH（宽度）的蕴含量表为：SIZE（大小）＞THICKNESS（厚度）＞WIDTH（宽度）。另一种蕴含量表为：SIZE（大小）＞LENGTH（长度）＞DISTANCE（距离）＞DEPTH（深度）＞HEIGHT（高度）。其中左项可以包括右项所表示的概念。因此，表达长度的概念在跨语言使用中可能包含距离、深度和高度的概念。如果一种语言中，有一个表示高度的词语，那么该语言中也将有一个表示深度的词语。如果一种语言中有一个表示深度的词语，那么它也将有一个表示距离的词语。

另外，Lang（1989、2001）在发展完善 Bierwisch（1967）对空间量度形容词语义特征分析的同时，不仅深入到外部环境、人类生理机制和认知心理，而且从语言类型学这一更广阔的视角来研究各种语言的空间量度形容词。Lang（1989）提出事物空间维度的分配要遵循的两个参照框架，一个是固有比例图式（Inherent Proportion Schema，IPS），一个是主要感知空间（Primary Perceptual Space，PPS）。IPS 是以事物各个维度的比例为基础的完形特征。PPS 以垂直轴、观察者和横向轴为基础，指的是位置特征。Lang 将考虑物体完形特征的固有比例图式与基于直立行走、人体平衡和人眼视线水平的主要感知空间区分开来。该研究与 Clark（1973）一样，强调人类身体和认知的先决条件的重要性。因此，尽管采用不同的研究框架，但二者推理有时十分接近。Lang（2001）采用类型学的方法对其他来自欧洲和非欧洲语言的数据进行研究，比较 40 种来自欧洲和亚洲语言中的维度词（［长］［宽］［高］[①]），其中重点研究德语、英语、汉语和韩语等语言。研究认为由于地心引力作用以及人类的直立行走，人类对空间维度的认识在这种经验基础上分"基于比例的词化模式"和"基于观察者的词化模式"两大类，据此把语言分为三种类型：（1）比例型语言（Proportion‐based Language）；（2）观察者型语言（Observer‐based Language）；（3）比例/观察者混合型语言（Proportion/Observer‐mixed Language）。研究认为，汉语、韩语分别属于比例型语言、观察者型语言，而英语和德语则都属于比例/观察者混合型语言。但伍莹（2015：71）的研究认为，按照 Lang 的分类标准，汉语应该属于混

---

① 本书用［ ］表示不同语言中表达长度、宽度、高度等概念的空间量度形容词。

合型语言。尽管如此，从类型学视角来看，Lang 对空间量度形容词的研究至今都是非常重要的。

以上内容主要从结构语义学视角、认知语义学视角和类型学视角综述国外很多语言中空间量度形容词的相关研究。总体来看，这些研究主要着重从空间角度对这类形容词进行研究，对隐喻内容的关注较少，即使涉及研究也不够深入。

第二节　国内空间量度形容词相关研究

与国外研究相比，国内对空间量度形容词进行的系统研究起步较晚。国内学者对空间范畴的研究与国外学界一样，多集中在处所词、方位词和位移空间词，空间形容词的研究相对薄弱。较早关注汉语中这类形容词的是陆俭明（1989）《说量度形容词》，该文从句法方面研究界定量度形容词的标准，其中涉及大量空间量度形容词。此时，空间量度形容词还没有单独作为一个重要研究领域被广为关注。后来，随着认知语言学的发展，国内对空间量度形容词的关注日益增多，从认知视角对这些词语进行的研究最多，汉外对比领域的研究也较为丰富，习得领域的研究也有所关注，类型学视角的研究尚未展开。下面主要从汉语本体、汉外对比和习得领域综述国内空间量度形容词的相关研究。

一　汉语空间量度形容词本体研究

国内只有少数学者较为系统地研究空间量度形容词，多数研究是对部分汉语空间量度形容词进行不同层面的分析。这里主要基于句法功能、标记理论和认知语义视角综述汉语空间量度形容词的相关研究。

（一）句法功能视角的相关研究

国内研究量度范畴形容词的句法特征往往会涉及空间量度形容词，这类研究关注量度范畴形容词的量度特性、结构特征以及不对称表现。陆俭明（1989）认为量度形容词都可以出现在"A（了）＋表示定量的数量词"结构中且表示偏离的概念，两个条件缺一不可。该文还从结构上提出检验量度形容词身份的六个句法构式。李先耕（1992）进一步对此进行补充研究，并称这类词为"可量形容词"。张国宪（1996）考察了空间量度形容词的计量方式，认为积极形容词可以用数值计量，与之对应的消极形容词不能用数值计量。李宇明（1999a）认为空间量度形容词的功能就是丈量空间性状的量级，是计量事物的长度、面积、体积以及事物间距离的量范畴。李东梅（2008）研究了八对空间量度形容词的句法格式及特点，研究发现：所有的空间量度形容词都可以进入表示差额的比较句中，而且都能受副词"不"的修饰；但是往小处说的空间量度词不可以进入两种格式（"数+量+形"和"名+形"）。造成汉语格式分布差异的原因之一是，汉语通常不用低端量级词作概称，而是使用高端量级词作量的概称。马庆株（1995）发现这类形容词做粘合式定语时，"大、小"类形容词一定在"高、矮、胖、瘦、宽、窄、粗、细……"类形容词之前。袁毓林（1999）认为这些词语中"大、小"类与其他类形容词的语义结构并不相同，因此其对立项的数目也不相同，这类形容词表示单纯的极性对立，因此只有两个对立项；而"高、矮……"类形容词除了表示极性对立之外，还包含维度对立，因此有多个对立项。此外，从句法功能涉及空间量度形容词的研究还有余瑞雪（2009）、何励（2012）等人的研究。

空间量度形容词通过修饰对象反映词的功能特征。宋玉柱（1994）较早研究了"大+时间词"的意义，认为"大"是区别词，在此"大"的意义并不是说明大小，而是强调时间方面的"重要性或特殊性"。沈阳（1996）进一步考察"大+时间词（的）"的短语特点，认为这是一种移用形式的"反话"。项开喜（1998）从事物的凸显性深入考察了"大/小"的功能和分布特征，认为二者从实义形容词到标记词都表现出明显的虚化倾向，但二者的虚化程度不同。"大"是标记词，虚化程度更高，分布广，"小"则分布很窄。还有一些研究将这些词的句法研究与认知、语义结合起来分析，如陈青松（2004）指出"大/小"通过所修饰名词体现其自身的凸显功能，二者修饰名词有两种量式：内比量式和外比量式。"大/小"的量式与其功能有一定的对应关系。褚泽祥（2007）考察"高、低/矮+N"格式，发现这几个形容词与名词之间的组配是不平衡的，而且音节数目的多少与组配的多合性、单一性具有相似性，组配的基础是语义上的互相适应，此外还要求格式的语义与句法功能具有协同性。在此研究基础上，赵雅青、褚泽祥（2013）进一步把"高"与"深"的语义特征定义为六对语义接口，将组配项之间语义接口的匹配称为语义对接，认为语义对接是组配成立的最基本制约因素。

（二）标记理论视角的相关研究

标记理论常用来解释意义对立的反义词类聚的不对称现象，沈家煊（1999）从句法的角度对不对称现象做了较为全面的研究。该研究将有标记项和无标记项的判别标准归纳为六类：组合标准、聚合标准、分布标准、频率标准、意义标准和历时标准。空间量度反义形容词是标记理论中不对称性的典型类聚，有的表示积极意义，如"大、高、长、粗、深、厚"，有的表示消极意义，如"小、矮、低、短、细、浅、薄"。表示积极意义的，适用面宽，称为无标记项；表示消极意义的，适用面窄，称为有标记项。

国内很多研究（如李宇明，1995；沈家煊，1999；黄国营、石毓智1993；石毓智，2001）运用标记理论研究空间量度形容词的对称性和不对称性。石毓智（2001：240-246）基于这一理论探讨"大小类"形容词在三种问句中的有无标记现象，并从数量特征的角度对其在问句中的有无标记现象做了深入的解释。何星（2005）运用标记理论对空间形容词的语义进行认知分析和计算分析。陈艳华（2007）将这一理论与构词、中介语结合起来，对"大小"类反义词在构词能力、语义发展以及汉语中介语中使用的不对称现象做了深入分析。石慧敏（2018）以案例形式分析"大、小""高、低""深、浅""远、近"的不对称，并对其历时演变进行分析。此外，更多研究是对成对的空间量度形容词进行个案分析。其中对"大、小"不对称的研究最为丰富（如杨荣华，2008；徐天龙，2013；孙宜琦，2014），这些研究都对"大"和"小"不对称的现象进行详细描写和动因解释，指出在语言内部的动因和认知结构共同的制约下"大"和"小"产生了不对称现象，其中语义的不对称会受到句法成分不同程度的制约，并从形式和意义角度分析"大/小"的对称性及成因。少量研究关注其余的成对反义词，如郝玲（2006）研究"深、浅"，皮奕（2010）分析"长、短"，于德辉（2012）分析"高、低"，刘丽媛

(2015)考察"远、近"。总而言之,不对称性研究在空间量度形容词研究中占有重要地位,很多研究都不同程度地涉及不对称性。在不对称研究中,研究者从构词、句法成分、语义、历时发展等多个角度对空间量度形容词进行描写,并对各种对称与不对称的现象做出分析解释。

(三)认知语义视角的相关研究

空间词语一直是认知语言学研究的热点领域之一,越来越多研究者从认知角度关注空间量度形容词。如果说结构主义语言学关注空间量度范畴与句法语义的关系,认知语言学则"更关注空间概念如何与语言编码建立联系"(崔希亮,2002)。对于空间量度形容词,很多研究首先都会分析其语义特征,如金美顺(2009)概括了常用的17个单音空间量度形容词的区别性语义特征。徐今(2015)以15个空间形容词为研究对象,从维度、距离、方向等角度较为系统地考察分析这些词的语义特征。研究认为,这些词在维度凸显上有强弱之别,在空间距离上有连续距离和间隔距离之分,在方向属性上呈现出有无之别和类型之别。

有些研究从认知角度系统地分析汉语空间量度范畴形容词,比较有代表性的研究如任永军(2000)、张佳颖(2014)、伍莹(2015)等。任永军(2000)较早基于认知语言学和方法论考察七组现代汉语空间量度形容词的语义。研究认为这些词的空间义和隐喻义之间既相互联系,又相互区别。研究重点分析不同词语的空间语义特征,指出"大、小"侧重说明事物整体量,"高、低"具有上下方向性,"宽、窄"具有横向的水平维度等。除表示空间概念外,这些词在隐喻义上可以表示很多抽象概念(如时间、声音、感情、颜色、气味、年龄、地位、学问、智力等等),空间词语特定的抽象概念与其在始源域中的空间义关系密切。张佳颖(2014)通过研究汉语空间量度词探索汉语中与空间量度形容词相关的概念化方式。[①] 该研究根据句法及语义标准确定了八对空间量度形容词,并从字形义、原型义、扩展义三方面进行系统研究。首先运用认知

---

① 参见张佳颖:현대중국어 공간척도사의 의미와 개념화 연구(《现代汉语空间量度词的意义概念化研究》),大学院博士学位论文,首尔大学,2014年。该研究用韩国语研究了现代汉语的空间量度形容词。

语义学的基体、侧面、射体、地标等概念对这些词的原型义进行详尽的考察，其次在此基础上分析这些词的意象图式从空间域向感觉域、时间域、抽象域、主观域扩展而产生的若干扩展义。最后研究认为，空间量度形容词语义扩展的认知机制可细分为事物隐喻、容器隐喻、方向隐喻、结构隐喻和主观化，并探讨了语义扩展的认知理据。

伍莹（2015）基于认知语言学系统地研究空间形容词，认为这些词的语义和用法是由"人与周围客观事物的互动获得的体验以及事物概念化的方式"决定的。这一研究强调事物与空间形容词的搭配选择，认为空间形容词可以描述任何占有一定空间的客观事物，但是不同的事物会有不同的默认凸显维度，因此事物只能对应几个特定的空间形容词，而不同的空间形容词也会选择与之搭配的最佳事物。这一研究从方向、方位、观察角度、形状、功能等多方面充分细致地描写七组空间量度形容词的语义特征。此外，还基于语料库系统考察空间形容词与名词的搭配，探寻这些词语和名词搭配的组合机制和语义限制，分析搭配名词所指称事物的特征，构建这些词语自动识别的计算机模型，具有一定的应用价值。

还有很多研究从认知视角对一组或几组空间量度形容词进行个案研究。王晶（2010）依据概念隐喻理论分析英汉"远/近"的空间隐喻投射，揭示英汉民族通过"远/近"空间隐喻认识客观世界时反映出来的相同又相异的概念化过程。刘丽媛（2015）进一步对"远/近"隐喻映射的动因进行了认知分析。朱莉华、白解红（2017）通过对"长、深、大"的语义研究，分析了时间概念如何通过空间概念来构造。刘志远（2020）以正向量度形容词"长、宽、高、深、厚"为研究对象，基于共时层面研究其词义衍生规律及机制。该研究对已有空间量度形容词义素研究进行梳理，并归纳出这些词的四个主要义素（维度、方向、距离、形状），在充分描写的基础上探讨这五个词共有义位和特异义位的衍生机制。研究发现，这些词的词义衍生机制包括概念隐喻、概念转喻、通感隐喻、结果推论等，其中概念隐喻和概念转喻起主导作用，二者在词义衍生中相互作用。这一研究从类义聚合视角研究汉语空间量度形容词的多义衍生现象，并运用比较互证的方法分析其共有义位、特有异位及其衍生机制，深入揭示了这些词的词义衍生动因。

国内对汉语空间量度形容词的本体研究，除了基于句法功能、标记理论和认知视角外，还有少量研究从历时角度分析这些词的词义演变和发展。王凤阳《古辞辨》（1993/2011）辨析历时文献中这类形容词词义的异同。赵倩（2004）《论"大"》从实词和虚词两种角度分析"大"的义项及演变情况。吴颖（2009）将训诂学与认知语言学结合起来分析，重点探讨同素近义单双音节空间形容词的差异以及认知模式。另外，杨军昌（2012）运用视点理论，基于语料分析"低、矮"所修饰空间实体的种类及频率分布，发现二者共存的理由在于它们表达垂直维度的两种观察方式，认为"低"描述的是客观量度，主观参与少，"矮"描述的是主观量度，立场较主观，属于视点理论中两个不同视点的观察方式，两者视点结构正好相反。

二　空间量度形容词汉外对比研究

在国内汉外对比领域，学界对指称空间概念的名词、动词关注较多，名词主要集中在方位词语，动词主要集中在空间位移动词。近年来，空间形容词的研究逐渐受到关注，对比研究主要集中在汉英、汉朝（韩）、汉俄、汉日、汉越、汉泰等领域，其中汉英、汉朝（韩）和汉俄领域的对比研究成果较为丰富。这些研究中，少数是对汉外空间量度形容词的系统对比研究，多数是对个别词语的对比研究。

（一）汉英领域的对比研究

在汉英对比领域，早期一些研究从有无标记角度进行对比分析，如吴静、石毓智（2005）认为人类语言在形容词有无标记用法上表现出高度一致性，但在局部上也会存在差异，并且该研究以形容词为例（主要是汉英空间量度形容词）说明这种差别主要来自不同语言概念化方式的不同。概念化涉及一个民族对外界事物的认识，而不同民族对同一现象的认知视点是有差异的，因此就可能造成不同语言中对应词语的表意范围不同，进而影响到有关词语的句法。王鑫（2006）从标记理论角度研究英汉成对的量度形容词的异同，认为无标记词可以包括有标记词，有标记词是无标记词的次范畴，认知经济性、经验观、凸显观和注意观是二者对立中和出现的认知原因。

在对比研究中，多数研究主要分析英汉一组或几组形容词，如陈舜婷（2010）基于语料库驱动对比研究"高"和 high/tall 的空间义，着重对比分析这组词所修饰实体的原型语义特征及典型例子，对中心成员进行总结，并将研究结论与德语、波兰语、俄语和瑞典语等研究中的结论进行对比，探讨语义搭配是否有共性和文化特性。林丽特（2010）则基于语料库分析 high/low 和"高/低"的异同，主要从概念隐喻角度分析，还考察统计这些词在始源域与目标域中所搭配名词的类型以及频率。研究发现，high 和"高"在所投射的四个目标域中出现的频次顺序都是数量域、等级域、状态域和感官域，汉英是一致的。而 low 和"低"频次顺序也一致，但次序略有不同，为数量域、状态域、等级域和感官域。王银平（2012、2011、2015、2017）分别对汉语和英语中表达"深""高""长/短""宽/窄"概念的词语的认知隐喻进行对比分析，研究空间形容词由空间域向抽象域映射的共性与差异。刘梅丽（2016）研究汉英"大"和"big"语义隐喻拓展异同以及跨语言差异的成因。认为二者语义的跨域映射异同并存，都是从空间域映射至时间域、数量规模域、力量程度域、社会地位域和其他抽象认知域，但"大"比"big"的语义容量更大，跨域映射范围更广。二者的隐喻共性源自汉英民族相似的生存空间和对生存空间共通的身体体验，隐喻个性源自民族思维特异性、民族文化特异性和语言类型制约性。张宏丽、杨廷君（2015）运用汉译英的测试手段从认知语言学、对比及二语习得角度分析多义词 high 的语义习得情况。

在汉英对比领域，仅发现刘桂玲（2017）对汉英空间量度形容词进行了专门的系统对比研究。该研究采用汉英语料库与词典相结合的方法，从认知语义视角对比汉英八组空间量度形容词空间义的异同及成因、转喻类型和隐喻映射的异同，发现不同语言在空间量度形容词基本层面的语义构成一致，汉语和英语在空间量度概念组成、凸显维度认知、转喻类型和主要隐喻映射方面比较一致。汉英隐喻的普遍性体现了人类认知隐喻思维的普遍性，汉英空间量度形容词在隐喻映射层面同多于异，就是因为汉语和英语使用者具有相似的身体经验和生存环境，而且都用空间量度概念表达抽象概念；而汉英空间度量词在组合层面存在的差异，则说明不同文化和社会的概念化具有可变性。

(二) 汉朝（韩）领域的对比研究

在汉朝（韩）对比领域，近年来由于国内和韩国都比较关注这一范畴的对比研究，研究成果非常丰富。国内研究中，沈贤淑（2002）较早对比分析汉朝语中的"大/小"，发现其在两种语言认知风格中的异同。田美花（2006）、金美顺（2009）、金海燕（2011）、崔馨丹（2015）、金禧媛（2017）等进一步对比汉朝语言中表示概念"大/小""高/低""深/浅""厚/薄""宽/窄"的空间量度形容词。其中，研究较为深入的是金美顺（2009）对"深"的分析，首先探讨其基本义、转喻义和隐喻义、构词和句法特征、"深"与"浅"的对称和不对称，然后在此基础上对比两种语言的共性与个性特征。

国内较早系统对比汉朝空间量度形容词的是闵子（2012）的研究。该研究借助词典和语料库分析明确汉朝七组空间量度形容词的语义特征，认为这类词具有［＋空间］［＋实体］［＋形状］［＋方向］［＋延伸］语义特征。该研究运用认知语言学理论，研究两种语言中空间量度形容词的基本义、转喻义和隐喻义，并考察这些词语在语义、构词、句法、语用等方面的不对称现象，揭示两种语言空间量度形容词的隐喻路径和不对称规律，探讨两种语言的共性与个性表现。该研究还对教材及空间维度词习得序列进行比较分析，探讨二语习得中的制约因素，并提出教学建议。

韩国学界近年来也涌现出很多新的研究成果[1]，如인명란（2009）对比分析汉韩空间量度形容词的多义结构。多数研究从认知角度对比汉韩表达空间量度概念的部分形容词（如김억조，2008；인명란，2010；罗云燕，2018；인명란，2016；朱松姬，2011；赵彬衫，2012；朴建希、吴锦姬，2014等）。权喜静的《中韩空间量度形容词的语义对应关系及概念化研究》（2019），则从词汇语义学角度系统考察汉语和韩语空间量度形容

---

[1] 中国和韩国都有汉韩对比研究，本书将韩国的汉韩对比研究放入本小节中一起论述，研究者既有中国学者，也有韩国学者。

词空间义和隐喻义的语义对应关系，从认知语义角度阐明其概念化的过程，分析其语义扩展机制。此外，该文还从构词、词频、句法功能等角度考察这些词的不对称性表现。该文认为空间量度形容词搭配对象的维度特征与形容词的维度特征并不完全一致，以一维、二维、三维形容词为例，其搭配对象所指称的事物的维度不一定局限于相对应的形容词的维度，这些形容词反映的是人们对事物概念化的认知。

(三) 汉俄领域的对比研究

国内汉俄对比研究也很关注空间词汇系统的研究，如徐英平（2006）从语义和认知角度对空间系统问题进行分析，其中涉及空间量度形容词，提出俄语是"混合框架语言"，汉语是"卫星框架语言"的观点。赵亮（2007：113）将"空间量度形容词"称为"度量参数词汇"，通过对汉俄空间词词汇意义进行分析发现，汉俄在制约空间词词汇意义派生过程的深层机制方面表现出一致性，这些机制不只存在于某种语言中，而在一定程度上表现为人类认知的普遍规律。另外，由于不同民族文化对世界的认识不同，汉语和俄语在一些具体表达方式上表现出局部的差异性。该研究发现度量参数词汇的选择并不是任意的，首先与物体的拓扑形状、与物体的空间位置等因素密切相关。此外，由于空间在人的认知领域具有基础地位，这些词具有很强的隐喻能力。隐喻的过程是隐喻化，隐喻化体现人的认知能力，即人们如何用具体的词汇去理解和表达抽象复杂的概念，度量参数空间形容词所涉及的目标域主要包括：数量域、时间域、评价域和社会关系域等。

除系统对比研究以外，张志军、孙敏庆（2009、2010、2012）基于语料，借助隐喻认知理论和标记理论对比分析汉俄表达"大/小""高/低、矮"和"深/浅"概念的空间形容词。该研究发现，由于人类对物理空间感知体验的相似性，空间维度的意象图式大致相同，同时，文化背景差异及语言特质因素也导致一些具体语言表现存在差异。张志军、孙敏庆（2013）进一步从三个角度对比汉俄语空间形容词的对称性。研究发现，这些形容词的构词能力对称，复合结构构造和跨类构词对称失衡。张志军、苏珊珊（2014、2017）对比研究汉俄表达直线型空间概念的形容词"宽/窄"和"长/短"，从物体的拓扑形状、空间位置、功能因素及观察者因素对这些词的搭配特征进行对比，发现并不是每个物体都可以与表达维度特征的词汇搭配，其搭配选择不是任意的。此外，刘卓涵（2019）基于隐喻认知理论和语言世界图景理论，对比研究汉俄语言中表达"远/近"概念的空间词的语义，探讨两民族语言、文化之间的共性和个性。

在汉外对比领域，汉英、汉朝（韩）、汉俄的研究最为丰富深入。汉语与其他语言的对比研究相对较少。其中，汉日对比领域的多数研究集中在从认知角度对比"高/低"和"高い/低い"的多义性（赵稳猛，2010；李倩、张兴，2012；钱江潮，2016；俞鸿雁，2017；张圆，2018）。此外，章琪（2016）对比研究"深/浅"和"深い/浅い"，赵寅秋（2020）对比研究汉日空间三维形容词的语义扩展。近年来，汉越、汉泰对比领域也逐渐出现对空间量度形容词的相关研究。丁碧草（2015）从认知语义学角度对比汉越空间形容词，以语义概念结构为切入点，构建汉越维度范畴的语义框架，对比汉越语言空间量度范畴中的词汇方式、语法结构、隐喻义以及认知方面的异同。黄贤淑（2016）以汉泰表达"高、低、矮"的词语为例，系统对比汉泰空间形容词词汇知识体系，研究从认知语言学的角度出发，采用基于语料库的统计比较方法，系统地考察这些词在语义、句法功能、搭配关系等方面的差异和对应情况。研究发现，汉泰两种语言内部的近义词和反义词之间在语义、句法功能、搭配范畴等方面都存在不对称性，但句法功能方面比较接近，差异主要表现在同类词语隐喻范畴、搭配范畴和搭配词方面，其中前两方面的差异主要表现在分布比例上。

总之，国内空间度量形容词的汉外对比研究成果丰富，但是跨语言对比研究还有待进一步地拓展。汉外对比研究可以为进一步的类型学研究奠定基础，有助于探讨人类认知规律的普遍性和特殊性。

三　汉语空间量度形容词习得研究

（一）汉语空间量度形容词的儿童习得研究

空间概念作为人类认知最基本的概念之一，也是儿童较早习得的概念之一。自 Clark（1972）对儿童习得空间量度形容词的研究之后，国外很多学者不断关注并深化这一领域的研究。如 Robb & Lord（1981）认为儿童大概在 2—3 岁开始习得"大、小"，这对词应该是儿童早期首先习得的空间形容词。儿童习得这些词语的过程中往往会混淆这些形容词之间的意义。受国外影响，国内自 20 世纪 80 年代以后也进行了一系列儿童习得研究。朱曼殊（1986）较早考察了儿童自发性话语中空间量度形容词的发展，研究发现，儿童的习得顺序为：大小类→高矮类、长短类→粗细类→高低类→宽窄类、厚薄类。李宇明（1995）对汉语儿童习得这些词的顺序的研究结果与朱曼殊相同。胡德明（2003）进一步研究汉语儿童对这类词语的习得规律，指出其习得顺序为：大小类→高矮类→长短类→粗细类、深浅类→厚薄类。研究发现，具有反义关系的一对空间维度形容词，无标记的不在有标记的之后出现。该研究主要从词义复杂性、人类视觉信息加工的整体优先性、儿童注意的发展水平及语义包容性等方面解释两个顺序的成因。后来，又有很多研究继续深入研究不同年龄段儿童习得空间形容词隐喻义的规律。如李艳等（2006）研究垂直型空间隐喻意象图式的心理现实性，指出 4—6 岁儿童已经形成"积极在上，消极在下"的隐喻意象图式。吴念阳等（2007）通过研究儿童书面语，将"高、低"隐喻划分为 11 个义项，并探讨儿童习得各义项的先后顺序。杨继芬、吴念阳（2009）研究 2—5 岁儿童对"高"的语义认知。潘开祥、张铁忠（1997）和王莉（2009）分别研究 4—10 岁和 3—5 岁儿童对"大、小"的认知规律。

（二）汉语空间量度形容词的二语习得研究

从汉语二语习得研究角度关注这一范畴的研究起步比较晚，且主要分散在汉语形容词的习得研究中。朴祉泳（2001）较早关注这一现象，用问卷方式调查韩国留学生对汉语形容词反义词的使用情况，其中涉及大小类空间量度形容词的误用。随着汉语中介语语料库的建设和发展，越来越多的研究者基于中介语语料库从不同角度探查这类形容词的习得状况。陈艳华（2007）运用标记理论考察"大小类"反义词有/无标记项在汉语及中介语词汇层面的不对称表现。马云静（2008）、别晨霞（2009）、刘鸿雁（2011）、苏向丽（2015）、陈平（2017）等运用语料库统计分析形容词的偏误分布，其中都包含对空间量度形容词的偏误分析。

此外，汉语二语教学研究也越来越关注这类词，如孔李茜（2008）、王军（2011）分别研究多义范畴"深""浅"和"大、小"及其在汉语教材中的编排策略。

在空间量度形容词的习得研究中，母语儿童习得研究较为深入，而汉语二语习得研究虽有些已关注这类词语的习得偏误现象，但都将空间量度形容词与其他形容词合在一起进行分析，专门针对空间量度形容词的系统研究较少，且多限于偏误描写分析，大多未深入到跨语言对比，尚未深层次揭示学习者对这些词的习得规律。

第三节　小结

空间量度范畴是人类基本的认知范畴之一，国内外对空间量度形容词的研究都较为丰富，但总体而言，国内外的研究倾向不尽相同，各有侧重。国外研究较为关注空间维度本身，侧重对基本空间义及所描述事物的特征和空间认知心理要素研究，类型学视角的研究主要围绕空间特征展开分析。国内空间量度形容词研究，主要从句法功能和认知框架进行相关研究，其中汉外对比领域的研究成果较为丰富，研究偏重于隐喻义及认知机制分析，但基于类型学视角的跨语言研究尚未展开。

在汉语二语习得领域，已有研究关注到空间量度形容词在中介语中混淆误用的复杂性，但专门的、系统的研究尚未深入展开。二语学习者词语混淆的深层成因主要源于母语与目的语词汇系统的不对应。基于范畴的跨语言比较的词汇类型学可以分析不同语言表达某一语义范畴的词汇手段的异同。本书基于词汇类型学视角，在跨语言分析的基础上探讨汉语二语习得领域空间度量形容词混用的特征及影响因素。希望借此为词语混淆探因研究提供新的分析视角，为汉语二语词汇教学提供理论依据与参考。

第 三 章

定名学视角空间量度概念词汇化的跨语言分析

词汇类型学是类型学的一个分支,是针对语言的词汇进行跨语言研究的一种理论框架,聚焦于人类语言在表达概念的词汇语义系统中所具有的相似性和差异性。这一研究领域有"定名学"和"符意学"两个最主要的研究视角。定名学"着眼于功能到形式的映射(从现实世界到语言符号),关注的是一个给定的概念如何获得新的名称或说话人如何为一个给定的概念找到新的表达形式";符意学"着眼于形式到功能的映射(从语言符号到现实世界),关注的是一个给定的词项如何获得新的意义"(Traugott & Dasher,2002:25-26)[①]。

在展开对 CSL 学习者空间量度形容词习得研究之前,本书首先从词汇类型学的定名学视角考察汉语及其他语言中如何将空间量度概念进行编码,不同语言对空间量度概念的词汇化存在哪些类型,有哪些共性与个性表现。

第一节　定名学视角的词汇化

词汇类型学从定名学视角考察某一(些)概念的词汇化和在特定概念场的切分方式。定名学视角既关注哪些意义最有可能用一个单独的词来编码,即概念的词汇化(lexify),同时也关注哪些意义有可能会合并编

---

① 转引自吴福祥《语义演变与词汇演变》,《古汉语研究》2019 年第 4 期。

码为同一个词，即概念的同词化（colexify）。Brinton 和 Traugott（2005：19-22）指出，词汇化（lexicalization）主要有两种含义：（1）指共时现象，即将概念编码成语言中的词来进行表达（the coding of conceptual categories）。（2）指历时现象，即原来的句法组合后成为词汇单位，或不再具有句法能产性。① 吴福祥（2019）认为"词汇化是探索语言中不同概念的编码模式，关注的正是由意义到词的映射过程"，而且指出"词汇化是词汇产生的一个途径，有'共时词汇化'和'历时词汇化'之分"。共时词汇化是指某一个概念或意义在语言里用一个明确的词汇形式来编码，比如"老师的妻子"用"师母"编码；历时词汇化是指一个句法结构或词汇序列逐渐演变为一个新的词汇成分，比如"窗户、规矩、准绳、消息"本来都是并列短语，后来演变为单纯的名词（董秀芳，2011：50-54）。共时层面的词汇化，学界也称为"词化"。本书研究共时词汇化，即概念如何编码成语言中的词来进行表达。

在词汇语义的跨语言研究中经常会遇到表征某一概念的词在不同语言中不止有一个词汇化形式，但是本研究关注不同语言中表达空间量度概念的主导词，主导词是指"表征某一概念的几个词语中最常用的那个词，该词多具有义域广、使用频率高、句法功能强的特点"（贾燕子、吴福祥，2017）。主导词是表达某一概念范畴的核心成员。选取主导词作为跨语言研究对象主要基于以下考虑：本书起源于汉语中介语空间量度形容词之间混淆误用现象，因此需要深入了解这些常用词在语言系统中的关系。"为了确保比较对象的同一性（identity）"（贾燕子，2019），在进行跨语言数据收集时本书重点考察不同语言中表达空间量度概念的主导词。主导词是一种语言在一个时期、一个地区对一个概念最基本或最常用的编码形式，选取主导词进行跨语言的对比分析有助于聚类观察和分析中介语中的易混淆词群现象。

下面本书将首先考察汉语空间量度概念的词汇化形式，再基于跨语

---

① 关于词汇化（lexicalization）：蒋绍愚、贾燕子、吴福祥、董秀芳、解海江等学者的研究都有论述。L. Brinton & E. Traugott（2005）在 *Lexicalization and Language Change*（《词汇化与语言演变》）中也详细探讨了与词汇化有关的各种概念，通过英语史上的大量个案研究对词汇化现象进行了剖析。

言材料考察不同语言中的词汇化形式（以汉语、英语、日语、韩语、印尼语为例）。此外，本书还基于跨语言同词化数据库考察空间量度概念的同词化分布，跨语言审视这些概念词汇化的类型特点。

第二节　汉语空间量度概念的词汇化

在汉语不同时期、不同区域都有表达空间量度概念的主导词，通过这些主导词可以考察汉语古、今、方、普空间量度概念最基本、最常用的编码形式。

一　汉语古今表征基本空间量度概念的主导词

一个时代的词汇场（lexical field）之所以能和另一个时代的词汇场进行比较，是因为它们覆盖着同一个概念场（conceptual field）。（Lyons，1981：253）空间量度概念场是一个稳定的概念场，且场内具有稳定的概念域。词汇会随着时代不断发生变化，而表达空间量度的概念场一直存在。王凤阳在《古辞辨》（1993/2011）①中考察了常用字词古今不同的指称对象和范围，揭示了常用字词的来源和演变。本书在这部词典的基础上考察了古今表征基本空间量度概念的主导词。下文将用"｛×｝"表示概念，用"［×］"表示表达这一概念的词（可以是不同时代、地域、不同语言中的词）。汉语古今表达基本空间量度概念的主导词见表3-1。

---

① 《古辞辨》通过对十三经、周秦诸子等常用典籍的梳理，筛选出4000个常用字词，按意义的共性类聚分为1400余组。将同义词、近义词、对义词、同类词、同源词等放在一起，以它们所指的对象为范畴，以它们的意义关联为纽带，把看似散沙式的字词构筑成一个古汉语词义的本体框架。该词典对每个意义组大都分析了古今不同的指称对象与范围，分析了字词间的意义差异与色彩变化，尽可能揭示每一字词的来源和演变。通过对古汉语词语应用情况的归纳，构建起一个语义系统框架。《古辞辨》就其实际来说是一本扩大了收录范围的古代汉语常用词同义词词典，因为同类词只不过是扩大了范畴义的同义词，反义词和对义词不过是包含着对立的区别义素的同类词、同义词，同源词只不过是特征义相同、范畴义有别的近义词（作者后记）。

表3-1　　　　汉语古今表征基本空间量度概念的主导词

空间量度概念	古今主导词	空间量度概念	古今主导词
大小	{大/小}	[巨、大/细、小]	宽度	{宽/窄}	[宽、阔、广/狭、窄]
长度	{长/短}	[长、修/短]	粗度	{粗/细}	[粗/细]
高度	{高/低}	[高/低、下、矮、短、矬]	厚度	{厚/薄}	[厚/薄]
深度	{深/浅}	[深/浅]	距离	{远/近}	[远、遥/迩、近]

表3-1列出古今表征空间量度概念的主导词，这些成员中有一些在不同的历史时期的主导地位不是一成不变的。蒋绍愚（2006）指出，在同一个时代平面上，各个成员在概念域中所占的位置是不完全相同的。各个成员作为基本同义的语义单位，相互之间还有一些区别（包括语义的区别和组合关系的区别），因而并非在任何场合下都可以互相替换；发展到另一个历史时期，不但概念域中的成员发生了变化，而且这些成员在同一概念域中所占的位置也会发生变化。汉语空间量度概念场最主要的概念域有"大小、长度、高度、深度、宽度、厚度、粗度、距离"等。本书重点分析上述概念域中的主导成员。

（一）表征空间{大/小}概念的古今主导词

"大"在古今都表示空间量。"巨"在上古与"大"是方言同义词，"巨"常与"大"一起连用，后来常与"细"对举，如"事无巨细"。"细"和"小"都表示"微也"，在上古可以互换，二者在汉魏以前没有本质区别，只有习惯上的适用范围的区别，关于体积、面积小主要用"小"，关于横截面小、颗粒小，主要用"细"。"巨、细"在汉语的发展过程中降为语素，主要用于构词，"细"表示"小"由通语变为方言，用法保留在南方某些方言中。如广东方言中，"细纸箱"指"小纸箱"，"苹果好细个"指苹果很小。[①]"细"在通语中独立使用时表示"横剖面

[①] 方言中"细"的扩展义还可以表示年龄小、数量少，如广东方言"细路仔、细妹"指"小孩儿、小妹"，"细目"指很小的数目。四川方言"细娃"指"小孩儿"。

小（跟'粗'相对）"。"大、小"自古至今没有像其他常用词、基本词一样发生大的更替。

(二) 表征空间 {长/短} 概念的古今主导词

在古汉语中，凡两点之间的距离大几乎都可以用"长"①，如"长河落日圆""万里长空"。"短"表示的是两端之间的距离小，与"长"相对，"短"在《广韵》中释为"不长也"。"长、短"在古代不仅可以表示横向的两端距离的大小，也可以表示纵向的距离。人和物上下距离大小都可以用"长、短"表示。如《史记·孔子世家》"孔子长九尺有六寸，人皆谓之'长人'而异之"中"长九尺"指人的身高，南北朝鲍照《拟古》"兽肥春草短，飞鞚越平陆"中"春草短"指"春草长得低矮"。古代将人等有生事物的高和表横向距离归为一类（蒋绍愚，2015：109）。后来"长、短"的义域变窄，到现代汉语中"长、短"一般不再表示纵向的垂直距离。"修"多用于表示道路的长和身体的高。如《楚辞·离骚》"路漫漫其修远兮，吾将上下而求索"。"修"用于表身体的高下长短，不限于修饰人，也适用于动物、植物。如曹植《洛神赋》"修短合度"，这里是指人身材的长短合适。《聊斋·促织》"成视之，庞然修伟"，这里是指蟋蟀又长又大。王羲之《兰亭集训》"此地有……茂林修竹"，这里指的是竹林茂密高大。"修"和"长"连用可以形容身材。现代汉语中"修"只作为构词语素表示"长、高"，如"身材修长""修竹"。现代汉语中表征空间 {长/短} 概念的主导词是"长、短"。

(三) 表征空间 {高/低} 概念的古今主导词

先秦至今表达 {高} 的概念最常用的词是"高"。《说文》中"高，崇也，像台观之形"，用高大建筑表示物体"高"。但是表示 {低} 的概念常用的词发生了更替。先秦时代，"高"的反义词是"下"，《说文》中"下，底也"，居于底部称为"下"。这是通过一种位置标准，把某一事物作为参照物来区分，在这一参照物之下或者下部就称为"下"。先秦时期，"低"表示低头，在《广韵》中释为"低昂"，"低"最初表示奄

---

① "长"的上古最常见的用法是表示年长，读 zhǎng，与"幼"相对。"长"又表示生长。表示长度的概念"长"cháng 是由生长的"长"引申而来，是生长的结果。

拉下头，与"昂"相对。后来表示下垂，如"风吹草低见牛羊"，再后来表示低垂的状态，成为形容词"低"。由于"下"的用法很多，汉代以后"低"逐渐取代"下"表示上下距离义。"下"和"低"是古今交叉的同义词，与"高"一起成为这一概念场中的同级词。

汉语中最初表示有生事物高度多使用"长、短"，但后来"长"的义域变窄，"高"的义域变宽，增加了表示有生事物高度的意义。"短"古代可以指身材矮，也可以指物体自身高度小，如《国语·吴语》中"君有短垣而自逾之"的"短垣"指"矮墙"。中古时期，"短"表示高度小的词义逐步从"短"中分化出去，唐代书面语中还用"短"，但接近口语的作品中已经用"矮"了。《说文·新附》"矮，短人也"。《广韵》"矮，短貌"。此外，"矬"在古代表示个子矮，《广雅·释诂》"矬，短也"。"矬"使用得比较早，但"矮"取代"短"之后表示高度小，特别是身体高度的使用范围更广。在现代汉语中表示上下距离高度概念的主导词是"高、低、矮"。其中"高"既可以表示物体自身高，也可以表示位置高。本研究根据对现代汉语平衡语料库"高"的语料统计，"高"表示物体自身维度高的占55.3%，表示位置高的占42.2%，同时兼顾自身维度高和位置高的占2.5%。"低、矮"都表示高度小时，其中"低"主要倾向于表示位置义，"矮"主要倾向于表示物体自身维度义。

（四）表征空间 {深/浅} 概念的古今主导词

表征空间 {深/浅} 的主导词古今一致。从水面到水的底部距离大叫"深"，距离小称"浅"。例如《诗经·邶风·谷风》"就其深矣，方之舟之；就其浅矣，泳之游之"。"深、浅"由表示水深、水浅，进而表示由外到里的距离大、小。如《史记·货殖列传序》"山深而兽往之"。探测深浅是自上而下，主要基于视觉，因此，从上到下，由外到里，由近到远，基于视觉的多用"深、浅"。此外，表示草短、毛短之类也可用"深、浅"，如《三国志·魏书·文帝纪》"草浅兽肥"中"草浅"指的是草长得不高，很矮。古今表示 {深/浅} 概念的主导词一致，都是"深、浅"。

（五）表征空间 {宽/窄} 概念的古今主导词

在表示宽度大这一概念时古代主导词有"宽、广、阔"。《说文》中，

"宽，屋大也""广，殿之大也""阔，疏也"。"宽"本义表示房屋宽大。后来凡两边距离大都可以用"宽"表示。"广"的本义是宫殿的大屋顶，常用于形容建筑物的宽大。如杜甫《茅屋为秋风所破歌》"安得广厦千万间，大庇天下寒士俱欢颜"。"阔"是指相隔远。由于"宽"的本义来自房屋，受两边之间距离的限制，因此"宽"用于其他事物的宽，也可以指两个边的长短，经常和"长"相对，表事物的尺寸、长度。"广"的本义源自宫殿大厦，词义更侧重开阔、宏大，常与"袤"和"运"相对，指土地面积。"宽"和"广"侧重的是长度，而"阔"侧重空间。"在上古时期，最常用的词是'广'，刘宋以后其形容词功能大体上已被'阔'所取代。现代汉语常用的'宽'从东汉起已见使用，在唐以后发展起来。"（王维辉，2000：378）

表示宽度小这一概念时古代主导词有"狭、窄"。《说文》中，"狭，隘也""狭，不广也"。《玉篇》中"窄，狭也"。"狭"指两边的宽度小。"窄"除表示两边狭小之外，还可以表示四边狭小，受局限。例如苏轼《滟滪堆赋》中"忽峡口之逼窄兮，纳万顷于一杯"。现代汉语表示｛宽/窄｝的空间概念主要用"宽、窄"表示，其余的词语降为语素，主要用于构词中，如"广阔""宽广""宽阔""狭隘""狭小""狭窄"。

(六) 表征空间｛粗/细｝概念的古今主导词

现代汉语表示粗度概念｛粗/细｝的主导词是"粗"和"细"，但是在古代，"粗"是"精"的反义词。《说文》中"粗，疏也"，《广雅》中"粗，大也。凡不精者皆曰粗。""粗"最初指糙米、粗粝，比如"粗茶淡饭"，指简单的、粗糙的、不精致的饮食（后来形容生活俭朴）。这里的"粗"后来引申为粗糙、不精细，物体表面粗糙等。如"粗布之衣"（粗布制成的衣服）。后来"粗"指空间义，表示条状或柱状物体的体积大，如"树干很粗"，也可以表示颗粒物大，如"粗沙"。

"细"在古代表示"小"，《说文》中"细，微也"，《语篇》中"细，小也"。"细"是个泛称，几乎任何微小义都可以用"细"。在中古以前"细"和"小"是同义词，它的反义词是"巨""大"，而不是"粗"。与"小"相比，"细"常用于表达横截面小、颗粒小。如《韩非子·二柄》载："楚灵王好细腰，而国中多饿人。"后来，"粗"从"大"

中独立出来,"细"随之成为"粗"的反义词,应用的范围逐渐限于和"粗"相反的横截面小、长而两边狭、颗粒小。在现代汉语中"粗、细"成为表达空间粗度概念的主导词。

(七) 表征空间 {厚/薄} 概念的古今主导词

表示厚度概念 {厚/薄} 的现代汉语是"厚"和"薄"。《说文》中"厚,山陵之厚也",《玉篇》中"厚,不薄也"。"厚"原指山陵上的土、石的深厚。后来指扁平状物上下距离大。"薄"在《说文》中为"林薄也"。"薄"原指草木丛生的地方,后来成为"厚"的反义词,指"扁平状物上下距离小"。厚度由积累而来,它是以底部为基点的,从底部算起,积累得多为"厚",积累得少为"薄"。"深、浅"和"厚、薄"都形容物的两面距离大小,有相似之处,所以常常结合使用,如"深厚、浅薄"。但二者本源义不同,因此在搭配上还有比较明显的分工。测量深浅是自上而下的,多诉之于视觉,是由上而下的距离。厚度由积累而来,它是以底部为基点的,由底及表的距离。

(八) 表征空间 {远/近} 概念的古今主导词

表示两点之间空间距离大的概念 {远} 的主导词有"远"和"遐""遥"。《尔雅·释诂》中"遐,远也""远,遐也"。《广雅·释诂》中"遥,远也"。"遐"用得比较早,"远"是后起的词。"遥"是一个方言常用词。表示空间距离小的概念 {近} 的主导词有"迩"和"近"。《说文》中,"迩,近也"。《玉篇》中"近,不远也"。春秋以前多用"迩",后来多用"近"。现代汉语中"遐""迩""遥"表示距离远近的意义作为语素保留在少数词语中,如"遐迩驰名、闻名遐迩、遥远"。形容词独立使用表示距离大小的主导词是"远、近"。

通过对空间量度概念古今主导词的考察,可以发现有些空间量度概念的主导词至今未变,如"大、小、深、浅"。有些主导词在语言演变中在词汇场中所占的地位发生了变化,比如"宽、窄"取代了"广、阔"和"狭"的主导词地位。有些词自古至今虽然是主导词,但表示空间概念的词义范围发生了变化,如"长、短、细、高"等。概念、词义之间的关系是比较复杂的,即使作为基本认知范畴的空间量度概念,在不同的历史时期也会有不同的词汇化方式,而同一个空间量度形容词也会随着语用环境和语义场内部成员的变化，词义内涵发生变化。

二 现代汉语方言表征基本空间量度概念的主导词

古今表征空间量度概念的主导词和汉语方言的主导词进行综合比较，便于全面了解现代汉语中空间量度概念词汇化的全貌。"把共同语和各种方言作为一个整体进行综合比较，主要是通过横向的比较总结各个共时系统所共有的结构规律。"（李如龙，2001：9）本书依据《汉语方言词汇》（1995）考察了空间量度概念在不同方言区的主导词。该书收集了20个方言点的材料，可作为各地区典型方言的代表性方言[1]，全书按词类和词义相结合的分类法排列，共收入词目1230个。本书所涉及的基本空间量度概念均包括在内，其中，{粗/细}被分为两个词项进行考察[粗$_1$/细$_1$]（胳膊）、[粗$_2$/细$_2$]（沙），因此本书共考察了19个空间量度形容词在20个方言点的词汇形式。《汉语方言词汇》（1995）中表征空间量度概念的词语在方言点中的分布具体见表3-2。

表3-2 表征空间量度概念的形容词在20个方言点中的分布（表一）[2]

序号	地区	大小		高度			长度		深度	
		大	小	高	低	矮	长	短	深	浅
1	北京	+	+	+	+	矮、矬	+	+	+	+
2	济南	+	+	+	+	矮、矬	+	+	+	+
3	西安	+	+	+	+	低	+	+	+	+
4	太原	+	+	+	+	矮、低	+	+	+	+
5	武汉	+	+	高、长	低、矮	+	+	+	+	+
6	成都	+	+	+	低、矮	+	+	+	+	+
7	合肥	+	+	+	低、矮	+	+	+	+	+
8	扬州	+	+	+	+	+	+	+	+	+

---

[1] 它们是：北京、济南、西安、太原、武汉、成都、合肥、扬州、苏州、温州、长沙、双峰、南昌、梅州、广州、阳江、厦门、潮州、福州、建瓯。

[2] 表中有些词的写法采用繁体字，如"䁖、髝"，这是《汉语方言词汇》中所采用的写法，本书保持原貌。

续表

序号	地区	大小		高度			长度		深度	
		大	小	高	低	矮	长	短	深	浅
9	苏州	+	+	高、长	+	+	+	+	+	+
10	温州	+	+	高、长	低、矮	+	+	+	+	+
11	长沙	+	细、小	高、上	低、矮、下	+	+	+	+	+
12	双峰	+	细	高、长	低、矮	+	+	+	+	+
13	南昌	+	细、小	高、䫛	低、矮	+	长、䫛	+	+	+
14	梅县	+	细	+	低、矮	+	+	+	+	+
15	广州	+	细	+	+	+	+	+	+	+
16	阳江	+	细	+	+	+	+	+	+	+
17	厦门	+	细	悬、䂞	+	+	+	+	+	+
18	潮州	+	细	悬	下、矮	+	+	+	+	+
19	福州	+	嫩、细	悬	下、矮	+	+	+	+	+
20	建瓯	+	+	+	矮	+	+	+	+	+
普方一致		20	11	11	9	16	19	20	20	20

表3-2 表征空间量度概念的形容词在20个方言点中的分布（表二）

序号	地区	宽度		粗度				厚度		距离	
		宽	窄	粗$_1$(胳膊)	粗$_2$(沙)	细$_1$(胳膊)	细$_2$(沙)	厚	薄	远	近
1	北京	+	+	粗、顶	+	+	+	+	+	+	+
2	济南	+	+	+	+	+	+	+	+	+	+
3	西安	+	+	粗、奘	+	+	+	+	+	+	+
4	太原	+	+	+	+	+	+	+	+	+	+
5	武汉	+	+	+	+	+	+	+	薄、消	+	+
6	成都	+	+	粗、奘	+	+	+	+	+	+	+
7	合肥	阔	+	粗、奘	+	+	+	+	消、薄	+	+
8	扬州	宽、阔	狭、窄	粗、奘	+	+	+	+	消、薄	+	+
9	苏州	+	狭	+	+	+	+	+	+	+	+
10	温州	+	狭	+	+	+	+	+	+	+	+
11	长沙	+	+	+	+	+	+	+	+	+	+
12	双峰	宽、阔	狭	+	+	+	+	+	+	+	+
13	南昌	宽、阔	狭、窄	+	+	+	+	+	+	+	+

续表

序号	地区	宽度		粗度				厚度		距离	
		宽	窄	粗₁(胳膊)	粗₂(沙)	细₁(胳膊)	细₂(沙)	厚	薄	远	近
14	梅县	阔	狭	粗、大	+	+	幼、细	+	+	+	+
15	广州	阔	+	粗、大	+	幼、细	幼	+	+	+	+
16	阳江	阔	+	大	大	细、嫩	+	+	+	+	+
17	厦门	阔	狭	+	+	+	幼	+	+	+	+
18	潮州	+	狭	大	大	幼、细	+	+	+	+	+
19	福州	阔	狭、窄	郭、粗	+	杪、幼	幼	+	+	+	+
20	建瓯	阔	把	+	+	+	+	+	+	道	+
普方一致		10	10	10	18	18	14	20	17	19	20

根据表 3-2 统计，在现代汉语方言系统中，有些表征空间量度概念的词在所调查的 20 个方言点都一致，这些词是各方言点的通用词，如表征空间量度概念 {大} {短} {深} {浅} {近} 的形容词。有些空间量度概念在各方言区绝大多数有共同的主导词，如 {厚} {远}，只有个别方言点不同。还有一部分空间量度概念在不同方言点存在多个不同的空间量度形容词，以 {小} 为例，除了"小"以外，还有"细、嫩"等词，其中"小"主要用于北方方言区，"细、嫩"主要用于南方方言区。这类概念还有 {高} {低} {矮} {宽} {窄} {粗} {细} {薄} 等。我们可以通过表 3-3 了解不同空间概念的主导词在不同区域的分布类型及情况。

表 3-3　现代汉语方言表征基本空间量度概念的主导词的分布情况

空间概念	主导词及方言点分布数量
{大}	[大] 20
{小}	[小] 11、[小、细] 2、[细] 8、[嫩] 1
{高}	[高] 11、[高、长] 4、[高、上] 1、[高、躼] 1、[悬、䠇] 1、[悬] 2
{低}	[低] 9、[低、矮] 7、[矮] 1、[低、矮、下] 1、[下、矮] 2
{矮}	[矮] 16、[矮、烑] 2、[矮、低] 1、[低] 1
{长}	[长] 19、[长、躼] 1

续表

空间概念	主导词及方言点分布数量
{短}	[短]20
{深}	[深]20
{浅}	[浅]20
{宽}	[宽]10、[阔]7、[宽、阔]3
{窄}	[窄]10、[狭]6、[狭、窄]3、[把]1
{粗₁(胳膊)}	[粗]10、[粗、奘]4、[大]2、[粗、预]1、[粗、大]2、[郭、粗]1
{细₁(胳膊)}	[细]18、[幼、细]1、[杪、幼]1
{粗₂(沙)}	[粗]18、[大]2
{细₂(沙)}	[细]14、[幼]3、[幼、细]2、[细、嫩]1
{厚}	[厚]20
{薄}	[薄]17、[消、薄]3
{远}	[远]19、[道]1
{近}	[近]20

根据表3-3可以进一步了解到表达空间量度概念的词在方言中的总体分布情况。例如表达概念{高}的方言主导词根据方言点的分布情况可分为六种类型：

类型1："只用"高"，分布在11个方言点（北京、济南、西安、太原、成都、合肥、扬州、梅县、广州、阳江、建瓯）；

类型2："高"和"长"并用，分布在4个方言点（武汉、苏州、温州、双峰）；

类型3："高"和"上"并用，分布在1个方言点（长沙）；

类型4："高"和"躴"并用，分布在1个方言点（南昌）；

类型5："高"和"嶚"并用，分布在1个方言点（厦门）；

类型6：只用"悬"，分布在2个方言点（潮州、福州）。

由上可知，绝大多数方言点可以用"高"表达{高}的概念。少数方言点还会有与之并用的词，如"长、躴、嶚"，而这些词主要是表示人的身高概念。其中在4个方言点"长"仍保留着古汉语"表达身体高"

的用法。在普通话中表示身高时"长"已经被"高"替代，但在方言中仍在活跃使用，属于方言中的主导词。古今汉语的演变过程中，"不论是上古、中古、近代、现代，都有共同语和方言的互动，各个历史时代之间，共同语和诸方言也并非直接的承变，而必定有许多交叉"（李如龙，2001：9）。南方方言有些概念的主导词与古汉语的主导词一致，这些表征空间量度概念的古汉语的主导词至今保留在方言中并仍占据主导词地位，这些词并没有因为汉语的演变在方言中发生更替。比如"细"表示"小"的意思仍保留在南方很多方言区中，并占据主导地位。但总体看来，虽然有少许空间量度词在方言中保留着古汉语的空间概念的词义并沿用至今，但大多数方言点的空间量度形容词与普通话中的词是一致的。

根据对空间量度概念古今主导词和各方言区的主导词的考察，可以发现：汉语中表征基本空间量度概念的主导词大部分自古至今都在使用，而且在地域分布上较为广泛，多数是较为稳定的主导词，空间量度概念场中主导词的编码形式自古至今有较强的稳定性。[①]

第三节　跨语言审视空间量度概念的词汇化

不同语言中表征空间量度概念的形容词中存在哪些主导词？核心成员数量有多少？其对空间量度范畴的划分和词汇化方式是否与汉语相同？本书首先以汉语、英语、日语、韩语、印尼语五种语言为例，考察了这些语言中表达基本空间量度概念的对应主导词，然后基于跨语言同词化数据库考察了这些概念同词化的分布特征。

一　汉外语言中表征空间量度概念的对应主导词

本书通过词典调查法和母语者访谈法，在共时层面确定出汉外五种语言中表征空间量度概念大致的对应主导词及其数量，然后跨语言分析

[①] 如果能对古今方普的空间量度形容词进行深入的综合比较，则对于了解汉语空间量度概念的词汇系统特点和演变规律会有更深入的认识。鉴于本书研究的缘起和研究重点要聚焦于中介语中空间量度形容词的习得现象，故本书对这些问题暂不展开研究。

空间量度概念的词汇化方式的类型。这五种语言中对应的主导词见表3-4。

表3-4　汉外五种语言中表征空间量度概念的对应主导词

空间量度概念		不同语言中对应的主导词				
		现代汉语	韩语	日语	印尼语	英语
大小	{大}	大	크다	大きい	besar	big、large
	{小}	小	작다	小さい	kecil	small、little
高度	{高}	高	높다	高い	tinggi	tall、high
	{低}	低	낮다	低い	rendah	low
	{矮}	矮			pendek	short
长度	{长}	长	길다	長い	panjang	long
	{短}	短	짧다	短い	pendek	short
深度	{深}	深	깊다	深い	dalam	deep
	{浅}	浅	얕다	浅い	dangkal	shallow
宽度	{宽}	宽	너비다	広い	lebar	wide、broad
	{窄}	窄	좁다	狭い	sempit	narrow
厚度/粗度	{厚}	厚	두껍다	厚い	tebal	thick
	{粗}	粗	굵다	粗い、太い		
	{薄}	薄	얇다	薄い	tipis	thin
	{细}	细	가늘다	細い、細かい		
距离	{远}	远	멀다	遠い	jauh	far、distant
	{近}	近	가깝다	近い	dekat	near、close

根据对表示空间量度概念的主导词成员的数量可以发现：五种语言有些概念的词汇化在成员数量上表现一致，有些概念词汇化在成员数量上表现不一致。具体分析如下：

1. 在表征长度、深度和宽度概念时，{长/短}{深/浅}{窄}在五种语言中都各有一个主导词，这些概念在不同语言的词汇化成员数量表现比较一致。这些语言把上述空间量度概念划分为不同的概念范畴，并分别用不同的词来表示。

2. 表征大小、宽度和距离概念时，{大/小}在四种语言中都有一个主导词，英语中各对应两个主导词。｛大｝的主导词为 big、large，｛小｝的主导词为 small、little。｛宽｝的主导词是 wide、broad。｛远｝的主导词为 far、distant，｛近｝的主导词为 near、close。从成员数量上看，表征大小、宽度和距离概念时英语词汇化编码比其他语言更细。①

3. 表征高度概念时，这五种语言的词汇化方式最复杂，差异性较大，但是类型特征明显。空间量度概念｛高｝在汉语、日语、韩语和印尼语四种语言中的词汇化表现较为一致，都将空间量度的维度义（如"楼高"）和位置义（如"飞机飞得高"）编码在一个词中。｛高｝在英语中编码为两个主导词 tall 和 high，其中 tall 倾向于表达维度义，且主要用于描述有生物，high 可以表达维度义和位置义，其中表达维度义时主要描述具体事物②。空间量度概念｛低｝在韩语和日语中都有一个主导词，分别是 낮다（低）和"低い"。而在汉语、印尼语和英语中都有两个主导词，汉语是"低"和"矮"，印尼语是 rendah（低）和 pendek（短），英语是 low（低）和 short（短）。表达身体高度小时，汉语用"矮"，印尼语用 rendah（短）、英语用 short（短）。另外，本书根据韩语语料的调查和向母语者调查发现，在韩语中表达人的"个子高低"与其他语言不同，韩语用表达整体空间量的"크다（大）、작다（小）"表示个子的高矮。由此可见，在表达高度概念，特别是人体高度时，不同语言存在着几种

---

① 在英语中，根据对 Corpus of Historical American English（简称 COHA 语料库）的统计，small 在书面语体中使用的频次高于 little，在口语体中，little 的使用频率高于 small。wide 比 broad 的使用频率高，wide 表示空间义常与长度单位、事物、人体部位词搭配，broad 表示空间义主要与身体部位词、土地面积、细长条状物词搭配。distant 与 far 都表示距离远，都可以和区域词、人或事物类词、感知词（如声音）搭配，但 distant 表示空间义时的使用频率略高于 far。close 与 near 都表示距离近，close 表空间义主要与地点词、身体部位词和距离词搭配，near 主要与地点词搭配。

② 英语中位置义用 high 和 low，维度义用 tall 和 short。high 也可以表示维度义，但一般不用于描述有生物。本书通过对 COHA 语料 tall 和 high 的抽样统计发现，tall 在使用中 100% 表达空间维度义，high 在使用中 55.0% 表达空间维度义，39.2% 表达空间位置义，5.8% 兼顾维度义和位置义。这表明在表达｛高｝的概念时维度义的使用频率要高于位置义，同时 tall 和 high 在表达空间义时，分工比较明显，tall 主要描述有生物的自身高度，high 可以描述有生物的自身高度，同时可以表达位置高度。根据我们的统计，tall 描述有生物的高度在语料中占 72.5%，high 在语料中描述有生物的高度仅占 14.4%，两个词表达维度义的分布倾向差异明显。

典型的词汇化方式类型。①

4. 表征粗度和厚度概念时，从这五种语言的分布看，有两种典型的词汇化类型。一种类型是倾向于将这两种概念分别编码，如汉语分别是"粗/细"和"厚/薄"，韩语分别是굵다（粗）/가늘다（细）和두껍다（厚）/얇다（薄），日语分别是"太い、粗い（粗）/細い、細かい（细）"和"厚い（厚）/薄い（薄）"。在这三种语言中，根据物体的形状，将长条形、条状物、颗粒状的空间量度概念化为｛粗/细｝，将扁状物的空间量度概念化为｛厚/薄｝。另一种类型是有些语言将粗度和厚度的概念共同编码在一个词中，如印尼语用 tebal 表示｛厚/粗｝，用 tipis 表示｛薄/细｝，英语则是用 thick 表示｛厚/粗｝，用 thin 表示｛薄/细｝。在这两种语言中，并不区分物体形状，只将物体相对面或表面之间的空间距离概念化，粗度和厚度的概念被词汇化在一起。②

5. 此外，在上述语言中，日语对应的这些空间量度概念词都是汉字词。由于受语言接触的影响，日语和汉语里有很多词都用相同的汉字标记，这类词叫日汉同形词。日语中空间量度词大多数与现代汉语词形相同，但有少数概念与现代汉语不同形，汉语的"宽、窄"在日语中是"広い、狭い"，这两个日语词形对应的汉语是"广、狭"，"广、狭"在古汉语中是表达｛宽/窄｝概念的主导词。此外，汉语的"粗、细"在日语中的对应主导词有两个，分别是"太い、粗い"和"細い、細かい"。其中"太い、細い"多描述柱状物、条状物粗大、细小，还可以表示人体胖瘦。"粗い、細かい"主要形容颗粒状物体大小。汉语词汇传入日本，日本一直恪守古汉语的词义，但现代汉语词义却产生了变化，因此形成了汉日同形异义词。日语汉字同形词是语言接触的结果，与汉语关系更为密切，但语义对应关系也更为复杂。

---

① 在古汉语中人体的身高用"长/短"表达。另据我们对阿拉伯语、蒙古语、亚美尼亚语的考察，阿拉伯语中用［长/短］表示人体高度，在蒙语中用［长/低］表示"树"的高度，亚美尼亚语中［短］［低］［矮］都可以表示人的高度，其中亚美尼亚语［矮］专门表示人的高度。

② 另根据一些文献中的研究发现，德语、瑞典语、俄语等语言中都将粗度和厚度的概念共同编码。

根据对上面五种语言空间量度概念主导词的考察可以发现，不同语言中对这些概念的词汇化方式较为复杂。例如，概念｛高｝在英语中有tall和high，在其他四种语言中都用一个主导词表达。再如，在汉语、韩语和日语中厚度和粗度概念倾向于用不同的词编码，但在英语和印尼语中用相同的词编码。

二　基于数据库的空间量度概念的同词化分析

（一）同词化及其数据库[①]

在每种语言中，都有两个或两个以上的概念用同一词表示的情况，例如英语单词fly，既指飞行的行为，又指苍蝇。语言学家将这种模式称为colexification。在汉语学界有研究者称之为"同词化"（吴福祥，2016）[②]，也有研究者称之为"共词化"（赵果，2017）。从定名学视角看，"同词化"主要是从命名策略角度考察词的"功能到形式的投射"。通过比较不同语言中的同词化现象，可以更广泛地跨语言分析空间量度概念在不同语言中的编码形式。"同词化"是Alexandre François（2008）首先提出的：

A given language is said to COFEXIFITY two functionally distinct senses if, and only if, it can associate them with the same lexical form[③].

吴福祥（2016）进一步阐释为"同词化指的是两个或两个以上的意义（sense）被编码（code）或词化（lexify）为同一个词汇形式（the same lexeme）。即，若意义A和B在某个语言中用同一个词汇形式来表达，那么在这个语言里意义A和意义B被同词化了"。当两个概念较为相似时，往往会出现同词化现象。例如，在波斯语中，"悲伤"和"遗憾"这两种情绪概念被同词化为一个词，而在达尔金语的某个方言中，"悲

[①] 跨语言同词化数据库（CLICS[3]）是世界上最大的跨语言词汇关联数据库，由马克斯·普朗克人类历史科学研究所研究发布。网址：https://clics.clld.org。

[②] 吴福祥教授2016年10月19日在北京语言大学人文学院的讲座"多义性、同词化与语义图"中较早介绍并开始使用这一概念。

[③] "lexical form" may refer to a lexeme or construction, or occasionally to a lexical root.（术语"词汇形式"可以指词项或结构，偶尔也可以指词根。）

伤"却和"焦虑"绑定为一个词。因此，说波斯语的人可能会将"悲伤"理解为一种更类似于"遗憾"的情绪，而说达尔金语的人可能会将"悲伤"理解为更类似于"焦虑"的情绪。[①] 同词化"用一个词位（lexeme）或构式表达一组不同但相互关联的意义/功能群"而被广泛应用于跨语言词汇对比的研究中（Viberg，2005；Alexandre François，2008）。

跨语言同词化数据库（Database of Cross - Linguistic Colexications，简称 CLICS³）是一个在线数据库。2014 年建立了第一代 CLICS，2018 年升级到第二代 CLICS²，2019 年升级到第三代 CLICS³。CLICS³ 的语言样本数量由第一代的 220 种增加到 3156 种语言变体（包括语言中的方言），可查询的概念由 1280 个增加到 2919 个。新版本的数据库以前所未有的规模提供了词汇数据，数据库中提供了语言中两个或两个以上的概念用同一词形表示的情况。在数据库中输入所需查询的核心概念（Conception），数据库中可提供概念同词化的相关语种、语系。

（二）空间量度概念同词化的个案分析

本书基于跨语言同词化数据库（CLICS³）考察了这些空间量度概念的同词化分布情况。根据统计，在这些空间量度概念中同词化语种最多的是概念 TALL，下面首先以高度概念 TALL 为例进行个案分析，探讨其同词化的表现。

数据库中核心概念 TALL 标注为"Having a vertical extent greater than the average"（垂直范围大于平均水平）。在线数据库中输入 TALL {高} 可得到与其相关的同词化网络（colexification network）分布图和同词化所涉及的概念及语种，TALL {高} 同词化网络分布图如下所示（见下页）。

图 3 - 1 中节点之间有连线的概念就是可同词化的概念，连线越粗的概念同词化的语种越多。在数据库中，收录 TALL 的语言有 562 种，其中 374 种语言涉及 TALL 同词化，约占语种总数的 66.5%。TALL 同词化的概念和语种分布见表 3 - 5。

[①] Joshua Conrad Jackson, Joseph Watts, Teague R. Henry, et al., Emotion semantics show both cultural variation and universal structure, Science, 2019, Vol. 366, Issue6472, P1517 - 1522. https：//www. science. org/doi/10. 1126/science. aaw8160.

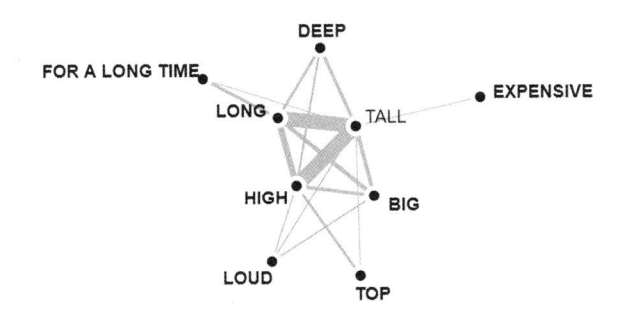

第三章 定名学视角空间量度概念词汇化的跨语言分析 ◀◀ 63

图 3-1　TALL 同词化网络分布

表 3-5　　　　TALL {高} 的同词化概念及语种分布

概念	HIGH {高}	LONG {长}	LOUD {大声}	BIG {大}	DEEP {深}	FOR A LONG TIME {时间长、久}	EXPENSIVE {贵}	TOP {顶部}	合计
语种	182	121	28	22	11	4	3	3	374
比重 (%)	48.7	32.4	7.5	5.9	2.9	1.1	0.8	0.8	100.0

根据统计可知，目前收录的语言中 TALL {高} 分别可以和 8 个概念同词化，其中 TALL 与 HIGH 同词化的语种数量最多，共有 182 种，占到同词化总量的 48.7%。这表明在世界语言中，有很多语言倾向于将 TALL 和 HIGH 编码在一起。例如汉语普通话中 TALL 和 HIGH 共同词化为"高"，既可以表示位置的高，也可以表示事物自身的高，将位置和维度的概念编码在一个词中。TALL {高} 与表示长度概念的 LONG {长} 同词化的语种有 121 种，所占比例也非常高。这表明在世界语言中，很多语言将高度和长度概念共同编码在一个词中。比如古汉语中表示有生事物的高度，特别是指人的身高时用"长"编码。此外，TALL {高} 还可以与其他一些概念同词化。在同词化的概念中，有些概念和 TALL {高} 一样同属于空间概念，如 HIGH {高}、LONG {长}、DEEP {深}、TOP {上}，有些概念则属于非空间概念，如时间概念 FOR A LONG TIME {时间长、久}、感知概念 LOUD {大声} 以及表示价值概念的 EXPENSIVE {贵}。

TALL {高} 同词化的语言分布非常广泛，下面以 TALL 与 LONG 的同词化为例具体分析其同词化的分布和表现。在 121 种语言中共有 39 个语系 110 种语言（有少数语言中有 2—3 个同词化的词），其中 Austronesian Family（南岛语系）最多，有 21 种语言，其次是 Indo - European Family（印欧语系）和 Timor - Alor - Pantar Family（东帝汶—潘塔尔语系），各有 11 种语言，其余各语系都在 10 种语言以下。语系和语种分布如图 3 - 2 所示。

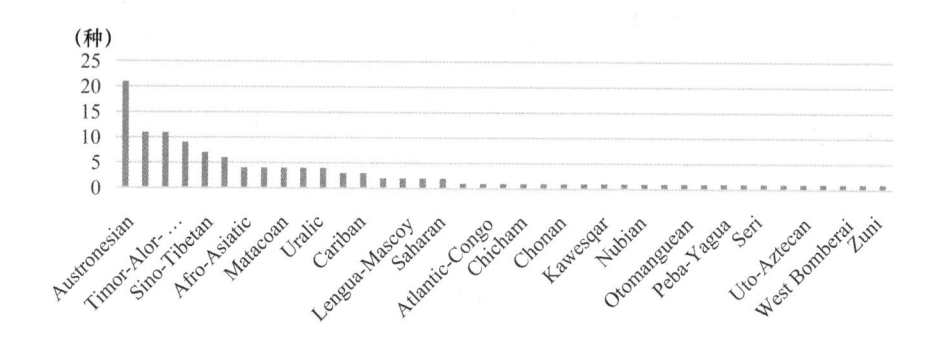

图 3 - 2　TALL 和 LONG 同词化语系分布

下面仅以印欧语系中的语言为例，具体说明 TALL 和 LONG 同词化的语言及词形①，如表 3 - 6 所示。

表 3 - 6　　　　印欧语系中 TALL 和 LONG 同词化的语言

Language	Form for TALL	Gloss for TALL	Form for LONG	Gloss for LONG
Ancient Greek	ma'kros	tall	ma'kros	long
Swedish	lång	tall	lång	long
Dutch	lang	tall	lang	long

---

① 同词化的语言及词形都是基于跨语言同词化数据库，https：//clics. clld. org。

续表

Language	Form for TALL	Gloss for TALL	Form for LONG	Gloss for LONG
Old High German	*grōz*	tall	*grōz*	long
Old High German	*langlīh*	tall	*langlīh*	long
Middle High German	*lanc*	tall	*lanc*	long
Latvian	*garš*	tall	*garš*	long
Albanian (Tosk variety)	*i ′gʸatə*	tall	*i ′gʸatə*	long
Bengali	*lambā*	tall	*lambā*	long
Punjabi	*lammā*	tall	*lammā*	long
Saramaccan	*lánga*	tall	*lánga*	long

根据表3-6可知，印欧语中共有11种语言的TALL和LONG为同一词形，例如古希腊语中 *ma′kros* 既表示TALL，也表示LONG。此外，还有瑞典语 *lang*、荷兰语 *lang*、古高德语（2种）*grōz* 和 *langlīh*、中古高德语 *lanc*、拉脱维亚语 *garš*、阿尔巴尼亚语 *i ′gʸatə*、孟加拉语 *lambā*、旁遮普语 *lammā*、萨拉马克坎语 *lánga*。通过对TALL所有同词化的374种语言的分析，可以发现其同词化的语种和语系数量分布情况，具体见表3-7。

表3-7　　TALL｛高｝的同词化的语种和语系数量分布

同词化概念	语种数量	语系数量
TALL｛高｝和HIGH｛高｝	182	40个语系。广泛分布于印欧语系、南亚语系、台—卡岱语系等
TALL｛高｝和LONG｛长｝	121	39个语系。广泛分布于南岛语系、印欧语系、东帝汶—潘塔尔语系等
TALL｛高｝和LOUD｛大声｝	28	4个语系。广泛分布于纳赫达格斯坦语系、印欧语系等
TALL｛高｝和BIG｛大｝	22	11个语系。广泛分布于印欧语、亚非语系等
TALL｛高｝和DEEP｛深｝	11	10个语系。分布于亚非语系、印欧语系、大西洋—刚果语系等

续表

同词化概念	语种数量	语系数量
TALL ｛高｝ 和 FOR A LONG TIME ｛时间长、久｝	4	3 个语系。分布于纳赫—达吉斯坦语、印欧语系以及卡洛克语中
TALL ｛高｝ 和 EXPENSIVE ｛贵｝	3	3 个语系。分布于汉藏语系、Timor - Alor - Pantar 语系以及日语中
TALL ｛高｝ 和 TOP ｛上｝	3	3 个语系。分布于印欧语系、纳赫—达吉斯坦语系以及南亚语系中

在表 3-7 同词化的概念中，TALL 和 HIGH、LONG 同词化的语系和语种是最丰富的，但二者的语系分布有所差异，TALL 和 HIGH 的同词化最多的是印欧语系，TALL 和 LONG 同词化最多的是南岛语系。TALL 和 LOUD 同词化广泛分布于纳赫达格斯坦语系。TALL 和 BIG 同词化广泛分布于印欧语系。TALL 和 DEEP 同词化的语种和语系比较分散，TALL 和 FOR A LONG TIME、EXPENSIVE、TOP 同词化的语系在数据库中比较少，但是表明在少数语言中存在这样的同词化类型。

（三）空间量度概念跨语言的同词化总体分布

本书基于跨语言同词化数据库考察表征空间量度的核心概念。在数据库收录的核心空间量度概念 15 个，分别是：BIG ｛大｝、SMALL ｛小｝、LONG ｛长｝、SHORT ｛短｝、TALL ｛高｝、HIGH ｛高｝、LOW ｛低｝、DEEP ｛深｝、SHOLLOW ｛浅｝、WIDE ｛宽｝、NARROW ｛窄｝、THICK ｛厚/粗｝、THIN ｛薄/细｝[①]、FAR ｛远｝、NEAR ｛近｝。与这些概念同词化的概念数量和语种数量分布见表 3-8。

---

① 关于 THIN 在数据库中还有两个：（1）THIN ［Being narrow or carrying a small amount of fat.］｛窄/瘦｝［狭窄或脂肪ης少］。在 519 种语言中，同词化的概念有 2 个，共 17 种语言。（2）THIN（SLIM）［Carrying little fat (of people).］｛瘦｝［(人的) 脂肪很少］。在 459 种语言中，同词化的概念有 4 个，共 33 种语言。由于本书在此考察最基本的空间量度概念，因此暂不考察这两类。

表3-8　　　　　　　空间量度概念同词化数据分布

空间量度概念	语种数量	同词化概念与语种数量 概念数量	同词化概念与语种数量 语种数量	同词化语种数量占比
BIG [Of a great size.] {大} [大小。]	2538	15	317	12.5%
SMALL [Not large or big; small in size.] {小} [不大，尺寸小。]	2516	13	304	12.1%
LONG [Having much distance from one terminating point on an object or an area to another terminating point.] {长} [物体或地方的一个端点到另一个端点距离大。]	2448	10	298	12.2%
SHORT [Small in length by comparison.] {短} [长度比较小。]	2073	7	106	5.1%
TALL [Having a vertical extent greater than the average.] {高} [垂直范围大于平均值的。]	562	8	374	66.5%
HIGH [Being in a position comparatively far above to the ground.] {高} [位置离地面相对较高。]	552	10	305	55.3%
LOW [Being in a position comparatively close to the ground.] {低} [位置离地面比较近。]	566	10	177	31.3%
DEEP [Having a bottom or base that is far away from the top.] {深} [远离顶部的尽头或底部。]	569	8	60	10.5%
SHALLOW [Having little depth.] {浅} [不深。]	504	5	44	8.7%
WIDE [Having a long distance or area between two points, especially horizontally.] {宽} [两点之间或区域距离大，特别指水平方向。]	1049	5	101	9.6%

续表

空间量度概念	语种数量	同词化概念与语种数量 概念数量	同词化概念与语种数量 语种数量	同词化语种数量占比
NARROW [(Of a path, cave etc.) having a small width.] {窄}[(指小路、洞穴等)窄的。]	983	6	111	11.3%
THICK [Relatively large distance from one surface to the opposite in its smallest solid dimension.] {厚/粗}[最小维度中,从一个表面到另一个表面的相对距离较大。]	1378	9	98	7.1%
THIN (OF SHAPE OF OBJECT) [Being narrow (of flat or long objects).] {薄/细}(物体的形状)[窄(指扁平或长物体)。]	553	7	109	19.7%
FAR [Having a large intervening distance with regard to something.] {远}[和某物有很大的间隔距离。]	1764	4	94	5.3%
NEAR [Not far distant in time or space or degree or circumstances.] {近}[时间、空间、程度或环境上不远的。]	1805	8	136	7.5%

不同空间量度概念在同词化数据库中收录的语言样本总的数量并不相同,有的样本语言数量多,有的样本语言数量少。语言样本数量在2000种以上的有4个:BIG(2538)、SMALL(2516)、LONG(2448)、SHORT(2073),这也是空间量度概念中最常用的概念。1000—2000种的有4个:NEAR(1805)、FAR(1764)、THICK(1378)、WIDE(1049)。1000种以下的有6个:NARROW(938)、DEEP(569)、LOW(566)、TALL(562)、HIGH(552)、THIN(OF SHAPE OF OBJECT)(553)。不同空间量度概念同词化的语种在总语种样本中的相对占比分布由高到低依次为:TALL(66.5%)＞HIGH(55.3%)＞LOW(31.3%)＞THIN

(19.7%) > BIG（12.5%）> LONG（12.2%）> SMALL（12.1%）> NARROW（11.3%）> DEEP（10.5%）> WIDE（9.6%）> SHALLOW（8.7%）> NEAR（7.5%）> THICK（7.1%）> FAR（5.3%）> SHORT（5.1%）。通过对跨语言同词化数据的考察分析，可以发现空间量度概念都有同词化表现，只是语种数量和分布的语系范围大小不一。TAll、HIGH、LOW、THIN等空间量度概念同词化的语种数量相对比重高。但是从同词化语言种类的绝对数量看，其中有11个空间量度概念的同词化语种达到100种语言以上，其余的4个也都在30—98种之间，平均每个空间量度概念同词化的语言约为176种。这些概念与哪些概念容易发生同词化，有什么分布规律，都值得深入研究。下面重点分析这些基本的空间量度概念作为核心概念和哪些概念发生同词化。

（四）空间量度概念同词化的数量及类型分布

1. 空间量度概念同词化的数量

根据统计，不同的空间量度概念同词化的数量由多到少依次是：BIG（15个）> SMALL（13个）> HIGH、LONG、LOW（各10个）> THICK（9个）> TALL、NEAR、DEEP（各8个）> THIN、SHORT（各7个）> NARROW（6个）> WIDE、SHALLOW（各5个）> FAR（4个）。BIG同词化的概念最多，有15个，FAR的概念最少，有4个，平均同词化的概念数量是8.3个。这些同词化的概念有些属于空间概念（含方位概念），有些属于非空间概念。下面以BIG{大}/SMALL{小}具体考察空间量度词同词化的概念及语种数量分布（详见附录二）。[①]

BIG{大}/SMALL{小}这一组概念在空间量度范畴中同词化的概念最多，与BIG{大}同词化的概念有15个，涉及317种语言；与SMALL{小}同词化的概念有13个，涉及304种语言。具体见表3-9：

[①] 关于空间量度词同词化概念及语系、语种的分布，本书限于篇幅不展开，可详见附录二，附有样例BIG［大］同词化的15个概念的语种和语系分布的网址。

表3-9　　　　BIG｛大｝/SMALL｛小｝的同词化分布

概念	同词化的空间概念及语种数量	同词化的非空间概念及语种数量
BIG｛大｝ 15个概念 317种语言	WIDE｛宽｝-64、THICK｛厚/粗｝-33、TALL｛高｝-22、LONG｛长｝-17、HIGH｛高｝-11	MANY｛多｝-45、GROW｛长大｝-36、LOUD｛大声｝-20、FAT｛脂肪｝-15、FAT｛胖｝-13、OLD｛老｝-13、OLD（AGED）｛年纪大｝-10、MIGHTY OR POWERFUL OR STRONG｛强、强大｝-8、FATHER｛父亲｝-6、ENOUGH｛足够｝-4
SMALL｛小｝ 13个概念 304种语言	NARROW｛窄｝-44、SHORT｛短｝-25、THIN（OF SHAPE OF OBJECT）｛薄/细（物体的形状）｝-14、LOW｛低｝-7、THIN｛细｝-5	FEW｛少｝-124、YOUNG｛年幼｝-29、CHILD｛孩子｝-21、CHILD（YOUNG HUMAN）｛孩子（年幼）｝-11、BABY｛婴儿｝-9、SOME｛一些｝-6、EGG｛卵蛋｝-5、SON｛儿子｝-4

根据表3-9可以看出，表示整体空间量度概念的BIG｛大｝/SMALL｛小｝不仅与空间范畴同词化的概念丰富，而且与非空间范畴同词化的概念也很丰富。BIG｛大｝/SMALL｛小｝在有些语言中与表示宽度、厚度/粗度、高度和长度的空间概念都有同词化的倾向，且二者在空间概念中的同词化表现完全一致，完全呈现对称分布特征。

二者也都和非空间概念同词化，同词化表现一致的是：（1）都可以与数量范畴的概念同词化，如：BIG｛大｝与MANY｛多｝、ENOUGH｛足够｝同词化；SMALL｛小｝与FEW｛少｝、SOME｛一些｝同词化。（2）都可以与是否成年、年龄范畴的概念同词化，如：BIG｛大｝与GROW｛长大｝、OLD｛老｝、OLD（AGED）｛年纪大｝同词化；SMALL｛小｝与YOUNG｛年幼｝、CHILD｛孩子｝、CHILD（YOUNG HUMAN）

{孩子（年幼）}、BABY {婴儿} 同词化。（3）都可以与亲属称谓同词化，如 BIG {大} 与 FATHER {父亲} 同词化；SMALL {小} 与 SON {儿子} 同词化。

BIG {大} 和 SMALL {小} 在非空间范畴同词化表现不一致的是：（1）BIG {大} 在有的语言中还可以与以下范畴概念同词化：表示感知范畴的 LOUD {大声}、表示脂肪多和身材概念的 FAT {脂肪}、FAT {胖}、表示强度和能力概念的 MIGHTY OR POWERFUL OR STRONG {强、强大} 同词化；（2）SMALL {小} 在有的语言中还可以与 EGG {卵、蛋} 同词化。总体来看，BIG {大} 和 SMALL {小} 同词化的表现一致性较强，基本呈现对称性分布。

2. 空间量度概念同词化的类型分布表现

根据对七组 15 个空间量度概念同词化的考察，我们可以发现这些空间量度概念的同词化表现非常复杂，这种复杂性表现在这些概念不仅与空间范畴的概念相互同词化，而且还与非空间范畴的概念同词化。空间量度概念的同词化分布既错综复杂又有一定规律。这是个非常复杂的同词化网络系统。我们可以从不同视角分析这些概念的同词化的类型。

视角一：从正向、负向量度看，可分为正向空间量度概念的同词化、负向空间量度概念的同词化、正向与负向空间量度概念之间的同词化；

视角二：从概念范畴看，可分为空间量度概念内部的同词化、空间量度概念与方位概念的同词化、空间量度概念与非空间概念的同词化。

本书根据上文统计的数据（去掉重复项），从这两个视角分析空间量度概念同词化类型的分布特征，同词化类型的分布数据见表 3-10（详细分布参见附录三）。

表3-10　　　　　　　　空间量度概念同词化类型分布

同词化类型		举例	组数	比重(%)	语种	比重(%)
正向空间量度概念（53组，874种语言）	与空间量度概念同词化	BIG｛大｝——WIDE｛宽｝-64 LONG｛长｝——TALL｛高｝-121	15	15.3	438	25.2
	与空间方位概念同词化	HIGH｛高｝——UP｛上｝-33 DEEP｛深｝——BOTTOM｛底部｝-5	6	6.1	61	3.5
	与非空间概念同词化	BIG｛大｝——MANY｛多｝-45 LONG｛长｝——STRAIGHT｛直｝-5	32	32.7	375	21.6
负向空间量度概念（43组，852种语言）	与空间量度概念同词化	SMALL｛小｝——NARROW｛窄｝-44 SHORT｛短｝——LOW｛低｝-40	14	14.3	265	15.3
	与空间方位概念同词化	LOW｛低｝——DOWN｛下｝-14 NEAR｛近｝——BESIDE｛旁边｝-93	5	5.1	191	11.0
	与非空间概念同词化	SMALL｛小｝——FEW｛少｝-124 SHALLOW｛浅｝——FLAT｛平｝-7	24	24.5	396	22.8
正向与负向空间量度概念同词化（2组，10种语言）		SHORT｛短｝——WIDE｛宽｝-5 LOW｛低｝——DEEP｛深｝-5	2	2.0	10	0.6
合计			98	100.0	1736	100.0

根据表 3-10，本书可以从以下几个方面分析空间量度概念同词化的类型分布：

（1）正向空间量度和负向空间量度概念的同词化分布：前者同词化组数为 53 组，涉及 874 种语言，后者同词化组数为 43 组，涉及 852 种语言。此外，正、负向空间量度概念之间有 2 组同词化概念，涉及 10 种语言。总体看，正向概念的同词化范围略高于负向概念，这两大类型概念的同词化都非常复杂，同词化的分布基本呈现对称性。

（2）空间量度概念内部之间同词化分布：正向空间量度概念之间的同词化有 15 组，涉及 438 种语言，负向空间量度概念之间的同词化有 14 组，涉及 265 种语言。二者同词化的概念数量非常接近，且在分布上存在对称性。在语种分布上正向概念明显高于负向概念，主要受其中两组概念同词化数量的影响，即 TALL ｛高｝ 和 HIGH ｛高｝ 同词化数量高达 182 种语言，LONG ｛长｝ 和 TALL ｛高｝ 同词化数量涉及 121 种语言。这两组概念的同词化所占比例很高，表明这是人类语言中普遍存在的同词化类型。

（3）空间量度概念与空间方位概念之间的同词化分布：正、负向空间量度概念都表现出与空间方位概念同词化的倾向，前者有 6 组概念，涉及 61 种语言，后者有 5 组概念，涉及 191 种语言。二者同词化概念数量相近，由于空间方位概念也具有一定的封闭性，因此与正、负向空间量度概念同词化的方位概念也是有限的，主要表现为 ｛高/低｝ 与 ｛上/下｝ 同词化，｛高/低｝ 与 ｛顶部/底部｝ 同词化，这几组概念中，正、负向概念呈现对称分布。此外，｛深｝ 分别与 ｛底部｝ 和 ｛内部｝ 同词化，｛近｝ 和 ｛旁边｝ 同词化。其中同词化语种分布最广泛的是 ｛近｝ 和 ｛旁边｝，涉及 93 种语言。这一类型中，正、负向量度概念同词化的分布具有局部对称性。

（4）空间量度概念与非空间概念之间的同词化分布：正向、负向空间量度概念分别都与非空间概念具有丰富的同词化表现，前者有 32 组概念，涉及 375 种语言，后者有 24 组概念，涉及 396 种语言。非空间范畴是开放性范畴，这不同于空间范畴的相对封闭性。从同词化概念丰富度的分布上看，正向空间量度概念与非空间概念同词化的数量高于负向空间量度概念。在有些范畴中，正、负向概念的同词化分布具有对称性，如 {大/小} 与表达数量概念的 {多/少} 同词化，{大/小} 与 {长大、老、老人、年纪大/年幼、婴儿、孩子、年幼} {父亲/儿子} 等同词化，{长/短} 分别与 {多/少} {直/圆} 等同词化。在有些范畴正向、负向概念的同词化分布不对称，而是各自与不同范畴的概念同词化。如 {深} 分别与 {黑} {难} 同词化，{浅} 分别与 {平/干} 同词化。另外，从语种分布上看，负向概念涉及的语种更多，但这主要受 SMALL {小} 和 FEW {少} 这组概念同词化的影响，这一组概念涉及 124 种语言，这表明 {小} 和 {少} 的同词化具有普遍性。除此之外，与非空间概念同词化的概念中，正向空间量度概念要比负向空间量度概念的同词化表现更丰富、语种数量更多。

对空间量度概念同词化的分析表明，在人类语言中，空间量度概念同词化的类型非常丰富而且复杂，涉及的语种广泛。空间量度概念不仅内部之间相互同词化，而且与非空间量度概念同词化表现更加错综复杂，但是在复杂的同词化网络中又呈现出相对的规律性。在不同类型的同词化中，正向、负向概念的同词化有的对称性分布凸显，有的分布不对称。有些概念同词化的语种分布极广，多达上百种，有些概念同词化的语种分布只有少数几种，还有的在同词化概念对称性分布的基础上呈现出语种分布的不平衡性。这种对称性中的不平衡性主要受个别概念之间同词化语种分布广泛的影响。

三　汉外空间量度概念词汇化的普遍性与变异性

词汇化是在语言系统中将概念编码为词的过程。各种语言的词汇系统不同，但概念场大体上是人类共同的。概念场中的一些主要的概念域是人类共同的，这些概念域中的各个概念要素是人类共同的（蒋绍愚，2007）。[①] 语言的编码有认知方面的动因，不同的语言之间存在着词汇化的普遍性。同时，概念是客观世界在人们意识中的反映，但人们认知的

---

① 也有些概念并非是人类共有的。有些概念在一个民族的观念里存在，在另一个民族的观念里不存在。在同一个民族中，可能在一个时期存在，在另一个时期不存在。

角度不完全相同，概念形成的方式也不完全相同。沈家煊（2015：1）指出"研究汉语也要把它放在世界语言的范围内来考察，通过比较才能有比较深刻的认识"。

空间量度概念是人类普遍的认知范畴，不同语言在编码这些空间量度概念时必然存在着共性与个性，个性是共性的具体反映，共性寓于个性之中，对人类语言变异范围的限制也就是人类语言的共性。语言的个性研究能够提供很多现象，而语言的共性研究能够揭示隐藏在现象背后的规律性特征。把个性纳入共性之中，透过语言的共性观察和分析语言的个性（戚雨村，1998）。通过跨语言对比寻找世界语言对空间量度概念编码的普遍性和变异的有限性，可以为不同语言词汇系统错综复杂的关系提供证据。"透过不同语言表面的差异寻找深层次上语言的普遍规律"（沈家煊，2015：9），这也是语言类型学的追求。

第四节　小结

本章从定名学的视角，考察了汉语古今方普空间量度概念的编码方式，并跨语言审视了五种语言空间量度概念的共时词汇化方式，通过跨语言对比发现，不同语言对空间量度概念词汇化的策略表现出跨语言的共性特征，同时也呈现出一些较为明显的个性特征。此外，基于跨语言同词化数据库考察了空间量度概念的同词化分布特征。根据上述对不同语言的考察，可以看出空间量度形容词概念词汇化的类型特征比较复杂，尤其是在世界语言范围内，空间量度概念词汇化方式的表现错综复杂，但是看似复杂性的背后又蕴含着普遍共性。贾燕子（2019）指出"不同语言的词汇现象具有内在的规律性，其变化并非杂乱无章，而是受一系列参数制约的"。空间量度概念的同词化分布的复杂性中蕴含着规律性。这也是帮助我们观察和深入了解汉语中介语中空间量度形容词混淆误用的一个窗口。

第四章

符意学视角空间量度形容词语义扩展的跨语言分析

词汇类型学通过"比较各语言对某（类）概念的语义材料切分、组织和分类方式的异同，归纳词义演变范围所受限制，以限制的普遍性来揭示看似杂乱无章的词义表象背后的系统性特征"（韩畅、荣晶，2019）。定名学视角的研究重在考察词汇概念范畴划分的层级和理据，符意学视角的研究更关注词汇的多义性及其动因。上一章从定名学视角跨语言考察了空间量度概念的词汇化，并基于数据库考察了这些概念的同词化分布特征，"只有将符意学和定名学的视角相结合，才能获得词汇变化的全貌"（Koch，2016：23）。因此，这一章将从符意学视角的多义性入手，分析不同语言中空间量度形容词语义扩展（semantic extensions）模式的跨语言普遍性与差异性。基于两个视角的分析将为学习者汉语空间量度形容词习得的深入研究奠定基础。

第一节　符意学视角的语义扩展

一　词的多义性

符意学着眼于形式到功能的映射（从语言符号到现实世界），关注的是一个特定的词项如何获得新的意义，考察某一些概念的语义关联和语义衍生（吴福祥，2019）。这一视角的研究关注一个形式（词项）具有哪些不同的意义，即词的多义性问题。词的多义性的形成是一个长期的、动态的发展过程，词的多义性历时层面的研究通过追溯多义词历史词源及词义的引申过程，探察其历时演变的全貌。多义词是历时发展的结果，多义词中引申而来的后起义都是由原义直接或间接发展而来的。从共时平面来看，多义词各个意义之间也存在着一定的联系，"本义和引申义可以从平面上联系起来，整理成一个连贯的意义系列"（王宁，1996：58）。因此，共时的多义词词义在一定程度上也反映出其历时状态的积聚和延续。

在探讨原型理论时，Lakoff（1987：8）提到，"人类的范畴化基本上是人类经验和想象的事情，一方面是感知、动觉活动和文化，另一方面就是隐喻、转喻和心理意象"。隐喻是一词多义发生和发展的基础条件，而人类隐喻性思维的普遍性决定一词多义的普遍性。隐喻映射通常涉及源域（source domain）和目标域（target domain），隐喻是由源域概念向目标域概念的映射，是从一个具体的概念域向一个抽象的概念域的系统映射（Lakoff & Johnson，1980：177）。隐喻过程是在不同的认知域中建立联系，而源域和目标域之间的连接则是基于一种相似性（崔希亮，2002）。多义词是通过隐喻机制衍生扩展出各种意义。由于人类思维具有相通之处，词的语义扩展模式在不同语言中会呈现出共同趋势，同时由于不同民族的不同语言习惯及认知差异，词的扩展必然具有一定的民族特色。

跨语言的多义词研究以某一语义范畴类聚词语为观察对象，研究目的在于通过跨语言分析揭示不同语言中相关类聚词意义发展变化的对应性，以及由此形成的具体语义关联。张博（2009a）"将语义类聚词所发生的对应性的词义运动称为词义的相应衍化，将词义相应衍化所呈现出的具有一定普遍性的意义联系称为语义关联"，而"只有对众多表示同一概念的词、同处一个概念场的词和隐含同一语义要素的词进行聚类观察，弄清它们词义发展的趋势和特点，揭示其词义衍化的深层动因，发现具有一定普遍性的语义关联，才有可能在更高层次上准确提炼跨语言中的语义衍化规律"。刘桂玲、杨忠（2018）指出"人类在认识、描述和表征周围事物以及他们生存环境的过程中近取诸身、远取诸物，不仅使用空间量度形容词量度物理环境及其中的事物，也用它量度非空间概念"。在隐喻机制的作用下，"这一变化方向符合人们对客观世界从个别到一般、从具体到抽象的认知过程"(吴颖,2009)。对空间量度形容词的语义扩展进行跨语言分析将有助于了解这些类聚词的衍化规律和语义关联模式,有助于发现不同语言的使用者在空间量度认知及其抽象化方面的普遍性与差异性。

二 多义性与同词化的区别与联系

多义性与上一章所谈及的"同词化"之间既有区别,又有密切联系。二者的区别在于对词义观察的视角不同。同词化是从定名学视角,主要是从命名策略角度考察词的"功能到形式的投射"。多义性是从符意学视角,一般是从语义演变考察词的"形式到功能的"投射(吴福祥,2016)。比如,"空间大"和"数量多"是两个基本量度概念,从定名学角度看,跨语言同词化数据库中有 23 个语系 45 种语言把 BIG{大}和 MANY{多}两个概念同词化,用一个词编码,这表明在这 45 种语言中,这两个意义之间语义关联的"紧密度"(degree of closeness)非常高,以至词汇形式的编码一致。但是在有些语言中,这两个概念被分别编码,比如本书考察的汉语、英语、日语、韩语、印尼语中,这两个概念都是分别用两个词编码,且都属于语言中的基本词汇。如果从符意学角度观察,我们发现不同语言中分别编码的两个词之间语义关联度也非常紧密,这种紧密度主要通过词义引申获得。上述五种语言的[大](汉语"大"、英语 big/large、日语"大きい"、韩语 크다 和印尼语 besar)都可以由空间义引申出数量义,语义扩展路径是单向性的,表现为从空间域扩展到数量域,反之则不成立。由此可以看出,"空间大"和"数量多"之间的概念联系在语言中至少存在两种典型模式,一种是将两个概念用同一词汇形式命名,另一种是由空间义"大"衍生出数量义"多"。无论是从定名学的命名策略视角观察,还是从符意学的语义演变视角观察,都可以发现"空间大"和"数量多"是密切相连的两个概念[①],由此也可

[①] 如果从定名学视角分析,多义词的不同意义共用一个词位,这也可以被认为是另一种同词化的表现,这种同词化不是初始编码的同词化,而是通过语义扩展之后不同概念之间呈现出的同词化。国内关于后者的同词化多译为"共词化"。本书区分初始编码型同词化和语义扩展型同词化。这一问题在此暂不展开分析。

以看出同词化与多义性密切相关。

这一章主要在符意学视角下,着重从共时层面研究空间量度形容词的语义扩展,主要着眼点在于对词的语义关联性的推求和分析。不同语言中表征空间量度概念的主导词在共时分布中存在哪些语义扩展模式(路径)?哪些语义关联模式是不同语言中普遍存在的?哪些语义关联模式是少有的或某种语言特有的?是否有典型的语义扩展模式(路径)?本研究将以汉语、英语、日语、韩语和印尼语为例,从符意学角度跨语言考察五种语言中空间量度形容词的多义衍生模式,并据此考察上述问题。此外,本书主要研究形容词的语义扩展,对向名词、动词、副词等其他实词或功能词的语义扩展暂不做讨论,亦不涉及由其派生、组合或其他间接手段表达的语义。

第二节　语义扩展跨语言分析的基础

关于空间量度形容词的语义扩展,汉语以及汉外对比研究中已有一些研究成果(详见综述)。本书将在前人研究的基础上,以词典(含在线词典)作为观察目标词词义的基础,并对不同母语背景的高水平汉语学习者或研究者进行访谈求证。此外,本书还调查了汉语、英语、韩语语料库中空间量度形容词的用法,借以进行补充分析(正文中不呈现长例句,主要呈现词语搭配)。

不同语言的词汇语义系统并不完全对应,汉、外词典对表达同一概念的词的释义也千差万别,但词典释义是研究词汇语义的重要途径和材料来源,也是跨语言对比研究的基础。词典义项是词典编纂者根据词语在各种语境中所表达的意义进行分析概括而归纳出来的。张博(2009a)指出"不同词典义项划分的颗粒度不同,有的词典词义概括程度相对较高,义项归纳就粗一些,会把其他词典处理为两个或多个义项的词义归纳为一个义项;有的词典归纳程度相对较低,义项归纳就细一些,会把其他词典概括为一个义项的词义离析为几个义项"。因此,不同类型词典中义项归纳划分的粗细程度不同,说明词典在反映词语多义性方面是有差异的。这里以不同汉外语言词典中形容词[大]的对应词第一个义项的释义（外语翻译成汉语）为例进行说明，见表4-1。

表4-1　　　不同语言词典形容词［大］第一个义项的释义

语言	词项	词典第一个义项	释义来源
汉语	大	在体积、面积、数量、力量、强度等方面超过一般或超过所比较的对象（跟"小"相对）	《现代汉语词典》（第7版）
英语	big	（尺寸、程度）大的、巨大的	《新牛津英汉汉英双解大词典》（第9版）
日语	大きい	东西的形状、数量、事情的程度，超过了同类的（平均的）东西	《现代日汉双解词典》（修订版）
韩语	크다	人、物外形的长、宽、高、体积等超过一般程度	『표준국어대사전』（《标准国语词典》）
印尼语	besar	大的，巨大的，高大的	《新印度尼西亚语汉语词典》

由表4-1可以看出，不同词典中［大］的对应词第一个义项的释义并不完全一致。一方面，不同词典义项划分的颗粒度不同，其中，汉语"大"和日语"大きい"的词典释义的第一个义项既包含空间义也包含隐喻义。英语 big、韩语크다和印尼语 besar 的词典释义第一个义项只包含空间义，但空间义的释义模式也不完全相同。另一方面，不同语别词典中的多义条目基本上反映不同语言中［大］的多义状况，但各类词典受到词义研究和词典编纂体例的限制，"多义条目并不一定是严格遵循词汇学原则基于海量语料库进行词义统计所得到的词语意义清单"（张博，2009b）。因此，表达同一个概念的词，在不同词典中的多义条目义项与语言中的多义词义位可能并不完全对应。如果按照不同语言词典中多义条目的义项进行对比分析，则很难直接找到对应关系。但词典释义仍然是我们了解词义的重要窗口和研究基础，因为在千差万别的释义背后可以发现，作为表达同一概念的不同语言对应词的核心语义特征是一致的，都具有空间量性特征，都用于表达基本空间量度概念。在此基础上，人们利用隐喻思维方式用已有的语言形式去表达新的抽象概念。隐喻过程中存在始源域、目标域、映射三个要素。始源域是空间域，用于描述具

体事物的空间，目标域用于表达抽象概念，空间域（始源域）的意象图式结构向其他抽象认知域（目标域）进行映射。基于隐喻对映射的目标域进行分析，有助于系统归纳和发现跨语言的语义扩展模式，让我们了解多义词语义之间的关联。

多义词通常以原型义为中心，通过隐喻映射的方式进行语义扩展，以原型义为中心向外扩展形成一条语义链，语义之间都存在一定的语义关联性。吉村公宏（2004）将语义扩展的一般原则归纳为：空间→时间→状态（变化）→心理。因此，尽管词典释义千差万别，但空间量度形容词的语义扩展不是任意的，由空间域向目标域映射的认知域是有限的，释义中所表达的语义范畴是有限的，而有限的认知域和语义范畴正是进行不同语言空间量度形容词语义扩展跨语言对比研究的基础。

第三节 空间量度形容词语义扩展的跨语言分析

不同语言中词语的语义扩展往往是从身体容易把握的空间开始，然后过渡到理性和抽象的领域。李宇明（1999：64）认为"空间范畴和空间关系在人类文化心理中是一种十分活跃的图式。人们习惯于把空间的范畴和关系投射到非空间的范畴和关系上，借以把握各种各样的非空间范畴和关系，所以人类的许多抽象概念都是通过空间隐喻来建构"。实验研究也证明空间量度概念被广泛用于表达数量、时间、感知、关系、心智、程度等抽象概念（Casasanto & Boroditsky，2008：579）。此外，空间量度形容词的语义扩展中，一般积极意义的正向空间量度词的引申义多为褒义，消极意义的负向空间量度词的引申义多为贬义。这都是语义扩展跨语言共性的体现。但是受不同民族认知倾向和不同语言特征的影响，不同语言中空间量度形容词语义扩展在普遍性的基础上还具有个性差异。下面将以五种语言为例，跨语言分析具体的空间量度形容词在不同目标域中语义扩展的规律特点。

一 [大/小] 语义扩展的跨语言分析

(一) [大/小] 隐喻映射的目标域

[大/小] 描述事物整体空间量,由于对空间维度没有特别限制,因此可以描述各种维度凸显的事物(包括零维、一维、二维、三维凸显)的空间量度,使用范围很广。[大/小] 与其他空间量度形容词相比,用于说明抽象概念时往往具有最大的自由性。根据前人的研究发现,不同语言中 [大/小] 的隐喻义都非常丰富。如任永军(2000)、伍莹(2011)等认为汉语"大、小"的隐喻义可以表达时间、声音、颜色、气味、数量、自然现象、力量、规模范围、程度、评价等。刘桂玲(2017)根据汉英对比研究,认为汉英 [大/小] 可以向数量域、力量域、年龄域、时间域、感知域、规模域、程度域、评价域等映射。朱松姬(2012)、权喜静(2019)等认为韩语크다(大)、작다(小)可以表达时间、数字、数量、规模范围、程度、限制、关系、性质、认知、感觉、态度、评价等。本书根据对五种语言的跨语言分析,将 [大/小] 映射的目标域归纳如下:时间域、数量域、程度域、规模范围域、感知域、力量强度域、等级评价域等,在同一目标域中,不同语言的语义扩展既有共性,也有个性。

(二) [大/小] 语义扩展的跨语言表现

1. [大/小] 在时间域的语义扩展

用空间概念表示时间概念是语言中普遍存在的一种现象。通过考察发现,五种语言中 [大/小] 都从空间域向时间域映射,而且在时间域中的语义扩展非常丰富。具体表现在:

(1) [大/小] 表示长幼、成年与否。例如:

汉语:长大、幼小、小时候

英语:big girl (大女孩)、little boy (小男孩)

日语:小さかった頃(小时候)、大きいの子のまねをする(模仿大孩子)、大きくなったら医者になりたい(长大了想当医生)

韩语:작은 소녀(小姑娘)、작은 꼬마들(小孩子们[小鬼们])

印尼语：setelah besar（长大以后）、sejak kecil（从小）

［大/小］表示成年、年幼是普遍的语义扩展模式，但在具体表达中，汉语、日语和印尼语都可以用"小时候"表示"年幼的时候"，而韩语和英语不直接用［小］，而是用어릴 때（孩子的时候）、childhood（儿童的时候）。

（2）［大/小］表示家人的排行。按照年龄或辈分，出生在前、辈分在前为［大］，反之为［小］。例如：

汉语：大哥、小弟、大舅、小姨

英语：my big sister（我的大姐姐）、my little brother（我的小弟弟）

日语：大きい兄さん（大哥）、一番小さいむすこ（小儿子）

韩语：큰 언니（大姐姐）、큰 아버지（大伯）、작은 올케（小嫂子）

五种语言中，印尼语中的 besar/kecil（大/小）不能表示排行、辈分，英语中主要是用 big 和 little 表示。此外，在汉语中，排序有时也会与年龄无关，而与进入某一组织或家庭的时间的早晚有关，先进入组织或家庭的，则排序靠前，如"大弟子"。

（3）［大/小］表示年龄大小。人的身体会占据一定的空间量，通常随着年龄的增加，占据的空间量也会逐渐增大。在汉语、日语和印尼语中空间上［大/小］可以用于指年龄大小。例如：

汉语：年龄大、年纪小、他比我大一岁、我比他小三岁

日语：兄はぼくより三つ大きい/小さい（哥哥比我大/小三岁）

印尼语：Saya lebih besar/kecil setahun darimu（我比你大/小一岁）。

虽然汉语、日语、印尼语都可以用［大/小］表示年龄大小，但汉语最为常用。日语中常用方位词"上/下"表示年龄大小，印尼语则常用 tua/muda（老/年轻）表示。此外，英语和韩语则通常不用［大/小］表达年龄，英语用 old/young，韩语用많다/적다（多/少）。因此，在表示年龄大小时，不同语言存在多种表达类型。

（4）［大/小］可以表示时间长短，这一语义扩展主要存在于汉语和英语中。例如：

汉语：大半天、大半年、大半辈子、一小会儿、小半天、不大功夫

英语：a big while（很长一段时间）、a little break（一小会儿）

在这两种语言中，汉语"大、小"表示时间长短最为典型。英语中的 large 和 small 一般不表示时间概念。在韩语口语中작다（小）偶尔和"时间"搭配，表示零碎的时间，如작은 시간들의 힘（小时间的力量），但这种用法极少。

汉语中"大"还可以与时令、节日和特定时间搭配，表示强调或突出这个时间段的不同寻常。例如：大冬天的、大热天的、大黑夜的、大新年的。"大"还可以与时间词"前天、前年、后天、后年"等搭配，表示距离"现在"向前或者向后两个单位的时间，表示这个时间是距离现在较远的一个时间点，如大前天、大后天、大前年、大后年、大上个星期、大下个星期等。空间上"大"，则距离上"远"，距离越大，间隔的时间越长，距离大与时间长之间具有相似性，通过隐喻，空间的"大"映射到时间上的"远"，表示一种时间距离。这是汉语"大"语义扩展的独特表现。"小"则没有在后两种语义上扩展，这是汉语"大、小"语义扩展不对称性的表现。

上述五种语言［大/小］在时间域的语义扩展中，表示成年与否是各语言中最普遍的扩展路径。而在表示年龄、排行等其他时间概念时，不同的语言存在一定的差异，如汉语、印尼语、日语都可以用［大/小］表示年龄大小，而英语则主要用 old/young 表示年龄大小，韩语用많다（多）/적다（少）表示年龄大小，日语还常用"上/下"表示年龄大小。［大/小］在时间域的语义扩展中显示出空间域与时间域语义关联存在多种模式，其中汉语在时间域的语义扩展最丰富。

2. ［大/小］在数量域的语义扩展

通常物体体积越大，所占空间量越大，组成单位的数量也就越多，空间量和数量之间存在着相似联系，因此［大/小］可以由空间域映射到数量域。本书所考察的五种语言的［大/小］都可以表示数量多少。例如：

汉语：数量大、比例小、工作量大、需求量小

英语：large quantity（大量）、large amounts（大量）

　　　a small number of（少量的）、samll amount（小额）

日语：生産量が大きい（产量大）、3は5より小きい（3比5小）

韩语：큰수（大数）、큰 금액（大数额）、액수가 적다（数额小）

印尼语：jumlah besar（数量大）、jumlah kecil（数量小）

上述五种语言中［大/小］都可以表示数量多少，但是在常用度和搭配上并不完全相同，比如英语中主要是由 large/small 表示数量，big 也可以表示数量，但使用频次相对较低，如 big number（大量），little 在表达数量义时主要用于强调"量很少"，如 a little milk（一点儿牛奶）。再如，汉语中描述"饭量、需求量"时通常和"大/小"搭配，而在韩语中则与 많다（多）和 적다（少）搭配。

3．［大/小］在程度域的语义扩展

程度指事物变化达到的状况。［大/小］在表达具体事物的概念时强调事物整体量，在表示抽象概念时可以表达事物变化达到的程度量。五种语言中的［大/小］都可以从空间域映射到程度域，表示抽象事物的程度量。例如：

汉语：危害大、作用小、影响大、压力小

英语：large degree（很大程度上）、small adjustments（小调整）
　　　big challenge（大挑战）、little mistake（小错误）

日语：損害が大きい（损失大）、損害が小さい（损失小）

韩语：큰 충격을 받다（受到很大打击）、확률이 작다（可能性很大）

印尼语：perkara besar（大案件）、perkara kecil（小案件）

4．［大/小］在规模与范围域的语义扩展

物体覆盖面积的大小决定涵盖范围的大小，因此［大/小］可以向范围规模域映射，这是很多语言普遍的隐喻倾向。五种语言中的［大/小］都表示规模范围大小。例如：

汉语：大规模、小规模、范围大、范围小

英语：large range（范围大）、a large view（大视野）
　　　samll grou（小团体）、a small farmer（小农场主）

日语：規模が大きい（规模大）、規模が小さい（规模小）

韩语：큰 행사（大活动）、큰 잔치（大宴会）、작은 범위（小范围）

印尼语：pertemuan besar（大聚会）、pertemuan kecil（小聚会）

5. ［大/小］在感知域的语义扩展

感知主要包括听觉、视觉、嗅觉、味觉、触觉等。感觉辐射和扩散都与一定的空间有关，［大/小］从空间域映射到感知域，其中听觉是在声波的作用下使听觉器官引起的感觉，声音则是听觉的直接感应。五种语言都可以用［大/小］形容声音的强度。例如：

汉语：声音大、声音小、大嗓门、小声

英语：big noise（噪声大）、small voice（小声）

little voice（小嗓门）

日语：大きい声で話す（大声说话）、小さい声で話す（小声说话）

韩语：큰 목소리（大声）、작은 소리（小声）

印尼语：suara besar（声音大）、suara kecil（声音小）

用［大/小］描述声音是跨语言的普遍表达方式。应注意的是，英语中 large 一般不用于描述声音，印尼语则还常常用 keras（强烈）和 lembut（温柔）形容声音大小。

在感知域，汉语"大/小"还可以表示味觉中的气味大小，如"酒味大、烟味小"，其中"大"还可以表示视觉中颜色的深度，如"大红色、大绿色"。这是其他四种语言中没有的语义扩展模式。在韩语中，一般用 강하다（强）、심하다（严重）表示味道，如맛이 강하다（味道强）、냄새가 심하다（异味很严重），形容颜色时则常用진하다（浓），如진 홍색（浓红色）。通过对五种语言的比较可以发现，在感知域中汉语"大/小"的语义扩展比其他语言丰富。

6. ［大/小］在评价域的语义扩展

［大/小］由空间域向评价域映射。事物的体积大小往往影响着其在社会中的作用，反映着人或事的重要性、等级性，这是空间域向评价域投射的认知基础。［大/小］表示评价义是五种语言普遍存在的语义扩展路径。五种语言都可以用［大/小］表示评价。例如：

汉语：大学者、小人物、大贡献、贡献小

英语：a big man（一个大人物）、little thing（小事情）

a big day（重要的日子）、a small businessman（小商人）

日语：彼は人物が大きい（他器量大）

小さい事にこだわるな（不要拘泥于小事）

韩语：큰 인물（大人物）、작은 대위（小上尉）

印尼语：tuan besar（大老板）、pegawai kecil（小职员）

7. ［大/小］在力量强度域的语义扩展

"物体的大小通常与物体的力量相联系"（Lakoff，1980），"力量中不仅包含自然现象所产生的力，如'大风、小雪'，也指动力以及动作行为对其他事物产生的影响"（刘桂玲，2017）。五种语言中汉语"大/小"有"向力量域和强度域映射的用法，用于表示力量和强度大小"（朱莉华，2011）。

汉语用"大、小"表达力量，如"劲儿大、阻力很大、力气大"，还可以用"大、小"修饰自然现象的强度，如"大风、大雪、大雾、小雨、小风"。但是在英语、韩语、日语、印尼语中一般较少或不用［大/小］的概念表示自然现象的力量和强度。英语 small 可以表示力量小，如 strength is small，但是"力量大"用 powerful 或 strong，印尼语虽然可以用 besar（大）、kecil（小）表示，但一般强调的是自然现象的规模大小。多数语言使用其他量度概念的形容词表达自然现象的强度，例如：

英语：strong wind（强风）—— gentle wind（微风）

heavy rain（重雨）—— light rain（轻雨）

heavy snow（重雪）—— light snow（轻雪）

heavy frog（重霜）—— light frog（轻霜）

日语：外は風が強い（外面风强）、外は風が弱い（外面风弱）

韩语：바람이 적다（风少）、바람이 세다（风很强）

바깥바람이 약하다（外面风弱）

印尼语：angin kuat（强风）、angin lemah（弱风）、angin kencang（强风）、hujan lebat（重雨）、hujan gerimis（轻雨）

描述自然现象的强度时，不同语言中常用的量度形容词不完全相同。不同民族形象思维和抽象思维不同的认知侧重点是这种差异的主要原因。其中，汉语更侧重于自然现象的空间视觉感知方式，其他语言更侧重于自然现象的强度、数量等非空间感知方式。不同的感知方式对语言产生了深刻影响，从而形成不同的隐喻类型和扩展路径。汉语是用空间"大/

小"表达力量和强度最凸显的一种语言。

五种语言中形容词[大/小]由空间域向抽象域映射，语义扩展的总体分布见表4-2。

表4-2　　不同语言[大/小]在目标域中的语义扩展分布

目标域	语言	汉语 大	汉语 小	英语 big	英语 large	英语 small	英语 little	日语 大きい	日语 小さい	韩语 크다	韩语 작다	印尼语 besar	印尼语 kecil
时间域	成年	+	+	+		+	+	+	+	+	+	+	+
	长幼	+	+					+	+	+	+		
	年龄	+	+					+	+			+	+
	排行	+	+	+			+	+	+	+	+		
	长短	+	+				+						
	强调	+					+						
	指示	+											
数量域		+	+	+	+	+	+	+	+	+	+	+	+
程度域		+	+	+	+	+	+	+	+	+	+	+	+
规模范围域		+	+	+	+	+	+	+	+	+	+	+	+
感知域	听觉	+	+	+	+	+	+	+	+	+	+	+	+
	视觉	+											
	味觉	+											
评价域		+	+	+	+	+	+	+	+	+	+	+	+
力量强度域		+	+			+						+	+

由表4-2可以发现，上述五种语言中的[大/小]都从空间域向目标域映射。其中语义扩展中隐喻映射最为普遍的路径是由空间域向数量域、规模范围域和等级评价域映射，其次是向时间域映射，在时间域中表达成年与否、长幼、排行是最为普遍的扩展方向，这都反映出不同语言[大/小]语义扩展的共性倾向。在时间域、感知域和力量强度域中不同语言语义扩展的方向和能力不同，反映出语义扩展的个性特点，其中汉语"大、小"隐喻映射能力最强，语义扩展最丰富。

二 [长/短] 语义扩展的跨语言分析

（一） [长/短] 隐喻映射的目标域

[长/短] 是对一维凸显事物长度的空间占有量进行描述的形容词，通常用于一维特征凸显的物体。[长/短] 的语义扩展与其一维的语义特征密切相关。任永军（2000）认为汉语"长、短"首先映射到时间域，表示时间概念以及与时间概念相关的声音、寿命、篇幅、内容等，其次映射到其他抽象域，表示能力、品质、性格等。伍莹（2015）认为"长、短"映射的目标域主要是时间域和篇幅域。在英汉对比中，王银平（2015）认为汉英 [长/短] 都由空间域映射到时间域、声音域、评价域以及程度域。刘桂玲（2017）认为汉英 [长/短] 从空间域共同映射到时间域、数量域、心智域和评价域。在汉韩对比中，权喜静（2019）认为汉韩 [长/短] 映射的目标域为时间域和抽象域。本书根据对五种语言的跨语言分析，认为 [长/短] 映射的目标域可归纳如下：时间域、数量域、评价域、性情域，在不同的目标域中各种语言的语义扩展有共性也有个性。

（二） [长/短] 语义扩展的跨语言表现

1. [长/短] 在时间域的语义扩展

空间的时间隐喻是跨语言的普遍共性，而 [长/短] 是最典型的隐喻时间的空间词。[长/短] 一维凸显的线性特征与时间的线性特征具有相似性，时空隐喻主要体现为"时间的延伸性、运动的线性和单向性特征"（Galton，2011：695）。[长/短] 是从一个端点向另一个端点的直线延伸，表达的是两个端点间的空间占有量大，而时间的流逝也像从一个时间点向另一个时间点进行延伸的过程，延伸的距离越大时间越长，反之越短。时间可以看作是"观察者感受连续的物体和事件出现与消失的单向变化"（Boroditsky，2000：3）。因此，[长/短] 的语义扩展到时间域，不仅可以表示时间长短，还可以表示动作、事件持续的时间以及状态持续的时间，这在不同语言中都有体现。

（1）[长/短] 与时间名词搭配，表示时间长短。人的寿命也是一种时间概念，表现的也是一种时间量。人的生命越长，所延伸的距离越大，所占有的时间量越大，而这种时间量也可以用［长/短］来表现。这在五种语言中具有共同的表现。例如：

汉语：时间长、时间短、天长、天短、长期、白天长、夜晚短
日子长、日子短、周期长、寿命长、寿命短

英语：long time、short time、live longer、a long life、long hours

日语：長い夜（长夜）、冬は日が短い（冬季天短）、彼はもう長くはない（他活不长了）、人生は長い（人生长）、睡眠時間が短い（睡眠时间短）

韩语：시간이 길다（时间长）、수명이 길다（寿命长）、짧은 기간（时间短）、짧은 순간（瞬间短）、수명이 짧다（寿命短）、짧은 생애（短暂人生）

印尼语：pinjaman jangka panjang（长期贷款）、dalam waktu yang jangka pendek（短时间内）、panjang permintaan（长命）、pendek permintaan（短命）

（2）［长/短］表示动作、事件、状态等持续时间的长短。时间和空间是密切联系的。任何事物的运动都会涉及时间和空间，事物运动的空间距离越大，需要的时间越长，［长/短］与表达动作行为的动词或名词搭配表示动作、事件等持续的时间。这主要出现在汉语、英语、日语和韩语中，只有印尼语不可以。例如：

汉语：长眠、长谈、细水长流、短憩

英语：long silence（长时间沉默）、short rest（短暂休息）

日语：長い沈黙（长时间沉默）、短い休み（短休）

韩语：길게 울다（长哭）、짧게 웃다（短笑）

2. ［长/短］在感知域的语义扩展

［长/短］向感知域映射可以表示声音长短。时间域和声音域虽然是人们通过不同的感官认知而构建的认知域，但实际上两个认知域之间并非完全对立的。用［长/短］描述声音实质上是形容声音发出的时间长短，是通过"时间量"来衡量"声音量"。五种语言都可以用［长/短］

描述声音、气息持续的时间长度，也用于表达"呼气、叹气"的长度。①例如：

  汉语：长吁短叹、长啸一声、短嘘一口气

  英语：a long sigh（一声长叹）、long vowel（长音）

     long vowel（长音）、short vowel（短音）

  韩语：길게 한숨을 내쉬다（长叹一声）、짧은 소리（短声音）

  日语：長いため息をつく（长叹一口气）、短いため息をつく（短叹一口气）

  印尼语：menarik napas panjang（长叹）、pendek napas（气短）

3. [长/短] 在数量域的语义扩展

[长/短] 由空间始源域向数量域映射，表示话语、句子、文章等篇幅长度。"篇幅"长短与空间和数量、时间有关，字数越多，占据空间越大，阅读所需要的时间越长，反之则短；句子、文章越长，花费的时间也随之增加，时间的多少也可以从另一个层面反映出话语、句子或文章的"文字量"。[长/短] 表示数量是五种语言普遍存在的语义扩展路径。例如：

  汉语：篇幅长、篇幅短、长篇小说、长信、短文

  英语：long story（长故事）、short film（短电影）

     long article（长文章）、short report（短报道）

  日语：長い演説（长的演说）、文を短くする（缩短句子）

     短い曲を1曲演奏した（演奏了一首短曲子）

  韩语：긴 말씀（长话）、긴 문장（长文章）

     긴 글과 짧은 글（长文和短文）、짧은 연설（短演说）

  印尼语：cerita panjang（长篇小说）cerita pendek（短篇小说）

     pendek kata（短说 [简言之，一句话]）

---

  ① [长/短] 常与"呼气、叹气"搭配，但是"吸气"一般不用 [长]，多用 [深]，如汉语"深吸了一口气"。这是因为人在向外呼气时，气流从"口"这一端点出发进行延伸，就好像空间中一条线的延伸，所以可以用"长"来表示其延伸的距离。但当人吸气时，气流是从外部进入到人的口腔及身体内部，由外入内，体现了一种容器感，同时也体现了方位性，所以多用"深"而不用"长"。

此外，汉语"长"可以表示"剩余的、多余的"，如"一无长物、身无长物"。汉语"短"和英语 short 都可以表示数量不足、少的，如"缺斤短两、短了一块钱、short of money（缺钱）"。这表明汉语和英语在数量域的语义扩展比其他语言丰富。

4. ［长/短］在评价域的语义扩展

［长/短］由空间域向评价域投射，评价人的能力、品质、性格等。［长］表示积极和正面的评价，［短］表示消极和负面的评价（王银平，2015）。［长/短］从在始源域表示可见的空间特征出发，通过隐喻表达个人主观判断结果。五种语言［长/短］都可以表示评价义。例如：

汉语：长处、一展长才、长于写作、短处、见识短、见识短浅

英语：long view（眼光长）、short-sighted（目光短）

　　　long memories（长时记忆［记忆好］）

　　　short memories（短时记忆［记忆差］）

日语：長い目で見る（长眼光看［从长远看］）

韩语：짧은 지식（短知识）、짧은 안목（短目光）

　　　생각이 짧다（想法短）、영어 실력이 짧다（英语实力短［英语差］）

印尼语：pikir panjang（想得长［远］）、panjang akal（眼光长［眼光远大］）、akal pendek（眼光短）

　　　　pendek akal（短眼光［迟钝，笨］）

［长/短］在评价域表示见识长短，这是五种语言中普遍存在的语义扩展模式。但受到不同民族认知方式的制约，不同语言中在评价域语义扩展有一定差异。例如，汉语用"长/短"表示优缺点、擅长不擅长某事，"长处、短处"在英语中常用 strong（强）或者 week（弱），如 strong points、week points 或者 strengths、weaknesses。在韩语中，也有一些独特的表达，如입이 짧다（嘴短）、자본이 짧다（资本短）。此外，不同语言的［短］向评价域扩展时，都可以表示负面评价，但具体内涵不同：如汉语"短"主要表示缺点，而英语 short 主要表示人的态度粗暴无礼，或者表示冷淡，如 be short with someone。

5. [长/短] 在性情域的语义扩展

[长/短] 用于描述人的性情，这种语义扩展主要存在于日语中，其他语言中没有出现。日语"長い、短い"可以表示人的性格脾气，如"気が長い（慢性子）、気が短い（性子急）"。"長い"指性格不着急，慢悠悠的，不慌不忙的。"短い"则相反，如"父は気が短い（父亲是个性急的人）"。

五种语言中形容词[长/短]由空间域向抽象域映射，语义扩展总体分布见表4-3。

表4-3　　　不同语言[长/短]在目标域中的语义扩展分布

目标域	语言	汉语 长	汉语 短	英语 long	英语 short	日语 長い	日语 短い	韩语 길다	韩语 짧다	印尼语 panjang	印尼语 pendek
时间域	时间长短	+	+	+	+	+	+	+	+	+	+
	寿命长短	+	+	+	+	+	+			+	+
	动作、事件、状态持续时间	+	+	+	+						
感知域	声音	+	+	+	+	+	+	+	+	+	+
数量域	篇幅长短	+	+	+	+	+	+	+	+	+	+
	剩余数量	+									
	数量不足		+								
评价域	见识长短	+	+	+	+	+	+	+	+	+	+
	优缺点	+	+		+						
	擅长与否	+	+								
性情域	性格急/慢或粗暴					+	+				

由表4-3可以发现，不同语言的[长/短]语义扩展到时间域、数量域和评价域是普遍的趋势，其中在时间域的表现最为一致，是人类认知共性的体现。在数量域和评价域中表示篇幅长短和见识长短是普遍的语义扩展模式，表示剩余数量、数量不足、优缺点等是汉语、英语主要的扩展模式。[长/短]由空间域向性情域扩展是日语较为独特的表现。

三 ［高/低］语义扩展的跨语言分析

（一）［高/低］隐喻映射的目标域

［高/低］是表示纵向空间垂直维度的形容词。任永军（2000）认为汉语"高、低"的隐喻义表示声音、年龄以及其他抽象概念（地位水平类、智力类、条件类等）。伍莹（2015）认为汉语"高、低"隐喻义涉及的目标域有数量域、等级域、评价域、心理域和时间域。刘颖（2012）认为汉英［高/低］的隐喻义分为数量、程度与密度、等级与社会地位、品质、情绪、感官、时间。刘桂玲（2017）认为汉语"高、低"的主要映射目标域有数量域、感知域（听觉）、等级程度域、评价域、心智域、时间域和年龄域，英语 high、low 与汉语"高、低"映射目标域基本一致，但没有年龄域，"矮"和 tall 的隐喻映射比较少。权喜静（2019）认为汉韩［高/低］都可以向数量域、感知域、抽象域映射。李倩、张兴（2014）认为汉日词语［高/低］可以向时间域、状态域和心理域映射。本书跨语言考察了五种语言中［高/低］类词语的语义扩展，在借鉴前人研究成果的基础上提出本书的目标域类别：数量域、程度域、等级域、时间域、评价域、心理域、感知域。

（二）［高/低］语义扩展的跨语言表现

1. ［高/低］在数量域的语义扩展

［高/低］的基本语义特征是表示垂直方向上物体的延伸，延伸的距离是可以度量的，物体不断向上延伸，对应的度量数值也随之增大，所以事物向上延伸的过程也是量的累积的过程。空间域与数量域具有相似性，［高/低］空间域的意象图式投射到数量域，［高］可以表示数量多，［低］则相反，表示数量少。空间维度或位置的高低向数量域的多少映射具有跨语言的普遍性。例如：

汉语：产量高、产量低、高价、低价、高频、低频、高薪、低薪

英语：high ratio（高比率）、high salt（高盐分）

　　　low tax（低税收）、low temperature（低温）

日语：温度が高い（温度高）、体温が低い（体温低）

　　　利率が高い（利率高）、利率が低い（利率低）、高い値段

（高价）、値が低い（价格低）

韩语：혈압이 높다（血压高）、습도가 높다（湿度高）

높은 이윤（高利率）、발생률은 높다（发生率高）

가장 낮은 점수（最低分数）、시청률이 낮다（收视率低）

印尼语：harga tinggi（价格高）、harga rendah（价格低）

tekanan darah tinggi（血压高）

五种语言［高/低］都可以表达一个具体数值的大小，如果有具体数字，能够清楚明了地进行数字大小的比较。如果没有给出具体数字，但是也可通过测量得到一定的数值。［高/低］可以表达数值大小，还可以描述速度、密度、浓度、含量等。此外，［高/低］也可以用于形容价格，价格高低是基于物品的交换价值与实际价值之间的比较，交换价值大，价格［高］，反之则是价格［低］。但是汉语中的"矮"和英语中的 tall 没有向数量域映射，没有扩展出数量义。

2. ［高/低］在程度域的语义扩展

［高］用于说明特征"突出"，"特征"越明显、突出，就越能引起人们注意，这与始源域中越高的事物越显著这一特征有着相似性，这种显著特征映射在程度域表示程度高，而［低］与之相反。五种语言中［高/低］与某些表达抽象事物的词语搭配表示程度大小。例如：

汉语：高强度、代价很高、高风险、低风险

英语：high degree（高程度）、high dudgeon（高愤怒［非常愤怒］）

high consumption（高消耗）、high risk（高风险）

low risk（低风险）、low degree of hazard（低度危险）

日语：抽象度が高い（抽象度高）、文化が低い（文化程度低）

文化が高い（文化程度高）、水準がまだ低い（水平还低）

韩语：가능성이 높다（可能性高）、교육정도가 낮다（教育程度低）

안전도가 낮다（安全度低）

印尼语：peradaban tingkat tinggi（文明程度高）

peradaban tingkat rendah（文明程度低）

这五种语言中，［高/低］都可以表示抽象事物性质方面所达到的程度，也可以形容意识或情绪强烈程度。但汉语中"矮"和英语中 tall 不用于表示抽象事物的程度，主要表示人体或物体的高度。

3. ［高/低］在等级域的语义扩展

空间位置的高低与等级具有明显的相似性，根据生活体验，人们总是倾向于将重要的事物置于位置高的地方。在社会关系中人或机构的社会地位是不平等的，存在着等级和层级差异（李宇明，1999b）。等级的属性特征有［+序列］［+级差］［±上向性］，［高/低］符合［±上向性］特征。［高/低］由空间域投射到等级域，［高］表示等级在上，［低］表示等级在下。在等级域中的隐喻义不仅意味着有高低关系，还意味着从低到高是有层次、级别的。［高/低］可以表示社会地位或职位的等级，还可以表示很多具体事物和抽象事物的等级。等级域的隐喻路径为由"位置高"到"等级高、层次高"。这一语义扩展广泛存在于各语言中。例如：

  汉语：地位高、高水平、高档、地位低、低水平、低档、比他矮
     一级

  英语：high order（高层次）、high level（高水平）
     high official（高级官员）、high technology（高科技）
     low level（低水平）、low status（地位低）

  日语：家柄が高い（门第高）、社会的地位は高い（社会地位高）
     低い官職（很低的官职）、地位が低い（地位低）

  韩语：신분이 높은 사람（身份高的人）、지위가 높다（地位高）
     지위가 낮다（地位低）、품질이 낮다（质量低）

  印尼语：seckolah tinggi（学校高［高等学校］）
      pejabat tinggi（高级官员）、pangkat rendah（官职低）

在等级域中，不同语言中［高/低］的语义扩展普遍非常丰富，可以表示排序、规格的等级、要求、标准的高低，社会地位或职位高低，还可以表示能力的高低，成就、志向或目标的高度等等。表示某些能力超过一般的，志向、目标远大等隐喻义，虽然并没有明确等级、层次等概念，但在人们的潜意识中都是有高低层次的划分的，是可以排序的。此外，辈分之间也存在着等级的差别，在汉语、日语、韩语中［高/低］还可以表示辈分。例如：

汉语：他比我高一辈、辈分低

日语：辈分が高い（辈分高）、辈分が低い（辈分低）

韩语：연배가 높다（辈分高）、연배가 낮다（辈分低）

中国、日本、韩国都受到东方儒家文化影响，因此共同扩展出这一语义。在英语和印尼语中没有扩展出这一语义。

4. ［高/低］在时间域的语义扩展

从人类认知客观世界的顺序看，空间总是先于时间。人类语言的一个普遍特性，是系统地使用空间概念和词汇表示时间概念（刘颖，2012）。对于人类而言，一天的时间是太阳由高到低的位置变化过程，因此有的研究认为［高/低］在时间域的语义扩展可以看作是从空间域的"位置距离"隐喻而来（李倩、张兴，2014）。根据对五种语言的调查，在［高/低］的时间隐喻中，又有不同类别的扩展，一类是表示年龄高低，一类表示抽象时间。

（1）［高/低］表示年龄。林燕（2020）认为人生阶段是一个"出生—成长—死亡"的单向变化过程，这与概念"高、低"的空间意象图式结构相似，由此促成了隐喻的发生。年龄表征人生阶段时间量的累积，既包含时间线性动态变化过程，也包含辈分关系。汉语、韩语、日语和印尼语中［高/低］都可以用来表示年龄的高低。例如：

汉语：高龄、低龄儿童、年龄过低

日语：父はもう高齢です（父亲已经高龄了［年事已高］）

　　　樹齢が高い（树龄高）、低い年齢（低龄）

韩语：높은 연령층（高年龄层）、낮은 연령층（低年龄层）

　　　고령층（高龄层）、중고령층（中高龄层）①

印尼语：Makin tinggi usianya makin lemah badannya.

　　　　（年龄越高，身体越差）

　　　　Usia mereka paling rendah 18 tahun, paling tinggi 30 tah.

　　　　（他们的年龄最低的18岁，最高的30岁）

---

① 韩语例句：행복도가 가장 높은 연령층은 60 대이고 가장 낮은 연령대는 80 대 이상으로 집계됐다.据统计，幸福度最高的年龄层是60多岁，最低的年龄层是80岁以上。

［高/低］在上述语言中都可以表示年龄，但使用频率和用法有一定差异。例如，汉语"高、低"表示年龄更多用于构词，如"高龄、高寿、年高德劭"等，一般在描述年龄时，汉语常用"大"，如"年纪大、年龄大"。"大"也可以直接与表人词语搭配表示年纪大的、辈分高的，用"高龄"主要指老人的年龄（多指七八十岁以上）。韩语中表示年龄大小时主要用많다（多）/적다（少），虽然높다/작다也可以表示年龄，但主要用于汉字词中。日语中"高龄、低龄"也属于汉字词。印尼语中 tinggi（高）和 rendah（低）可以较为自由地表示年龄。英语中 high、low 很少用于表示年龄，搭配词语主要是 life（寿命），且并非典型搭配，如 life is high（高寿命）。英语中 long life 是更为常见的搭配，英语中表示年纪大主要用 old。

（2）［高］与时间类词语直接搭配表示某时间段的全盛之时或中间部分①，主要是英语 high 的语义扩展路径，其他语言中［高］没有这一用法。例如：

high time（正是……的时候）、high point（最佳时刻）

high noon（正中午）、high moment（正……时刻）

high summer（盛夏）、high season（旺季）、low season（淡季）

英语 high 表示空间的"事物位置高"与"事物的最佳状态、鼎盛时期"具有相似性，high 由空间域向时间域映射，表示时间的用法比较多，low 则比较少，tall 则没有向时间域扩展，high、tall 和 low 的语义扩展呈现出不对称性。

5. ［高/低］在评价域的语义扩展

［高/低］纵向垂直方向的特征在人们的认知心理中具有凸显地位，这一特征不仅可以与等级关联，还与对事物的褒贬具有关联性。Clark（1973：39）认为向上是积极的方向，向下是消极的方向。五种语言［高/低］都可以表示评价。例如：

汉语：评价高、威信高、知名度高、名声低、品位低

---

① 事物都有萌芽—发展—鼎盛—衰败—灭亡的过程，中间部分通常为人或事物发展的最鼎盛时期。

英语：high opinion（高评价）、high culture（高雅文化）
　　　high value（高价值）、low value（低价值）
　　　high tone（高调）、low tone（低调）
日语：名声が高い（名声高）、誉が高い（声誉高）、知能が高い（智商高）、低い評価を与えられる（被人评价过低）、見識が低い（见识低）
韩语：높은 지명도（高知名度）、높은 명성（高的名声）
　　　높은 명망（高的名望）、인품이 굉장히 낮다（人品极低）
印尼语：tinggi moralnya（崇高的道德）、tinggi budinya（崇高的美德）、budi yang tinggi（品质高）、cita-cita yang tinggi（理想高）

此外，在汉语、英语、印尼语中可以用［高］与语言文字、文学类词语搭配表示"夸张不切实际、令人难以置信"的意思。例如：汉语"唱高调、调子太高了"，英语 tall tale（荒诞的故事）、high tone（高调子），印尼语 tinggi cakapnya（说大话）。

6. ［高/低］在心理域的语义扩展

（1）［高/低］表示情绪。［高/低］空间域的方向性特征与积极、消极的心理具有相似性，因此可以投射到心理域，表示积极、消极的心理状态（沈莹，2011；伍莹，2015；陈妮妮、杨延君，2015）。汉语、英语、韩语［高/低］可以表达心理情绪。例如：

汉语：情绪很高、兴致高、情绪低
英语：high spirits（高昂的情绪）、low spirits（低落的情绪）
韩语：열정이 높다（热情高）、열정이 낮다（情绪低落）
　　　사기가 높다（士气高）、투지가 높다（斗志高）

汉语"高、低"、英语 high、low 和韩语높다、작다都可以描述人的情绪被激发时达到波峰的状态，表示情绪高涨、高昂或情绪低落、低迷。但日语和印尼语［高/低］以及英语"tall"和汉语"矮"没有向这一语义方向扩展。

（2）［高/低］表示敬谦。尊敬与谦虚是对人的心理态度的体现，在汉语中"高"可以表示对别人尊敬的用法，如"高见、高论、高堂、

高就、高海",但"低"在汉语中不表示谦虚。日语"低い"在惯用搭配中可以表示谦虚,如"彼女は腰が低い(她腰低[为人谦恭有礼])",而日语"高い"没有表示尊敬的用法。但是在日语和韩语的汉字词中都有一些与汉语近似的表达,如日语中的"高説、高覧、高著、高见",韩语中的"고견(高见)、고론(高论)",这是受语言接触影响的结果。在英语、印尼语中[高/低]的语义没有向表示敬谦的语义方向扩展。

7. [高/低]在感知域的语义扩展

一般来说,人具有视觉、嗅觉、听觉、味觉、触觉五种感觉,可以感知颜色、形状、声音、气味、味道等。[高/低]可以向听觉域、视觉域、嗅觉域映射。

(1)[高/低]在听觉域表示声音的音高。音高即音调的高低,与发音体的振动频率有关,发音体的振动频率越高,发出的声音音高越高,反之,则越低。例如:

汉语:高声、低声、嗓音高、低嗓音

英语:high volume(高音量)、high tones(高音调)、low voice(低声)

日语:高い調子(音调高)、低い声で歌う(低声唱歌)、低い音色(低音)

韩语:소리가 높다(声音高)、높은 음(高音)
　　　음이 낮다(音低)、낮은 노랫소리(低的歌声)

印尼语:bernyanyi dengan nada yang tinggi(高声歌唱)
　　　　suara rendah(声音低)

跨语言显示,用[大/小]和[高/低]形容声音具有普遍性,但二者不完全相同,[大/小]强调整体量的凸显,因此描述声音不强调方向性,而[高/低]表示垂直维度的凸显,具有上向性语义特征,因此描述声音时具有一定的方向性。

(2)[高/低]在视觉域描述光线强弱。光是电磁波的一种,因此光的传播也是有路径的。亮度越强的光,传播的距离越远,相反,亮度越弱的光,传播的距离越近,这与声波类似,因此,光线亮度的高低也可以看作是基于"垂直距离"的空间语义特征扩展而来。[高/低]描述光线强弱主要表现在英语和日语中。例如：

英语：high light（高光）、low light（低光）、high shine（高光泽）

日语：光度が高い（光度高）、光度が低い（光度低）

汉语"光"也可以和"高/低"组合，但不是指光线强弱，而是用于美术、摄影等领域的专业术语，如"高光"指光源照射到物体然后反射到人的眼睛里时，物体上最亮的那个点，因此汉语中的"高光"是画面调子最亮的一个点。"低光"是指低角度的光线，一般指早晨和傍晚的光线。韩语和印尼语的[高/低]没有向这一语义扩展。

此外，英语中high投射到视觉域，还可以与color搭配，high color表示人的脸色、肤色偏红，形容人面色红润、气色好，也形容人生气、愤怒时脸色通红的样子。

(3)[高/低]在嗅觉域描述气味。这主要表现在英语和日语[高]的语义扩展中，汉语、韩语和印尼语都没有这种扩展义。例如：

英语：high stink（臭气熏天）

　　　the smell, the high, rotting stink

　　　（那股气味，那股强烈的、腐烂的臭味）

日语：香りが高い（香气高，香气扑鼻）、臭気高い（臭气高，臭气熏天）

英语中high可以表示肉、奶酪等开始变质、有不好的气味。英语中一般使用strong来表示气味浓重，既可以描述臭味，也可以描述香气，用high只可以描述臭味，且特指腐烂、变质的臭味。日语用"高い"描述"香り（香气）"和"臭気（臭气）"等，主要指气味的浓度或密度，味道浓也可以用"高い"。英语low和日语"低い"都没有与之对应的语义，因为相对于很浓的气味，"一般的气味是一种无标记状态"（刘颖，2012）。

五种语言中形容词[高/低]由空间域向抽象域映射，语义扩展分布见表4-4。

表4-4　不同语言［高/低］在目标域中的语义扩展分布

语言\目标域	汉语 高	汉语 低	汉语 矮	英语 tall	英语 high	英语 low	日语 高い	日语 低い	韩语 높다	韩语 작다	印尼语 tinggi	印尼语 rendah	印尼语 pendek
数量域	+	+			+	+	+	+	+	+	+	+	+
程度域	+	+			+	+	+	+	+	+	+	+	+
等级域	+	+	+		+	+	+	+	+	+	+	+	+
时间域 年龄	+	+			+	+	+	+	+	+	+	+	+
时间域 时间	+												
评价域	+	+		+	+	+	+	+	+	+	+	+	+
心理域 情绪	+	+			+	+			+	+		+	
心理域 敬谦	+						+						
感知域 听觉	+	+			+	+	+	+	+	+	+	+	+
感知域 视觉					+	+		+					
感知域 嗅觉					+		+						

五种语言的跨语言分析表明，［高/低］由空间域向数量域、等级域、年龄域、评价域、声音域的扩展具有跨语言的普遍性。而在心理域和感知域等抽象域，不同语言中［高/低］语义扩展表现出较强的个性化倾向。

四　［深/浅］语义扩展的跨语言分析

（一）　［深/浅］隐喻映射的目标域

［深/浅］是人类空间认知系统的重要概念，由于内向性特征是其典型特征，因此在人类认知加工系统中要晚于［大/小/高/低］等特征外显的词语。任永军（2000）通过分析汉语"深、浅"所表达事物的非实体性、易穿透性和非易视性本体特征，认为"深、浅"由空间域向时间域、颜色域及其他抽象概念域映射。伍莹（2015）认为"深、浅"向时间域、颜色域、知识域、情感域、数量域、程度域映射。在汉英对比研究中，刘桂玲（2017）认为汉英［深/浅］向颜色域、时间域、等级程度域、评价域、心智域、关系域映射。刘晓宇、刘永兵（2020）认为汉英［深/浅］的隐喻义包括"理解程度、力量强度、情感、评价、感知、时间"

等。在汉韩对比中，权喜静（2019）认为汉韩［深/浅］可以向时间域、感知域（视觉、听觉、味觉、嗅觉）、身体活动（行为）、抽象域（感情、思维、知识、状态、关系）映射。本书通过对五种语言的考察，把［深/浅］映射的目标域归纳为时间域、感知域、程度域、情感域、心智域、关系域和评价域。

（二）［深/浅］语义扩展的跨语言表现

1. ［深/浅］在时间域的语义扩展

人类通过空间概念表达时间。［深/浅］从空间域投射到时间域，衍生出时间义与时间的容器隐喻相关，时间可以看作是一种容器。时间从开始点到结束点的路径就可以看作是时段由外到内的距离，这与［深/浅］的空间方向性一致。［深］表示"距离开始的时间久"，［浅］表示"距离开始的时间短"。例如：

汉语：深夜、深秋、深冬、深更半夜、夜深人静、春深似海
　　　浅夜、浅春时节、交往的日子浅、工作的年限浅

英语：deep into night（深夜）

日语：深い秋（深秋）、夜が深い（夜已深）
　　　春はまだ浅い（春天还浅［还是初春］）
　　　創立以来まだ日が浅い（创建以来时间尚浅）

韩语：깊은 가을（深秋）、밤이 깊어 였다（夜深了）
　　　얕은 밤（浅夜）、역사가 매우 얕다（历史很浅）

［深/浅］向时间域映射在汉语、日语和韩语中最为普遍。英语中 deep 可以表示时间，shallow 很少用于表示时间。印尼语中的 dalam（深）和 dangkal（浅）都没有向时间义扩展。"深夜"在印尼语中用 tengah malam（中间 晚上）表达，用空间方位词"中间"表达时间已到深夜，这也是空间域向时间域映射的一种方式。

2. ［深/浅］在感知域的语义扩展

刘晓宇、刘永兵（2020）认为，不同感官知觉在人脑的联结，其中脑部结构和具身可及性程度上的限制决定了不同感官渠道间的连接情况及语言系统中通感表达的规律。［深/浅］向感知域映射，可以在视觉域、听觉域、味觉域进行语义扩展。

(1)［深/浅］在视觉域描述颜色。容器的"内向性"语义特征映射到视觉域，表示明暗的属性，明暗的属性可以映射到颜色上（金美顺，2009）。亮度决定颜色的深浅程度，亮度高则颜色明亮、颜色浅，亮度低则颜色暗、颜色深。例如：

汉语：深蓝、深绿、色彩深、深色、浅红、浅色

英语：deep colour（深色）、deep crimson（深红色）
shallow color（浅色）

日语：色が深い（颜色深）、色が浅い（颜色浅）
深い緑（深绿）、浅い緑色（浅绿色）

汉语和日语中用［深/浅］表示颜色的亮度最为普遍，英语中表示颜色不深时更常用的词是 light，如 deep red（深红）的反义表达为 light red（浅红）。韩语和印尼语中［深/浅］一般不用于描述颜色的深浅，韩语主要用 짙다（浓）和 엷다（淡），如 색이 짙다（颜色浓［颜色深］）、색이 엷다（颜色淡［浅］）。印尼语主要用 gelap（暗）和 terang（亮），如 warna gelap（颜色暗）、warna terang（颜色光［颜色浅］）。

(2)［深/浅］在听觉域描述声音。［深/浅］向听觉域映射，与"吸气声、呼吸声、呼啸声、声音、音色"等词搭配，形容声音。例如：

汉语：深深的吸气声、深深的呼叫声、浅呼吸、低声浅吟

英语：deep voice（深沉的声音）、deep sound（低沉的声音）
deep and soft voice（深沉而柔和的声音）

日语：声が深い（声音深沉）、深呼吸する（深呼吸）

韩语：깊은 숨소리（深沉的呼吸声）、깊은 목소리（深沉的声音）
얕은 목소리（嗓门浅）、얕은 숨소리（浅呼吸声）

印尼语：suaranya dalam（声音深［声音低沉］）

在听觉域中，［深］的用法比［浅］丰富。在英语中 shallow 虽然可以表示声音，而更常用的是 thin，日语、印尼语中也很少用［浅］形容声音，这是［深/浅］在语义扩展中不对称的表现。

(3)［深/浅］在味觉域和嗅觉域描述味道。［深/浅］向味觉域和嗅觉域映射主要表现在韩语中。韩语 깊다（深）和 얕다（浅）既可以表示味道的浓淡，又可以表示香气的浓淡。例如：

韩语：깊은 맛（深的味道［浓郁的味道］）
　　　깊은 커피 냄새（深的咖啡味［浓浓的咖啡味］)
　　　한국차의 깊은 향（韩国茶深的香气［浓郁的香气］)
　　　얕은 맛（浅的味道［淡淡的味道］)
　　　얕은 신맛（浅酸味［淡淡的酸味］)
　　　얕은 단맛（浅的甜味［淡淡的甜味］)

味道是近距离触觉感知的结果，嗅觉和味觉也会互相作用。如果视觉感知为外部体验，那么味觉和嗅觉则为内部体验。用［深/浅］形容味觉和嗅觉是韩语较为独特的语义扩展。

3.［深/浅］在程度域的语义扩展

［深/浅］向程度域映射，表示行为、状态达到的深浅程度。［深/浅］具有容器图式性，有非易视性和不易测量的特征，从外到内，由浅入深，逐步深入，深度的增加与程度量增加之间存在相似性。表示程度是五种语言［深/浅］普遍的语义扩展路径。例如：

汉语：深呼吸、深深的拥抱、深睡、影响深、浅睡眠、浅浅的微笑
英语：deep sleep（深睡）、expression of deep concern（表示深切关
　　　怀）、deepbreathing（深呼吸）、shallow breathing（呼吸浅）
　　　shallow recession（浅的衰退［衰退不严重］)
日语：深い眠り（深睡眠）、浅い眠り（浅睡眠）
　　　傷が深い（伤很深）、傷が浅い（伤浅［伤很轻］)
韩语：깊은 호흡（深呼吸）、깊은 포옹（深的拥抱）
　　　깊이 잠들어다（深睡）、얕은 미소（浅微笑）
　　　얕은 한숨（浅的叹息）、깊은 영향（很深的影响）
印尼语：mengambil napas dalam–dalam（深深地呼吸）
　　　　mengambil napas dangkal（浅呼吸）

4.［深/浅］在情感域的语义扩展

［深/浅］向情感域映射可以表示感情的深浅。人们把身体看成一个大容器，在大容器内又有小容器，即"心"。身体内的器官"心"被视为容纳情感的容器，利用［深/浅］的空间意向结构隐喻化为"心"，并以此来组织并表征各种复杂、抽象的情感范畴（Ogarkova et al., 2016）。

例如：

  汉语：感情深、深爱、友谊深、浅浅的爱、感情浅

  英语：deep affection（深情）、be emotionally shallow（感情浅）

     deep love（深爱）、shallow love（浅浅的爱）

  日语：懐が深い（胸怀深［气量大、心胸宽广］）、情が浅いです（感情浅）

  韩语：깊이 사랑하였다（深爱）、원한은 더욱 깊어졌다（怨恨更深了）、감정이 얕다（感情浅）、우정이 얕다（友情浅）

  印尼语：cintanya kepada gadis itu sangat dalam（他对女孩子爱得深）

  在情感域中，不同语言中［深］比［浅］的使用范围更广，［深］可以描述积极的情感，如"感情、爱情、友谊、友情、恩情"等，形容"情谊深厚"；［深］也可以描述消极的情感，如"痛苦、矛盾、误会、仇恨"等，形容"深重"的感情。人的感情不管积极的情绪类还是消极的情绪类，都是容器"心"的容物，即心理产物（金美顺，2009）。

  5. ［深/浅］在心智域的语义扩展

  ［深/浅］具有可容纳特征，可以向心智域映射表示人类对思维认识的深浅、知识学问的深浅、印迹的深浅等，这是五种语言语义扩展的共同倾向。

  （1）［深/浅］表示思维认识的深度。头脑是人类进行认知思考的主要区域，可以对事物进行研究和理解认知。大脑被视为"容器"，思维认知则可以视为容器中的"内容物"，因此，［深/浅］可以表示思维认识的深刻或浅陋。例如：

  汉语：了解深、理解深、想得很浅、思考得很浅、认识很浅

  英语：deep understanding（深刻理解）、deep thought（深思）

     shallow understanding（肤浅的理解）

  日语：理解が深い（理解深）、認識が深い（认识深）

     理解が浅い（理解浅）、考えが浅い（想法浅）

  韩语：깊은 사색（很深的思索）、깊은 이해（很深的理解）

     이해가 얕다（理解浅）、인식이 얕다（认识浅）

  印尼语：teori yang terlalu dalam（理论深）

pandangan yang dangkal（看法浅）

（2）［深/浅］表示知识、学问、本领等达到的水平。大脑是知识的容器，"知识、学识、技能、能力、资历、阅历"等是可积累的内容物，积累程度高低与水平高低之间具有相似性。五种语言中［深/浅］可以表示知识学问、本领等的水平高低。例如：

汉语：学识深、造诣深、功底深、道理深

学识浅、知识浅、学问从浅到深

英语：deep knowledge（深厚的知识）、deep meaning（深层意义）

His work has been criticized for being shallow.

（他的作品因为肤浅而受到批评。）

日语：経験が浅い（经验浅）、知恵が浅い（知识浅薄）

韩语：학식이 깊다（学识深）、조예가 깊다（造诣深）

학식은 얕다（学识浅）、얕은 기능（浅的技能）

印尼语：mengandung makna yang dalam（具有很深的意义）

Kata itu memiliki makna yang dalam.（这个词有很深的含义。）

Dangkal sekali pengetahuan saya.（我的知识太浅了。）

（3）［深/浅］表示印迹深浅。认知产物通过脑部的认知活动，深深地刻在脑海中，留下印迹，成为认知产物（金美顺，2009）。五种语言［深/浅］可以表示印象、印迹深浅。例如：

汉语：记忆深、印象深、刺激深、印象浅

英语：in the deep memory（在深深的记忆中）

left a deep impression（留下深刻的印象）

韩语：인상이 깊다（印象深）、기억이 깊다（记忆深）

인상이 얕다（印象浅）、기억이 얕다（记忆浅）

日语：印象が深い（印象深）、印象が浅い（印象浅）

記憶が深い（记忆深）、記憶が浅い（记忆浅）

印尼语：kesan yang dalam（印象深）

不同语言［深/浅］在心智域表示思维、知识、印迹的深浅是语义扩展的普遍倾向，其中［深］比［浅］使用得丰富，［浅］的使用频率较低，也是不同语言中普遍存在的不对称性表现。

6.［深/浅］在关系域的语义扩展

［深/浅］向关系域映射可以表示各种关系的深浅程度。不同民族将现实世界容器与容物的关系投射到人之间或物之间的抽象关系中。五种语言的［深］可以形容"关系近、密切"，［浅］可以形容"关系远、不密切"。例如：

汉语：关系深、交情深、关系较浅、交情浅

英语：deep relationship（关系深）

shallow roots in society（社会根基浅）

日语：深い関係（深的关系）、深い縁です（深的缘分）

浅からぬ関係（不浅的关系［很亲密］）

韩语：두 사람은 관계가 깊다（两个人关系很深）

깊은 연관이 있다（有很深的联系）、얕은 인간관계（浅的人际关系）

印尼语：konflik semakin mendalam（冲突加深）

hubungan dangkal（关系浅）

7.［深/浅］在评价域的语义扩展

［深/浅］向评价域映射表示对某人资格、资历、认识等方面的评价。［深］主要表示褒义评价，［浅］主要表示贬义评价。［深/浅］在评价域的语义扩展主要表现在汉语、英语和日语中。例如：

汉语：功力深、资历深、资格浅、资历太浅

英语：shallow life（浅的生活［肤浅的生活］）

a shallow man（一个浅的人［浅薄的人］）

日语：経歴が深い（资历深）、資格が浅い（资格浅）

韩语中，评价某人的资历、资格不用깊다（深）和얕다（浅），而常用많다/적다（多/少），例如경력이 많다/적다（资历多/少），或者用경력이 풍부하다/부족하다（资历丰富/不足）这类表达。

五种语言中形容词［深/浅］由空间域向抽象域映射，语义扩展分布见表4-5。

表 4-5　　不同语言［深/浅］在目标域中的语义扩展分布

目标域		汉语 深	汉语 浅	英语 deep	英语 shallow	日语 深い	日语 浅い	韩语 깊다	韩语 얕다	印尼语 dalam	印尼语 dangkal
时间域		+	+	+		+	+	+	+		
感知域	颜色	+	+	+	+	+	+				
	听觉	+	+	+		+		+	+	+	
	味觉							+	+		
	嗅觉							+	+		
程度域		+	+	+	+	+	+	+	+	+	+
情感域		+	+	+	+	+	+	+	+	+	+
关系域		+	+	+	+	+	+	+	+	+	+
心智域	思维	+	+	+	+	+	+	+	+	+	+
	知识	+	+	+	+	+	+	+	+	+	+
	印迹	+	+	+	+	+	+	+	+	+	+
评价域		+	+	+	+	+	+				

由表 4-5 可以发现，［深/浅］从空间域向程度域、情感域、心智域和关系域映射是五种语言普遍的语义扩展方向。其次是向时间域映射，除了印尼语外，其余四种语言中的［深/浅］都可以表达时间概念。在感知域中，五种语言的［深］都可以形容听觉中的声音，但在其他感知域的语义扩展差异较大，汉语、英语和日语［深/浅］形容颜色深浅，韩语［深/浅］还可以形容味觉和嗅觉，印尼语在感知域中的语义扩展最弱。汉语、英语、日语［深/浅］都可以表示评价义，韩语和印尼语［深/浅］没有向这一语义扩展。

五　［宽/窄］语义扩展的跨语言分析

（一）［宽/窄］隐喻映射的目标域

［宽/窄］是描述物体宽度的空间量度形容词。任永军（2000）指出汉语"宽、窄"的语义主要向时间、心胸气量、用度三个方向扩展。伍莹（2015）认为汉语"宽"映射的目标域有范围域、心理域、政策域、经济域，"窄"映射的目标域有范围域、心理域。在汉英对比研究中，刘

桂玲（2017）认为英汉［宽/窄］可以映射到范围域、数量域、关系域以及心智域，而英语 wide、narrow 还可以映射到比较域和时间域，broad、narrow 还可以映射到程度域，汉语的"宽、窄"可以映射到感知域、制度域以及经济域。王银平（2017）认为英汉［宽/窄］都可以投射到范围域、程度域以及评价域，而汉语"宽、窄"还可以投射到声音域和经济域，英语 wide、narrow 则未向这两个目标域投射。在汉韩对比研究中，闵子（2012）认为汉韩［宽/窄］都可以映射到数量域、评价域，汉语"宽"还映射到时间域，韩语넓다（宽）还可以映射到范围域、关系域、认知域。汉语"宽"映射到"行为域"，"窄"则不可以。韩语넓다（宽）可以映射到关系域，좁다（窄）则不可以。权喜静（2019）认为汉韩［宽/窄］都可以在抽象域表示范围、品性，汉语"宽"还可以表示态度、状况，韩语넓다（宽）还可以表示关系，汉语"窄"还可以表示状况。通过跨语言考察发现，五种语言中［宽/窄］隐喻映射的目标域差异较大，本书将［宽/窄］目标域归纳如下：范围域、心理域、数量域、时间域、感知域、态度域。

（二）［宽/窄］语义扩展的跨语言表现

1. ［宽/窄］在范围域的语义扩展

［宽/窄］由空间域向范围域映射可以表示范围大小。事物空间的面积大小与范围大小具有相似性，空间面积大所涵盖的范围宽大，反之则窄小。［宽/窄］不仅可以表示行动活动范围大小，也可以表示视野、知识面、见识等各种抽象范围的大小。例如：

汉语：范围宽、视野宽、知识面宽、范围窄、知识面窄、覆盖面窄

英语：Wide range（范围宽）、narrow range（范围窄）
　　　wide concern（宽关注［广泛关注］）
　　　broad outline（宽轮廓［大概轮廓］）
　　　narrow view of the world（对世界认识窄）
　　　a narrow circle of friends（交友的圈子窄）

日语：知識が広い（知识宽［知识广］）、顔が広い（交际宽［交际广］）、広い意味で（宽义［广义上］）、識見が狭い（见识窄）

視野が狭い（视野窄）、彼は交際が狭い（他的交际范围窄）①

韩语：범위가 넓다（范围宽）、범위가 좁다（范围窄）

시야가 넓다（视野宽）、세계가 넓다（世界宽）

얕고도 좁은 지식（又浅又窄的知识）、시야가 좁다（视野窄）

印尼语：berpandangan sempit（目光窄［目光短浅］）

pengetahuannya sempit（知识面窄）

上述多种语言［宽/窄］都向范围义扩展，但是印尼语 sempit（窄）的语义较为丰富，lebar（宽）没有扩展出范围义，这是印尼语较为独特的表现。

2. ［宽/窄］在心理域的语义扩展

［宽/窄］向心理域投射形容人的胸怀与气量，主要与心胸类词语搭配。［宽/窄］形容人的胸怀是五种语言普遍存在的语义扩展路径。例如：

汉语：胸怀宽、心宽、心胸窄、心眼儿窄

英语：wide hearts（心宽）、broad minded（心胸宽）

narrow hearts（心窄）、narrow mind（心胸窄）

日语：胸が広い（心胸宽）、心が狭い（心胸窄）

広い心で人の話を聞く（以宽广的心胸倾听别人的话）

韩语：도량이 넓다（度量宽）、도량이 좁다（度量窄）

마음은 넓다（心宽）、마음이 좁다（心胸窄）

印尼语：sempit dada（心胸窄）、sempit hati（心窄［易怒的］）

sempit pikiran（思想窄［狭隘］）

五种语言中，只有印尼语中 lebal（宽）不用于形容人的心理状态，sempit（窄）常用于描述心胸狭窄或消极的心理状态。

3. ［宽/窄］在数量域的语义扩展

空间面积大所涵盖的范围宽，那么所容纳的事物数量就多。［宽/窄］向数量域映射表示事物数量的多少，尤其用于表示金钱、经济等收入方

---

① 汉语"宽、窄"在日语中用的是汉字词"広い、狭い"。

面的多少，这种语义扩展主要表现在汉语、英语和印尼语中。例如：

汉语：宽汤窄面①、汁宽味浓、手头宽、手头窄

英语：a wide variety（种类宽［种类多］）

broad categories（广泛的类别［种类多］）

a narrow range of goods（商品种类窄［种类少］）

a narrow majority（窄 多数［微弱的多数］）

印尼语：mulut lebar（嘴 宽［话多，唠叨］）

panjang lebar（长 宽［长篇大论］）

uang sekian itu sempit（这些钱窄［这些钱太少了］）

在数量域，汉语"宽"还由钱多、收入多进一步引申形容生活宽裕，汉语"窄"和印尼语 sempit（窄）则由收入少进一步引申形容生活困难、拮据。例如：

汉语：日子过得宽、日子过得窄

印尼语：sempit hidupnya（窄的生活［生活困难］）

Gajinya kecil maka hidupnya sempit.

（他工资少，所以日子窄［生活拮据］。）

Di daerah gersang ini banyak orang yang sempit hidupnya.

（在这片干旱的土地上，许多人的生活很窄［艰难］。）

4. ［宽/窄］在时间域的语义扩展

［宽/窄］由空间域向时间域映射表示时间宽裕或紧迫。距离宽则时间间隔长，从而显得时间宽裕，反之，则显得时间少。［宽/窄］表示时间义主要表现在汉语、英语和印尼语中。例如：

汉语：时间限制放宽、偿还期较宽

英语：a broad day（宽裕的一天）

narrow time（时间窄［时间紧/短］）

a wide period of time（一段很宽的时间［很长的时间］）

---

① "宽汤窄面"一词的初始意义，是指人们做饭煮面时锅里的水相对多，"宽"表示多，"窄"表示少。水多起码要漫过原料。因为煮面时汤窄了，面在锅里挤作一团，容易糊锅底，煮的面食也不好吃；汤宽了煮的面好吃，人看着心里也舒坦。后来人们还把汤宽引申为人心上宽敞疏朗，大小事情不操心。

narrow interval（间隔时间窄［间隔时间短］）

印尼语：sempit waktu（时间窄［时间紧］）

waktunya terlalu sempit（时间太窄［时间太紧］）

上述语言中，英语 wide、broad、narrow 都可以表示时间的多少，且使用频率较高，汉语"宽"虽然可以表示时间多但使用率并不高，双音词"宽裕"则更为常用。印尼语 sempit（窄）可以用于形容时间紧，但 lebar（宽）则很少使用。日语和韩语中［宽/窄］没有向时间义扩展。可以看出，不同语言［宽/窄］在时间域的语义扩展表现出很大不一致。

5.［宽/窄］在感知域的语义扩展

［宽/窄］在感知域可以描述声音。嗓子是声音的传输通道，通道宽窄影响着声音的传播。因此，［宽/窄］不仅用于描述声带实体的宽窄，还可以形容声音的音域、范围，但这一语义扩展主要存在于汉语、日语中，例如：

汉语：宽嗓子、音域宽、音域窄

日语：歌手は声域が広い（歌手声域宽）、音域が広い（音域宽）

音の幅が広い（声音范围宽）

6.［宽/窄］在态度域的语义扩展

［宽/窄］由空间域向态度域映射表示对抽象事物的一种态度，这是汉语"宽"较为独特的语义扩展路径，其他语言没有向这一语义扩展。如果对人的要求以及对事情、政策、制度、法律中规定的有关限制少，那么人们活动空间就相对大，自由的程度高。例如"政策放宽、对孩子要求不能太宽、管理适当放宽、宽以待人"。但反义的表达一般不用"窄"，而用"严"或"紧"，例如"管理很严、制度很严、政策很紧"等。

五种语言中形容词［宽/窄］由空间域向抽象域映射，语义扩展分布见表 4-6。

表4-6　　不同语言［宽/窄］在目标域中的语义扩展分布

目标域 \ 语言	汉语 宽	汉语 窄	英语 wide	英语 broad	英语 narrow	日语 広い	日语 狭い	韩语 넓다	韩语 좁다	印尼语 lebar	印尼语 sempit
范围域	+	+	+	+	+	+	+	+	+		+
心理域	+	+	+	+	+	+	+	+	+		+
数量域	+	+	+	+	+					+	+
时间域	+			+	+						+
感知域	+	+									
态度域	+										

根据表4-4可以发现，［宽/窄］从空间域向范围域和心理域映射是不同语言普遍存在的语义扩展方向。汉语、英语和印尼语中的［宽/窄］还可以向数量域和时间域映射，汉语"宽、窄"还可以向感知域映射，"宽"还可以向态度域映射。印尼语sempit（窄）还可以表示拥挤的状态。［宽/窄］在不同语言中语义扩展也会呈现出不对称性，但在印尼语中的不对称表现最为明显和特殊，其中sempit（窄）比lebar（宽）的语义扩展更丰富，sempit（窄）除上述语义扩展外还可以表示"拥挤"，例如：Jakarta dirasakan semakin sempit karena penduduknya semakin bertambah。（随着人口的增长，雅加达越来越窄［拥挤］。）

六　［粗/细］［厚/薄］语义扩展的跨语言分析

表示粗度和厚度概念的空间量度形容词在考察的五种语言中有两种词汇化方式：一种是将粗度和厚度的概念分别词汇化，用不同的词表示，如汉语（粗/细、厚/薄）、日语（太い/粗い/細い/細かい、厚い/薄い）和韩语（굵다/가늘다、두껍다/얇다）；一种是将这两组概念同词化，用相同的词表示，如英语（thick/thin）和印尼语（tebal/tipis）。本书先跨语言分析汉语、日语和韩语中的对应词在不同目标域中的语义扩展表现，再分析英语和印尼语对应词在不同目标域中的语义扩展表现，然后再综

合分析。

（一）汉语、日语和韩语［粗/细］语义扩展的跨语言表现

［粗/细］表示条状物的横剖面大小。［粗/细］在空间义上对［长/短］有依存性。［粗/细］还可以描述颗粒状物体大小。在隐喻义上，任永军（2000）认为汉语"粗、细"的隐喻义可以表示声音、心智、性格、品质、言语等。伍莹（2011）认为其目标域可投射到声音域、性格域和品质域。刘桂玲（2017）认为"粗、细"向感知域（声音、视觉、触觉）、等级程度域、评价域映射。闵子（2012）认为汉韩［粗/细］向知觉域（声音、颜色、触觉）、评价域映射。在汉日对比中，魏丽春（2016）认为汉日［粗/细］均可从空间域投射到声音域，隐喻用法较为对应，不同主要表现在汉语可以形容品质，日语可以形容关系亲疏以及胆量、食量、力量大小等。根据对汉语、韩语和日语［粗/细］的考察，本书将其隐喻映射的目标域归纳为感知域、质量域和评价域。（在日语中，与汉语"粗"和"细"对应的主导词都有2个，分别是"太い、粗い"和"細い、細かい"。）

1. ［粗/细］在感知域的语义扩展

［粗/细］由空间域投射到感知域可以形容声音。声音是以声波的形式传递出来，声波也可以看成是条形物体（魏丽春，2016）。声带的粗细也影响着声音的粗细。三种语言中的［粗/细］都可描述声音，其在日语中声音的粗细用"太い/細い"。例如：

汉语：粗声粗气、细声细气、粗嗓门、细声细语

日语：太いしゃがれ声（粗声粗气）、細い澄んだ声（细声细气）
　　　太い声（粗声）、声が細い（嗓音细）
　　　消え入りそうな細い声（几乎听不见的小声）
　　　彼の話し声はとても細い（他说话嗓音很细）

韩语：굵은 소리（粗声音）、목소리는 굵다（嗓音粗）
　　　굵은 목청（粗嗓门）、목소리가 가늘다（嗓音细）

描述声音可以用大小、高低和粗细，但是在语义上的侧重各有不同，声音大小突出的是声音的整体维度，强调音量大小；声音高低突出声音的垂直维度，强调音高；声音粗细则侧重于突出声波柱的横剖面的大小，

声音粗侧重音量低声域宽，声音细侧重声域窄。

2. ［粗/细］在质量域的语义扩展

［粗/细］表示颗粒物的大小。盐、沙等颗粒物因为是未经加工的天然产物，往往形状极不规则并有杂质，加上颗粒物多以细小、个体大量堆积的形态存在，因此给人留下表面不平整、不光滑的印象（魏丽春，2016）。［粗］这些特征被抽象化为意象图式，投射到质量域，表示质量粗糙。反之，［细］表示精细。例如：

汉语：粗布、粗衣料、粗茶淡饭、做工很细

日语：細工が粗い（做工粗）、粗い手ざわり（摸着粗）

表面が粗い紙（表面粗的纸）、芸が細かい（技艺细［精细］）

韩语：굵은 천（粗布）、굵은 베 옷（粗布衣服）

굵은 도자기（粗瓷器［粗糙的瓷器］）

가늘은 도자기（细瓷器［精细的瓷器］）

3. ［粗/细］在评价域的语义扩展

［粗/细］由做工质量的粗细可以进一步映射到评价域，体现出对人的一种评价倾向。这主要表现在汉语、日语和韩语中。例如：

汉语：粗人、心粗、粗手粗脚、心细

日语：胆っ玉が太い（胆子粗［胆子大］）

太いやつ（粗人［粗鲁的家伙］）

神経が細い（神经细［神经脆弱］）

韩语：굵은 사람이다（粗人［稳重的人］）

마음 가늘다（心细）

신경이 가늘다（神经细）

在评价域中，汉语、日语和韩语的语义扩展表现有些不同。汉语"粗"表示贬义，"细"表示褒义；日语可以用"太い（粗）"形容胆量大、粗鲁，用"細い（细）"形容脆弱，主要是表示贬义；在韩语中굵다（粗）可以表示褒义，在韩语中没有마음 굵다（心粗）的用法。

三种语言中形容词［粗/细］由空间域向抽象域映射，语义扩展分布见表4-7。

表4-7 汉语、日语和韩语［粗/细］在目标域中的语义扩展分布

目标域 \ 语言	汉语 粗	汉语 细	日语 太い	日语 粗い	日语 細い	日语 細かい	韩语 굵다	韩语 가늘다
听觉域	+	+	+		+		+	+
质量域	+	+		+		+	+	+
评价域	+	+	+		+	+	+	

通过跨语言对比分析发现，汉语、日语和韩语中［粗/细］的语义扩展主要集中在感知域（听觉）、质量域和评价域，其中汉语的语义扩展最丰富，日语"太い/細い"在听觉域表示声音，在评价域形容人，"粗い/細かい"在质量域形容质量粗糙、精细，二者在分布上呈现互补性。韩语굵다（粗）的语义扩展比가늘다（细）丰富。另外，在语义扩展中，［粗/细］与其他空间量度形容词在褒贬色彩倾向分布上有明显的不同，［粗］作为正向空间量度形容词多表示贬义色彩，［细］作为负向空间量度形容词多表示褒义色彩。

（二）汉语、日语和韩语［厚/薄］语义扩展的跨语言表现

［厚/薄］表示扁平物上下两面之间的距离大小，在空间上依附于二维平面。在隐喻义上，任永军（2000）认为汉语"厚/薄"的隐喻义形容自然现象、礼物、品质等。伍莹（2011）认为汉语"厚/薄"隐喻映射到数量域、情感域、味觉域，此外，"薄"还映射到质量域，表示"土地不肥沃"。闵子（2012）认为韩语、汉语［厚/薄］都隐喻映射到感知域、数量域、评价域，但是内部存在差异。魏丽琴（2017）认为汉语、日语［薄］都能表示密度小、液体浓度小、对人或物关心的程度小、经济上不富裕以及利润少，但是汉语"薄"还表示人与人之间感情不深，日语"薄い"还表示颜色不深，缺乏思考、学识。根据对汉语、日语和韩语［厚/薄］的考察，本书将其隐喻映射的目标域归纳为数量域、感知域、情感域、态度域、思维认知域、评价域和质量域。

1. ［厚/薄］在数量域的语义扩展

［厚/薄］在空间上表示物体的厚度，描述的是物体最小的垂直维度，"这个维度有一个明显的功能，能够在垂直方向上延伸获得量的积累，即

在厚度上有量的增加"（伍莹，2015：165）。［厚/薄］的意象图式中"最小的垂直维度"投射到数量域中可以表示数量义、浓度和密度义。

（1）［厚/薄］表示数量多少。［厚］表示数量多、价值大，［薄］表示数量少、价值小。例如：

汉语：厚礼、厚利、利润厚、资金厚、家底儿厚、底子薄、福气薄
　　　利润很薄、薄礼、薪水太薄、高官厚禄、薄利多销
日语：厚い報酬を受ける（得到丰厚的报酬）
　　　もうけが薄い（利薄［赚得少］）
　　　病気してから頭の毛が薄くなった
　　　（病后头发变薄了［少了］）
韩语：호주머니가 두껍다/얇다（口袋厚/薄［钱多/少］）
　　　팬층도 두껍다（粉丝层厚［粉丝多］）
　　　수요층이 두껍다（需求层厚［需求多］）
　　　배우층이 두껍다（演员层厚［演员多］）
　　　선수층이 얇다（选手层薄［选手少］）
　　　청년층이 갈수록 얇아지고 있다（年轻人越来越薄［少］）
　　　구매층이 더욱 얇다（购买层更薄了［消费者少了］）

在数量领域中，不同语言的语义扩展路径不完全相同，汉语和日语主要是向经济领域扩展，与钱财经济类词语搭配。物质的累积既可以用"高度"来衡量，也可以用"厚度"来衡量，经济利益是可蓄积的。韩语主要和某群体中的人数有关，与表示某社会群体的词语搭配，如"팬층（粉丝层）""수요층（需求层）""배우층（演员层）"，将群体的规模概念化成空间的厚度，通过隐喻向数量域扩展。

（2）［厚/薄］表示浓度和密度。［厚］表示事物的浓度大、密度大，［薄］表示事物的浓度淡、密度小。例如：

汉语：厚雾、一层薄雾、夜色渐薄、薄酒、薄茶、薄粥
日语：霧の厚さ（雾厚）、空気が薄い（空气薄）
韩语：두꺼운 안개（厚雾）、안개가 얇다（雾薄）

在描述液体时，［厚/薄］表示浓度，所含固形物质多，则液体黏稠、浓厚，所含固形物质少，则物质稀薄、淡薄，这主要体现在汉语中。在

表述自然现象时，[厚/薄] 说明自然事物的密度，密度大则视为 [厚]，反之则为 [薄]。汉语、日语和韩语 [厚/薄] 表示自然现象的密度是比较普遍的语义扩展倾向。

2. [厚/薄] 在感知域的语义扩展

人的感知可以分为视觉、听觉、触觉、嗅觉、味觉等，能够感受形状色彩、声音、手感、味道、气味等。[厚/薄] 向感知域映射，可以表示视觉域的颜色深浅、味觉域的味道浓淡。

(1) [厚/薄] 向视觉域映射，表示颜色的深浅。颜色的浓度概念化成颜色的厚度。例如：

汉语：色彩厚、色彩薄

日语：色が薄い（色薄 [颜色淡]）

　　　薄い墨で字を書く（用薄墨写字 [淡墨]）

韩语：얇은 살구색（薄杏色 [淡杏色]）

　　　치마 색깔이 얇다（裙子颜色薄 [颜色淡]）

　　　전체 피부톤은 얇다（全身肤色薄 [肤色浅]）

(2) [厚/薄] 向味觉域映射表示味道的浓淡。浓度大则味道重，浓度小则味道淡，[厚/薄] 表示味道的轻重浓淡。例如：

汉语：厚味、酒味很厚、香味很厚、药味淡而薄、酒味很薄

日语：味が薄い（口味薄 [清淡]）、薄い茶（薄茶 [淡茶]）

　　　この料理は味が薄い（这道菜味道薄 [味道淡]）

在表示味道浓淡时，[薄] 表示味道在汉语和日语中更为普遍，[厚] 仅在汉语中表示味道浓，"酒味厚" 在日语中用 "酒の味が濃い" 表达。韩语 [厚/薄] 不表示味道。

3. [厚/薄] 在情感域的语义扩展

[厚/薄] 在垂直方向上延伸可以获得量的积累，这种量的积累投射到情感域表示感情的深浅。感情是可以积蓄的，感情越深厚，心灵的空间就会越大。[厚/薄] 在感情域的语义扩展主要表现在汉语和日语中。例如：

汉语：交情很厚、深情厚谊、寄予厚爱、人情薄、交情薄、薄情

日语：友情に厚い（友情深厚）、厚いもてなしを受ける（受到深厚

的款待）、情が薄い（薄情）、人情薄きこと紙のごとし（人情薄如纸）、あの人とはこれまで縁が薄かった（跟那个人以前缘分薄［缘分浅］）

在韩语中［厚/薄］一般不用来形容情感，而是常用（많다/적다［多少］）表示人情、交情的程度，如"인정이 많다（人情多［人情厚］）、"인정이 적다（人情少［人情薄］）。

4.［厚/薄］在态度域的语义扩展

［厚/薄］向态度域映射表示对事物的态度看法，这主要表现在汉语和日语中。例如：

汉语：厚此薄彼、厚今薄古、厚待

日语：信仰心が厚い（信仰厚［信仰虔诚］）

信仰心が薄い（信仰薄［信仰不足］）

望みが薄い（希望薄［希望小］）

興味が薄い（兴趣薄［兴趣不大］）

虽然汉语和日语［厚/薄］可以从空间域映射到态度域，表示对抽象事物的态度，但语义扩展的方向完全不同，汉语"厚/薄"更多表示一种重视或轻视的态度，日语"厚い"形容信仰的态度诚恳，"薄い"更多表达一种冷淡、不感兴趣的态度。

5.［厚/薄］在心智域的语义扩展

［厚/薄］由空间域向心智域映射。积聚的物质可以自下而上测量，由于知识多少和心理感受也是日积月累形成的，因此［厚/薄］可以测量知识和心理状态，表示对事物的认识、知识的储备等。这一语义扩展主要表现在韩语中。例如：

지식이 두껍다（知识厚［知识渊博］）

지식이 얇다（知识薄［知识浅薄］）

생각이 두껍다（想法厚［想法丰富］）

생각이 얇다（想法薄［想法肤浅］）

6.［厚/薄］在评价域的语义扩展

［厚/薄］由空间域向评价域映射表示对人的评价。汉语、日语和韩语有共同的语义扩展路径。例如：

汉语：脸皮厚、脸皮薄
日语：あいつはつらの皮が厚い（那家伙脸皮厚）
　　　彼は人情に厚い（他为人厚道）
韩语：얼굴이 두껍다（脸厚）、낯가죽이 두껍다（脸皮厚）
　　　낯가죽이 얇다（脸皮薄）、귀가 얇다（耳朵薄［耳根软］）
　　　속이 너무 얇다（心太薄［心胸狭窄］）

三种语言中［厚/薄］都可以形容人的脸皮薄厚、人品厚道。另外韩语얇다（薄）还可以表示"心胸狭窄""耳根软"。

7.［厚/薄］在质量域的语义扩展

在汉语中"薄"还可以表示土地的质量。例如"这土地薄，种不出庄稼来"，土地没有养分、水分，土地就不肥沃。"厚"没有这一用法。其他语言也没有这一用法。

三种语言中形容词［厚/薄］由空间域向抽象域映射，语义扩展分布见表4-8。

表4-8　汉语、日语和韩语［厚/薄］在目标域中的语义扩展分布

目标域	语言	汉语 厚	汉语 薄	日语 厚い	日语 薄い	韩语 두껍다	韩语 얇다
感知域	（视觉）颜色	+	+	+	+	+	+
	（味觉）味道	+	+		+		
数量域	数量	+	+	+	+	+	+
	浓度	+	+				
	密度	+	+	+	+	+	+
情感域		+	+	+	+		
态度域		+	+	+	+		
心智域						+	+
评价域		+	+	+	+	+	+
质量域			+				

汉语、日语和韩语［厚/薄］都可以在视觉域表示颜色浓淡，在数量域表示数量多少和密度大小，在评价域表示人的脸皮薄厚程度。汉语和日语［厚/薄］的语义扩展能力要强于韩语，还可以表示味道浓淡、情感和态度等。汉语独特的语义扩展表现在，"薄"可以表示土地质量不肥沃，韩语独特的语义扩展表现在，두껍다（厚）/얇다（薄）可以在心智域表示知识丰富与否。

（三）英语和印尼语［thick/thin］语义扩展的跨语言表现

汉语、日语和韩语中的［粗/细］［厚/薄］在英语中对应的是 thick/thin，在印尼语中对应的是 tebal 和 tipis，根据对这些词语隐喻义的考察，本书将英语、印尼语［thick/thin］隐喻映射的目标域归纳为数量域、感知域、心智域和关系域。

1. ［thick/thin］在数量域的语义扩展

英语和印尼语中的［thick/thin］都可以向数量域映射，表示数量、浓度和密度等。例如：

（1）［thick/thin］表示数量多少。在英语和印尼语中表示数量多少时，［thin］比［thick］用法更多。例如：

英语：thin crowd（薄的人群［稀少的人群］）

the evidence is thin（证据薄［证据不足］）

thick with sunbathers（密密麻麻都是日光浴者［到处是日光浴者］）

印尼语：keuntungan tipis（利润薄）、kantong tebal（口袋厚［钱多］）

daerah yang tipis penduduknya（人口薄的地区［人口少］）

persediaan makanan sudah tipis（食物供应薄［供应不足］）

tergolong orang yang kantongnya tipis（属于经济上薄的人［钱少］）

（2）［thick/thin］表示浓度大小，主要描述气体、液体等物质的浓淡稀稀。例如：

英语：thick with smoke（满是浓烟）、thick fog（浓雾）

thick mud（厚泥［泥浆］）、thick soup（浓汤）

thin soup（薄汤［清汤/淡汤］）、thin cold air（空气薄）

印尼语：asap tebal（浓烟）、kabut tebal（浓雾）

　　　　awan tebal（厚云）、awan tipis（薄云）

（3）［thick/thin］表示密度大小，主要描述事物的疏密度，如毛发、胡须、植物等疏密程度。例如：

英语：thick forest（厚森林［浓密的森林］）

　　　thin hair（薄头发［稀少的头发］）

　　　thick hair（厚头发［浓密的头发］）

印尼语：alis tebal（眉毛厚［眉毛浓密］）

　　　　janggutnya tebal（他的胡须厚［浓密］）

　　　　rambutnya sudah tipis sekali（他的头发很薄［稀疏］）

　　　　rambutnya tebal dan ikal（他的头发又厚又卷［又密又卷］）

　　　　rumputnya amat tebal（草很厚［浓密］）

2. ［thick/thin］在感知域的语义扩展

（1）［thick/thin］表示听觉。［thick］表示嗓音粗或有口音，［thin］表示嗓音尖细。例如：

英语：thick accent（粗口音［浓重的口音］）

　　　thick voice（粗声音）、thin voice rose high（细声音升高）

印尼语：logat bahasa Jawanya masih tebal（他爪哇口音很粗［浓重］）

　　　　Suara pria tebal sedangkan suara wanita tipis.

　　　　（男生声音粗，反之，女生声音细。）

（2）［thick/thin］表示颜色深浅，形容颜色、字迹的深浅或浓淡。例如：

英语：thick color（浓色［深色］）、thin color（淡色）

　　　thin gold colour（淡金色）

印尼语：tulisannya tipis（写字淡［笔迹不深，模糊不清］）

（3）［thick/thin］表示味道浓淡

英语中 thick 和 thin 可以表示味道浓淡，印尼语没有往这一语义扩展。例如：thick taste（味道厚［浓］）、thin taste（味道薄［淡］）、thick odour of dust and perfume（厚灰尘和厚香水味［浓的香水味］）、this wine has heavy and thick taste（这种葡萄酒口感厚［浓］）。

3. [thick/thin] 在心智域的语义扩展

[thick/thin] 向心智域映射用于描述智力、意志等。但是在英语中 thick 表示"傻、笨",在印尼语中 tebal 表示坚定,tipis 表示不坚定。例如:

英语:thick head(脑子笨)、Are you thick?(你傻吗)

印尼语:keyakinan yang tebal(厚的信念[坚强的信念])

iman yang tebal(厚的信心[坚定的信心])

tipis kepercayaannya(薄的信仰[不坚定的信仰])

4. [thick/thin] 在关系域的语义扩展

空间的疏密度映射到人际关系上,表示关系亲密、疏远。空间密度小则空间距离近,空间距离近则关系近,这种空间距离与关系距离之间具有相似性,距离近的事物关系近,距离远则关系远。这一用法存在于英语中。例如:thick as thieves(亲密无间)、He's very thick with the master(他和老师关系密切)。

英语和印尼语[thick]和[thin]在不同目标域的语义扩展分布见表4-9。

表4-9 英语和印尼语[thick/thin]在目标域中的语义扩展分布

目标域	语言	英语 thick	英语 thin	印尼语 tebal	印尼语 tipis
感知域	颜色	+	+	+	+
	味道	+	+		
	听觉	+	+	+	+
数量域	数量	+	+	+	+
	浓度	+	+	+	+
	密度	+	+	+	+
心智域		+	+	+	+
关系域		+			

通过分析可以发现,英语和印尼语[thick/thin]都可以在感知域形

容颜色浓淡、嗓音或口音的音质，在数量域表示数量多少、浓度和密度大小，在这些方面两种语言表现出语义扩展的一致性。但英语 thick 和 thin 还可以在味道域表示浓淡，thick 表示关系亲密，印尼语 tebal 和 tipis 不表示味道和关系亲密或疏远。在心智域两种语言语义扩展的具体方向差异较大，英语 thick 表示智力弱，印尼语 tebal 和 tipis 分别表示坚定和不坚定。

上文对汉语、日语和韩语中的［粗/细］［厚/薄］以及英语和印尼语［thick/thin］分别进行了对比分析，研究发现：［厚/薄］与［thick/thin］在数量域的语义扩展中五种语言具有普遍性，在感知域表示颜色浓淡和味道浓淡时汉语和英语的语义扩展倾向更为一致；［粗/细］与［thick/thin］主要在表达感知的声音域表现出一致趋势，但在具体语义表达中，汉语、日语和韩语［粗/细］更倾向于描述嗓音的粗细，英语和印尼语［thick/thin］更倾向于描述口音浓重与否。

七　［远/近］语义扩展的跨语言分析

（一）［远/近］隐喻映射的目标域

［远/近］是表示空间两点之间距离大小的量度形容词。人类依据自身在环境中的空间位置和运动来认识世界，人的身体结构、生活体验构成空间隐喻投射的基础。刘丽媛（2015）认为汉语"远/近"由空间域映射到时间域、社会关系域、事物相似域、心智域、数量域等；刘桂玲（2017）在对比基础上认为汉英［远/近］都可以映射到时间域、数量域、程度域、比较域、关系域、心智域；权喜静（2019）认为汉韩［远/近］都可以映射到时间域、数量域、感知域、抽象域。本书根据对五种语言的跨语言分析，将［远/近］映射的目标域归纳如下：时间域、关系域、数量域、程度域、近似域和心智域。

（二）［远/近］语义扩展的跨语言表现

1. ［远/近］在时间域的语义扩展

［远/近］向时间域映射表达时间距离。时间可以看作是一个线性序列，以某个时间点或时间段为基点，与之时间间隔距离长的为远，反之为近。空间距离远的事物往往在时间上离现在也比较远，对现在而言，

过去和将来都离我们较远，［近］则相反。［远/近］表示时间是跨语言语义扩展的普遍路径。例如：

汉语：久远、远古、远期、近期、时间近了

英语：far in the distant past（遥远的过去）

　　　distant future（遥远的未来）

　　　New Year's Day is near（新年近了）

日语：遠からず（不远［时间不久］）、近い将来（最近的将来）

韩语：먼 미래다（遥远的未来）

　　　봄은 아직 멀기만 하다（春天还很远）

　　　가까운 미래（近的未来［不久的未来］）

　　　개학날짜는 가깝다（开学时间近了）

印尼语：juah malam（远夜［深夜］）

　　　　hari perkawinannya sudah dekat（他结婚的日子近了）

　　　　sudah dekat malam（近晚上了［快到晚上了］）

五种语言的［远/近］都从空间域映射到时间域，但在具体表达方式上印尼语有较为独特的表现，用 juah（远）形容夜很深、年龄大，如 juah malam（远夜）、sudah jauh umur ayah（爸爸年龄远了［爸爸年龄大了］）。此外，英语中主要是 far/distance 和 near 表达时间，close 则很少用于表达时间。

2. ［远/近］在关系域的语义扩展

［远/近］由空间域向社会关系域映射可以表示关系的疏远或亲近。两事物之间的空间距离长短可以用［远/近］来表示，两事物离得远，受到对方的影响就小。生活中，人与人之间的关系如果较为疏远，交往时保持的距离就越远。［远/近］表示关系远近是五种语言语义扩展的共同倾向。例如：

汉语：远房亲戚、关系远、近亲、关系近

英语：keep distance from him（离他远点儿）

　　　near relatives（近亲）、near neighbor（近邻）

　　　close to her father（和父亲关系近）

日语：あの人はわたしの遠い親戚です（那人是我的远亲）

　　　　近い親戚（近亲）、ごく近いあいだがら（关系很近）
　　　　遠い親類より近くの他人（远亲不如近邻）
　韩语：먼 친척（远亲戚）、먼 일가의 아저씨（远房叔叔）
　　　　멀어진 친구（远朋友［（关系）疏远的朋友］）
　　　　가까운 친구（近朋友［亲密的朋友］）、가까운 친척（近亲）
　　　　두 사람의 관계는 가깝다（两人关系近）
　印尼语：famili jauh（远亲）、paman jauh（远房叔叔）
　　　　sanak saudara yang jauh（远房亲戚）、famili yang dekat（近亲）
　　　　orang yang sangat dekat kepadanya（跟他非常近的人）
　　　　sahabat dekat nya（他近的朋友［亲近的朋友］）

　　［远/近］既可以表示血缘关系远近、社会关系是否密切，也可以表示心理关系距离。各种各样的关系，如疏远、亲近，都可能会伴随两个主体的客观空间位置变化。如果人们在思想、观点、感情等方面很少有相同之处，就会变得疏远，心灵与心灵之间的距离远了，人与人之间也不亲近了。

　　3. ［远/近］在数量域的语义扩展

　　［远/近］由空间域向数量域映射，与数量词搭配表示数目远离或接近某一特定的数字或者标准。主要是［近］与数量词搭配。例如：

　汉语：近三千人、近60岁、近三点
　英语：near 1000 meters（近1000米）
　　　　near doubling of oil prices（近2倍的油价）
　日语：もう9時に近い（近九点钟了）、70歳に近い（近七十岁了）
　韩语：100%에 가깝다（近100%）
　　　　10만 명에 가까운 시민들（近10万市民）
　印尼语：usianya sudah mendekat 50（年纪近五十）
　　　　mendekat pukul 12 siang（近中午十二点）

　　［近］表示接近某一数量，而［远］较少使用，这是［远］和［近］在数量域的不对称性表现。在上述五种语言中，只有英语中 far 的比较级 further 可以与数量词共现，如：further two minutes（远2分钟［再过2分钟］）、a further year（远一年［再过一年］）、further 2 kilometers（远2公

里［再过两公里］）。

4. ［远/近］在程度域的语义扩展

［远/近］从空间域向程度域的映射，表示事物之间的差别程度。在五种语言中，［远］主要表示事物之间在某方面差别大，相差悬殊。每个事物是独立的个体，个体与个体之间有很大差别，也可以指与某个特定的界限或范围相去甚远。［近］没有向程度域扩展，一般不表示程度义。例如：

汉语：差得远、远超、成绩远高于别人、远远不够

英语：far better（远好［更好，好得多］）

　　　be far too hot（远热［太热了］）

　　　far more serious（远严重［非常严重］）

　　　far beyond their expectation（远超他们预期）

日语：一人前というにはまだ遠い（离可独立工作还差得远）

韩语：성공은 멀다（成功远着呢）

　　　최종 합격까지는 너무 멀다（离最终合格还远着呢）

印尼语：penghasilannya jauh dari cukup（他的收入远远不够）

　　　　jauh dari memuaskan（远不能令人满意）

　　　　tawaranmu masih jauh dari cukup（你的报价还远远不够）

　　　　keadaannya masih jauh dari sempurna（事情远非完美）

［远］表示程度义是五种语言普遍的语义扩展路径，其中印尼语 jauh（远）还有如下其他语言中没有的用法。

印尼语：lebih jauh（更远［进一步］）

　　　　lebih jauh dikatakannya bahwa（他远说［进一步说］）

　　　　anak itu jauh lebih besar daripada kakaknya.

　　　　（那个男孩比他哥哥大得远［比哥哥大很多］。）

5. ［近］在近似域的语义扩展

［近］向近似域映射表示近似、接近。事物与事物之间差距明显，事物之间共同点少，相似度就小，事物之间越是相似、近似，差距就越小，就更为接近。［近］向这一语义扩展在不同语言中较为普遍，只有印尼语 dekat（近）不表示近似。例如：

汉语：叶片近圆形、相近、近似

英语：be close to each other in age（年龄相近）
　　　near to black（接近黑色）
韩语：지붕 모양이 반원에 가깝다（屋顶形状接近半圆）
日语：あの色は赤に近い（那个颜色近似红色）
　　　それは犯罪に近い行いだ（那是近乎犯罪的行为）

6. ［远/近］在心智域的语义扩展

［远/近］由空间域向心智域映射表示对未来的见识能力。刘桂玲、杨忠（2018）认为"心智主要包括心理和智力两方面，心理包括情感、态度、情绪等，智力包括思想、见识、智商等"。王晶（2009、2010）认为有预见的人一般眼光敏锐，意识超前，对事物理解深刻，因此在有些语言中［远］从空间义引申出对事物具有"预见性"，反之，无远见的人则缺乏对未来的预见能力，往往无法预测很远所发生的事情，更多地关注新近的事情。这一语义扩展主要表现在汉语和英语的［远］中。例如：

汉语：看得远、远见、深思远虑、高瞻远瞩
英语：see far into the future（远看未来［有远见］）
　　　look further ahead（往远处看［展望未来］）

此外，［远/近］也可以在感知域形容声音的距离，但是绝大多数词典和研究中并没有将［远/近］表示声音的距离作为其语义扩展的方向，本书也暂不列入扩展范围之内。

五种语言中形容词［远/近］由空间域向抽象域映射，语义扩展分布见表4-10。

表4-10　不同语言［远/近］在目标域中的语义扩展分布

语言 目标域	汉语 远	汉语 近	英语 far	英语 distant	英语 near	英语 close	日语 远い	日语 近い	韩语 멀다	韩语 가깝다	印尼语 dekat	印尼语 jauh
时间域	+	+	+	+	+		+	+	+	+	+	+
关系域	+	+	+	+	+		+	+	+	+	+	+
数量域		+	+		+			+		+		+

续表

语言 目标域	汉语 远	汉语 近	英语 far	英语 distant	英语 near	英语 close	日语 远い	日语 近い	韩语 멀다	韩语 가깝다	印尼语 dekat	印尼语 jauh
程度域	+		+				+		+		+	
近似域		+			+	+		+		+		
心智域	+		+									

由表 4-10 可知，［远/近］向时间域、关系域、数量域映射是语义扩展普遍的共性。［远］还会向程度域映射，表示差异大，［近］还会向近似域映射，表示相似性大。此外，汉语和英语［远］可以向心智域映射。

第四节 空间量度形容词语义扩展的普遍性与变异性

本书从符意学视角考察不同语言空间量度形容词的语义扩展。在隐喻映射的不同目标域中，语义扩展路径的认知机制主要基于最常见的隐喻类型"结构隐喻"，即通过一个概念域来构建另一个概念域（目标域）。如空间概念和时间概念显然在不同的认知域，但空间一维的长度与时间的线性长度具有对应关系，具有一致的认知结构，因此可用空间来隐喻时间。"这种认知模式有利于人们形象、直观、简单地理解与表达抽象、复杂、无形的概念。各语言相似的隐喻选择体现了各民族解读客观世界时的认知共性。"（韩畅、荣晶，2019）而不同的隐喻选择则体现了各民族的认知个性。空间量度形容词的隐喻义非常丰富，都是在空间义的基础上发展而来，这些隐喻义可以归纳到不同的目标域中。在隐喻映射的目标域中，空间量度形容词有些语义扩展具有跨语言的普遍性，有些语义扩展则具有民族变异性。

一 五种语言空间量度形容词隐喻映射的目标域

根据上文的分析，五种语言空间量度形容词每组词可以映射的目标域见表 4-11（本表呈现的是映射域整体情况，而不是具体某种语言某个词映射的目标域）。

表 4-11　　　五种语言空间量度形容词主要映射的目标域

空间量度形容词	目标域													合计
	时间	数量	程度	规模范围	感知	等级	评价	力量强度	性情	心理情感	态度	心智	关系	近似	质量	
[大/小]	+	+	+	+	+		+	+								7
[长/短]	+	+		+			+		+							5
[高/低]	+	+		+	+	+				+						7
[深/浅]	+			+						+		+	+			7
[宽/窄]	+	+		+						+	+					6
[粗/细]					+		+								+	3
[厚/薄]		+														7
[thick/thin]		+			+								+	+		4
[远/近]	+	+	+									+	+	+		6
合计	6	7	4	2	8	2	6	1	4	2	3	3	1	2	

根据表 4-11 分析可以发现：从五种语言空间量度形容词映射的目标域看，每组空间量度词隐喻映射的目标域都比较丰富。其中［大/小］［高/低］［深/浅］［厚/薄］隐喻映射的目标域最为丰富，都有 7 个目标域。［大/小］由于描述整体维度凸显的物体，它们的意义限制最少，因此映射的目标域丰富。［高/低］和［深/浅］都是表示垂直维度的形容词，［高/低］可以表示空间位置义和维度义，空间义内涵丰富，［深/浅］具有容器图式性、从上到下或从外到内、底部难以到达、内部的非易视性等特征，语义特征复杂。这两组词都反映出外部环境相互作用时形成的身体体验，使用频率高，映射的目标域丰富。［厚/薄］描述事物最小垂直维度，在整体使用频次上要低于很多空间量度形容词，且受语境限制比较多，由于［厚/薄］在不同语言中具有个性化的语义扩展路径，因此也呈现出较为丰富的目标域。其他空间量度形容词隐喻隐射的目标域中，［宽/窄］和［远/近］各有 6 个，［长/短］有 5 个，［thick/thin］有

4个，[粗/细]有3个。每组空间量度形容词隐喻映射的目标域的丰富度有强有弱，但在这些目标域中多数是五种语言中普遍存在的目标域，少数是不同语言独特的目标域。在这些目标域中，根据空间量度形容词系统内部词汇隐喻映射的目标域的频率，隐喻映射最普遍的目标域是到感知域（声音）、数量域、时间域和评价域，其次是程度域、心理情感域、心智域和关系域，此外是等级域、规模范围域、力量强度域、性情域、态度域、近似域和质量域。总体而言，空间量度形容词隐喻映射的目标域较为丰富，语义扩展的隐喻路径符合"人类中心说"，即都从人类体验具体可感的空间范畴扩展到抽象范畴。

二 空间量度形容词语义扩展的普遍性

隐喻是人类重要的和基本的认知方式之一，空间概念可以用于表达其他抽象概念与人类自身的认知经验直接相关。这种经验模式可以帮助我们更好地理解抽象概念。不同语言空间量度形容词由空间域映射到其他域的情况非常普遍，其中绝大多数语言中的正向空间量度形容词的隐喻映射能力高于负向空间量度形容词，而且正向空间量度形容词扩展的语义多数表达积极意义，个别形容词表达消极意义，如[粗]；负向空间量度形容词扩展的语义多数表达消极意义，个别形容词表达积极意义，如[细]。跨语言的空间量度形容词是一个语义类聚，张博（2003）指出，语义类聚的实质是"同义"，其"同义"表现在义素相同，义素相同的词既包括语义结构式对称且其中有共同义素的反义词和类义词。语言作为一个具有很强自组织性的系统，在语言内部，语音、语义和语法等各个结构层面的发展变化都是有规律的。语义聚合词群之间存在着类似语音对应规律的"语义对应"，这种"语义对应"是词义演变规律性的体现。而且"具有聚合关系的某种语言成分或要素，会在一定的条件下，在一定的时空范围内发生方向一致的有序变化，从而形成新的聚合关系或改变原有的聚合关系"（张博，2003：7）。这种规律性不仅体现在汉语中，也普遍存在于不同语言中。不同语言中空间量度形容词的语义扩展的普遍性不仅表现在每组或每个对应词的语义通常会具有共同的扩展方向，而且还表现在不同语言在多组对应词中有共同的相应衍化的方向。

下面具体以空间量度形容词表达的时间概念、数量概念、程度概念、感知概念为例进行分析。

首先，空间量度形容词表达时间概念具有普遍性。客观世界各种事件是随着时间的变化而不断变化的，任何客观事物都处于一定的时间过程中。"人类语言的一个普遍特性，甚至说，人类思维的一个普遍特征，是系统地使用空间概念和词汇来隐喻时间"（Glucksberg、Keysar & McGlone，1992）。用空间表达时间的概念化方式比较典型的有两种：水平维度概念化方式和垂直维度概念化方式。在所考察的五种语言中，水平维度概念化方式最普遍的是用一维空间形容词［长/短］和［远/近］。时间被看作是一维线性实体，表达长度义和距离义的空间量度形容词向时间域映射最为普遍，是人类认知共性的体现。垂直维度概念化方式最普遍的是［高/低］，其次是［深/浅］，再次是［宽/窄］。在表达时间概念时，用［高/低］表达年龄是五种语言中最普遍的语义扩展，用［深/浅］表达时间是四种语言（除印尼语）中最普遍的语义扩展方向，用［宽/窄］表达时间是汉语、英语和印尼语中共同的语义扩展方向。空间量度形容词用丰富的概念化方式表达时间，在不同语言中都具有普遍性。

其次，空间量度形容词表达数量概念具有普遍性。这一语义扩展路径依据的是人类所具有的普遍认知基础。空间关系和数量关系以隐喻的认知机制为桥梁联系在一起，表达空间量度的词汇从空间域投射到数量域。五种语言中，［大/小］和［高/低］是在数量域扩展最普遍的形容词。物体数量越多，所占的空间越大。反之，物体数量越少，所占空间越少。空间大小与数量多少之间具有相似性，因此［大/小］在不同语言中都可以表示数量多少。［高/低］也是隐喻数量最典型的空间形容词，［高/低］表示物体垂直方向的距离，在人类认知中，东西堆积得越多，高度就越高，数量也就越多。日常生活中的许多测量工具，如温度计，温度越高，数值就越大。因此，不同语言经常用［高/低］表示数量多少，这主要基于人们的日常经验。Lakoff 和 Johnson（1980：26）指出"如果你把某一物质装入容器，或将某一物体堆积起来，该物质或物体的（顶端）水平高度会随数量的增多而上升。反之，则下降"。空间位置的上升与数量的增加是紧密联系在一起的，这是形成空间隐喻概念的基础。

此外，［近］由空间域向数量域映射，表示数目接近某一特定的数字或者标准。［宽/窄］在汉语和英语中指数量多少，印尼语中［窄］指数量少，但这些词表达数量概念的使用语境有限。

最后，空间量度形容词表达程度概念具有普遍性。数量是可以测量的，而程度则相对难以精准测量，程度描述的是抽象事物的量，很多抽象的事物是很难用具体的数字测量。空间量度形容词表达程度概念主要体现在［大/小］［高/低］［深/浅］的语义扩展中。例如"影响大/小、作用大/小、代价大/小、风险大/小"，"代价高/低、风险高/低"，"印象深/浅、伤害深/浅"等。［大/小］在描述具体事物时强调事物整体空间量，在表示抽象概念的程度量，也主要侧重整体程度量。［高/低］是上向垂直维度词，表达抽象事物在量上的积累，积累越多，程度越高，反之，程度低。［深/浅］是下向或内向垂直维度词，表达具有容器图式的抽象事物的程度量的深浅。

此外，空间量度形容词在感知域形容声音具有普遍性。在五种语言中几乎大部分空间量度形容词都可以描述声音，［大/小］［高/低］［深/浅］［粗/细］［远/近］这些空间量度形容词可以从声音的强度、音高、音质、距离等角度描述声音。总之，空间概念是人类最基本的概念，利用空间量度概念来表达时间、数量、程度、评价、关系等抽象量度概念是人类认知的普遍共性。探讨五种语言中空间量度范畴的隐喻和语义扩展，归根结底是对不同民族对空间认识过程和规律的追溯，是对人类认知共性的认识，普遍性分析可以让我们预测更多的语言可能具有的语义扩展路径。

三 空间量度形容词语义扩展的变异性

早期的语言学认为，世界上语言差异的可能性是无限的。自 1963 年格林伯格关于语序类型和共性的研究问世以来，人们转而相信语言变异的有限性，因此提出语言共性的假设，即语言间无论是否存在发生学上的关系，在结构上都有很大的共性（郭锐，2012：96）。共性是和个性相对的。世界语言的个性是建立在共性基础上的，不同的个性由共性决定。词汇类型学的目标是要发现千变万化的词汇语义系统现象背后的共性特征。空间量度形容词语义扩展的变异性不是无限的，而是有限的。这些变异性会受到语言特征、民族思维和文化环境等影响。不同民族认识世界的方式反映在其语言世界中，人类如何认识这个世界，一定会受到语言的影响。本书关于空间量度形容词语义扩展的变异性表现在以下几方面。

首先，不同语言中对应的空间量度形容词的隐喻映射路径不完全相同，不同目标域显示不同的语义扩展路径。通过前文对每一组空间量度形容词的跨语言分析可以发现，五种语言中的形容词有一些由空间域映射到共同的目标域中，有些则只是部分语言或个别语言的个性化表现，这是空间量度形容词语义扩展变异性的表现。例如，汉语"薄"表示土地质量不好，如"土地薄"；英语 thick 表示笨，如 thick head（笨脑子）；日语"高い"表示香气或臭气大，如"香りが高い（香气扑鼻）、臭気高い（臭气熏天）"；韩语두껍다（厚）/얇다（薄）表示知识、想法丰富与否，如지식이 두껍다/얇다（知识厚/薄）；印尼语 sempit（窄）表示拥挤，tebal（厚）表示坚定、坚强；日语"長い/短い"表示性情，如"気が長い（慢性子）、気が短い（性子急）"。

其次，不同语言中对应的空间量度形容词的隐喻映射具有相同目标域，但在相同目标域之内具有不同的语义扩展路径。例如，空间量度形容词由空间域向时间域的映射具有普遍性，但是不同语言中语义扩展的路径有一定的差异性。如不同语言中［大/小］可以表示时间概念，但汉语"大/小"的语义扩展路径最丰富，使用范围最广。英语 high 在表达时间时将上一下图式的这种整体结构映射到时间域，与时间词搭配，表示全盛时期、最适合的时刻，其他语言中则没有出现这种语义扩展。不同语言中［宽/窄］表示时间差异性较大，汉语中"宽"表示时间宽裕，印尼语则主要由 sempit（窄）表示时间紧张。即使在相同的目标域中有相同的语义扩展路径，但是受不同语言的特征和内部搭配或组合方式、使用频率等因素影响，在具体表达方式上具有变异性，例如［高/低］在时间域表示年龄是最普遍的语义扩展，但在具体表达方式中，汉语"高/低"与年龄多用于构词组合中，而印尼语中则可以自由使用。

最后，不同语言空间量度概念词汇化类型的差异使得形容词的语义扩展具有较大差异性。例如，汉语、日语和韩语中表示粗度和厚度概念的词在英语和印尼语中同词化，两种词汇化类型的形容词在语义扩展上有较大的差异性，但是这种差异性是有限的。在不同语言中空间量度形容词对应的主导词成员数量不完全相同时，不同的主导词表现出不同的隐喻映射倾向和不同语义扩展路径。以英语为例，表示概念大小的有两组词，其中英语 large 和 small 主要向数量域和范围规模域映射，英语 big 和 little 主要倾向于向等级程度域、力量强度、感知域、时间域、心智域、评价域等映射，映射方向不同、语义扩展路径不同，则在词语搭配上也都会产生一定的差异性。

此外，正向、负向空间量度形容词语义扩展的对称性表现在不同语言中既有共性，也有个性。例如，［厚/薄］在不同语言中都可以表示感知域，但是在日语和韩语中［厚/薄］表示颜色深浅，在汉语和日语中［厚/薄］表示味道浓淡，在英语和印尼语中［thick］表示口音重，在英语中［thick/thin］表示味道浓淡。再如，汉语"大"用于时令前表示强调时间（大热天），表示视觉中的颜色深（大红），"小"则没有这一用法，"大"的这些语义扩展方向也是其他语言所没有的。

不同语言空间量度形容词语义扩展的变异性表现在很多方面，但是变异性不是无限的，语言的种种不同通过有限的基本要素和特定构成方式表现出来。特定构成方式与特定基本要素的组合构成某种语言类型（金立鑫，2011：36）。语言的个性其实也是语言共性的一种表现形式，类型学家所探求的语言共性就是数量有限的普遍共性。如果随着语言样本量的增加，这些所谓的个性也具有类型特征，变异的有限性就更加明显。与此同时，语义扩展的变异性也是不同民族认知主体对事物的认知选择在语言中的体现。

第五节　小结

本章从符意学的视角，跨语言比较五种语言空间量度形容词对应词的语义扩展模式，比较发现：一方面，不同语言中空间量度形容词的语义扩展有不少是跨语言常见模式，并不限于一个语系或地域，即使在一些没有亲属关系的语言中也会经常重复出现。由于人类既具有相同的生理机制、感知器官以及经验体验，又具有相似甚至相同的隐喻思维及认知方式，因此有些普遍性的语义关联模式会超越遗传或地域的界限。另一方面，由于不同民族的生活习惯、文化背景不完全相同，而且不同民族的语言都有各自的特点，不同语言中的空间量度形容词也有一些特殊的和个性化的语义扩展。

认知语言学认为，"在所有的隐喻中空间隐喻对人类的概念的形成具有特殊的重要的意义，因为多数抽象概念都是通过空间隐喻来表达和理解的"（蓝纯，1999）。表达空间概念的词由空间域向抽象域映射是人类认知的普遍规律。在隐喻机制下的语义扩展现象不是孤立的、偶然的，往往由同一种思维方式在起制约作用。空间量度形容词跨语言共同的语义扩展倾向"反映了事物现象之间的客观联系，也体现了不同民族对事物现象之间关系的普遍认识，是人类认知共性的体现"（张博，2009）。而不同民族受各自民族文化的制约和影响，特定语言中发生的语义扩展的特殊性是不同民族认知个性的反映。对于二语习得者而言，语义扩展的普遍共性可能会促进二语学习者更好地习得词语，语义扩展的变异个性也可能阻碍词语的习得，不过这些个性并不是无序的，而是有规律、有系统的。

第 五 章

基于中介语语料库的空间量度形容词习得偏误分布

前两章基于词汇类型学的定名学和符意学视角跨语言考察了空间量度形容词的词汇化方式和语义扩展系统，可以发现跨语言空间量度形容词的词汇系统和语义系统的复杂性。同一类聚词语的语义关联越复杂，对 CSL 学习者而言越是难点，而且也容易在习得过程中发生各类偏误，易于出现混淆误用。空间量度形容词在汉语中介语系统中整体习得状况如何？词语混用有何分布特征？本章将首先基于大型汉语中介语语料库考察空间量度形容词习得的整体分布情况，然后在此基础上重点考察空间量度形容词之间混淆误用的分布特征。

第一节　空间量度形容词习得的整体分布情况

学习者的中介语系统既有正用形式，也有误用表现，二者均是其整体表现的有机组成部分（蔡淑美、施春宏，2020）。下面基于"全球汉语中介语语料库（1.0 版）"（以下简称"全球语料库"）[①] 的标注数据提取空间量度形容词的使用频次、正确使用频次和误用频次，并进一步统计

[①] "全球汉语中介语语料库"网址是 qqk.blcu.edu.cn。语料库由北京语言大学与国内外众多高等院校及其他教学单位的教师、学者共同参与完成，收入外国汉语学习者产出的原始语料 2275 万字。该库语料样本多、规模大、来源广、检索便捷，能够基本反映各类汉语学习者的汉语学习过程与特征。该语料库标注词语的使用频次和误用频次，本研究中空间量度形容词的使用情况是基于该语料库的标注系统获取的。

这些词语的偏误率。统计数据具体见表5-1。

表5-1 空间量度形容词在全球语料库中的使用统计

词	总频次	正用频次	误用频次	偏误率（%）
大	5142	4813	329	6.4
小	5309	5194	115	2.2
高	2030	1895	135	6.7
低	197	176	21	10.7
矮	128	123	5	3.9
深	289	251	38	13.2
浅	13	13	0	0
厚	83	76	7	8.4
薄	13	13	0	0
粗	21	19	2	9.5
细	33	26	7	21.2
宽	48	42	6	12.5
窄	13	12	1	7.7
长	1793	1706	87	4.9
短	270	250	20	7.4
远	493	470	23	4.7
近	417	377	40	9.6

由表5-1可知，在全球语料库中，空间量度形容词的使用频次差异很大，"大、小、高、长"等使用频次远高于"粗、细、浅、薄、窄"等词。总体而言，这些词语的使用正确率比较高，但不同词语的偏误率差异比较大，而且使用频次低的词不一定偏误率低，如"细"的使用频次为33，但偏误率为21.2%。使用频次的高低与偏误率并不成正比。因为使用频次高的词正用频次和误用频次都很大，但正用频次所占比率比较高，而使用频次低的词即使误用频次比较少，但由于基数小，偏误概率反而高。此外，还有的个别词由于使用频次很低，在全球语料库中没有出现误例，如"浅、薄"。

在中介语的词语误用中，一个词可能和很多词误用，以"大"为例①，在全球语料库中误用为"大"的词有"多、深、高、长、宽、远、久、老、好、快、胖、太、到、紧、堵、长大、严重、深刻、广阔、浓厚、丰盛、强大、重要、喜欢、发达、壮观、深刻、开心、热闹、大声、博大"。反之，还有很多当用"大"而误用为其他词的情况。误例如：

(6) 中国的美味食品也给我很｛大｝的印象。　　　　（大→深）

(7) 比如说在重庆有，人口很｛大｝。　　　　　　　（大→多）

(8) 因此他的睡眠有｛大｝质量。　　　　　　　　　（大→高）

(9) 我刚来的时候发现中国的发展很｛大｝。　　　　（大→快）

(10) 那个公园有很｛大｝的路。　　　　　　　　　（大→宽）

(11) 她身材比较｛大｝，于是她最近在减肥。　　　（大→胖）

(12) 他的存在感很｛大｝。　　　　　　　　　　　（大→强）

(13) 还有你可以去一个非常｛广｝也非常漂亮的公园。

（广→大）

(14) 呃，所以，但是中国和澳大利亚差别不｛多｝。（多→大）

(15) 我的父亲现在年纪｛老｝了，准备退休了。　　（老→大）

(16) 工作的时间越长夫妻之间的差距越｛宽｝。　　（宽→大）

(17) 这就是我最｛重｝的缺点。　　　　　　　　　（重→大）

(18) 中国发展很快，以后中国比美国更｛大｝。　（大→强大）

(19) 干涉内政很｛大｝，况且不保障权利和自由。（大→严重）

可以看出与"大"误用的词种非常丰富，既有单音词，也有双音词，既有空间量度形容词，也有其他范畴的量度形容词，还有非量度形容词。② 本研究重点考察分析空间量度形容词的混淆偏误，本书简称"空间量度混淆词"。下面将详细介绍空间量度混淆词的测查方式与判断依据，

---

① 根据全球汉语中介语语料库的标注信息，值得注意的是当"大"误用时，有的误例中可能不止有一种修改方式，此处仅呈现语料库中的标注结果。

② 空间量度形容词与其他范畴形容词的混淆误用非常严重，也更加复杂，限于本研究的焦点集中在空间量度形容词，因此暂不深入探讨空间量度形容词与其他范畴形容词的偏误问题。

确定混淆词中的当用词与误用词，并从多维度视角分析中介语中空间量度形容词混淆误用的分布特征。

第二节 空间量度混淆词的判断与确定

一 空间量度混淆词探查的汉语中介语语料库来源

上文基于全球语料库初步统计了空间量度形容词的习得分布情况。该语料库的特点是规模大，分布广，是目前最大的语料库，涉及 115 个国家的学习者[①]，语料来源广，标注体系丰富。但语料的同质性弱，且不同国别的语料分布极不均衡，绝大多数国别的语料在 1 万字以下，100 万字以上的国别化语料库很少。如果面向国别/语别化展开中介语词汇研究，则语料还不够充足，因为词汇偏误研究，特别是聚类观察某一语义类的混淆词，语料库的规模越大越好。

为全面深入探查 CSL 学习者空间量度形容词使用偏误，获取更多混淆词语误例，本书暂且放弃对不同母语背景汉语中介语语料同质性的理想追求，主要依托各种来源的中介语语料库，展开泛母语背景的词语混淆研究，并在此基础上对语料较为充足的语别化词语混淆现象进行深入分析。我们主要依托的中介语语料库包括：全球语料库（2200 余万字）、北京语言大学"HSK 动态作文语料库"（424 万字）、汉语中介语语料库（200 万字）、中山大学"汉字偏误连续性中介语语料库"（200 万字）、暨南大学"留学生汉语中介语语料库"（400 万字）、鲁东大学"国别化（韩国）中介语语料库"（107 万字）、哈佛北京书院"汉语中介语语料库"（65 万字）、印度尼西亚玛拉拿达基督教大学萧频博士收集的"印尼学生中介语语料库"（46.5 万字）、蒙古乌兰巴托大学萨仁其其格博士收集的"蒙古学生中介语语料库"（33.4 万字）、青岛大学张连跃博士提供的"英语背景学生中介语语料"（约 30 万字）。上述语料总量达 3700 万。本书基于多来源汉语中介语语料库探查空间量度混淆词，由于本研究重点关注空间量度形容词之间相互混淆误用的例子，与非空间量度形容词

---

① 根据全球汉语中介语语料库的统计。

混淆误用的例子暂不在此调查统计中。

二 空间量度混淆词探查及误例判断

本研究主要运用语料库调查的方法，基于大规模汉语中介语语料库，通过一定的程序判断提取空间量度形容词的误例，从中筛选出空间量度混淆词。首先将17个单音空间量度形容词作为目标词，在中介语语料库中穷尽性检索排查，然后按照以下步骤处理检索到的含有目标词的误例。具体操作如下：

1. 删除语义不完整或语义含糊的语例。如果语例语句不完整，句子本身提供信息少，致使语义含糊，无法判断使用正确与否，我们将暂时排除。例如：

（20）意义很｛深｝。

2. 基于语境判断词语偏误。孙菁（2013）提出词语偏误诊断原则之一是"超越短语看句子，超越句子看篇章"，这一原则说明语境对判断词语偏误的重要性，仅凭搭配和句义判断目标词正误并进行修改是不够的，需要充分结合上下文。

3. 误用词改为当用词，最大限度理解并保留作者原意。一个词用错了，可能有多种改法，在标注中介语语料时也大量存在"一错多标"的情况，我们纠错的原则是最大限度保留原意，少改动句式，并选用最恰当的当用词。例如：

（21）我恐怕不会考试，因为我的成绩太｛小｝。

在此，"成绩太｛小｝"可以改为"成绩太差"或"成绩太低"，由于原文"小"倾向于量度评价，因此用"低"作为当用词更能保留原意。

4. 对初选的误例进行反复斟酌推敲，多人评定。

遵循上述步骤，我们提取出空间量度形容词所有用错的语例，经多位词汇学专业的评判人对误例进一步确诊，根据语境反复推敲确定误用词和当用词,从中提取出空间量度形容词之间相互误用的例句 299 个。

三 空间量度混淆词的误用词与当用词的确定

由于选取的误例是空间量度形容词之间混用的误例,在误例中的空间量度形容词既可能是当用词,也有可能是误用词。我们根据对误例的分析,分别统计空间量度形容词作为当用词和误用词的频次和比重,具体分布见表 5-2。

表 5-2　　空间量度形容词"当用词—误用词"数据分布

当用词	频次	比重(%)	误用词	误用词	频次	比重(%)	当用词
大	57	19.1	[7个]:高28、宽11、长7、深4、远3、厚3、粗1	大	145	48.5	[5个]:高68、深55、长13、宽7、远2
小	12	4.0	[5个]:低4、短4、细2、矮1、窄1	小	20	6.7	[5个]:矮12、短3、低2、窄2、近1
长	16	5.4	[3个]:大13、远2、高1	长	11	3.7	[2个]:大7、高4
短	4	1.3	[2个]:小3、矮1	短	22	7.4	[2个]:矮18、小4
高	75	25.1	[4个]:大68、长4、矮2、粗1	高	31	10.4	[3个]:大28、低2、长1
低	8	2.7	[3个]:矮4、高2、小2	低	16	5.4	[2个]:矮12、小4
矮	42	14.0	[3个]:短18、低12、小12	矮	9	3.0	[5个]:低4、高2、短1、小1、浅1
深	58	19.4	[5个]:大55、厚1、宽1、远1、矮1	深	6	2.0	[6个]:大4、粗1、远1
浅	1	0.3	[1个]:矮1	浅	0	0	[0个]
粗	8	2.7	[2个]:厚7、深1	粗	2	0.7	[2个]:大1、高1
细	1	0.3	[1个]:薄1	细	6	2.0	[2个]:薄4、小2
厚	0	0	[0个]	厚	11	3.7	[3个]:粗7、大3、深1

续表

当用词	频次	比重(%)	误用词	误用词	频次	比重(%)	当用词
薄	4	1.3	[1个]：细4	薄	1	0.3	[1个]：细1
远	3	1.0	[2个]：大2、深1	远	6	2.0	[3个]：大3、长2、深1
近	1	0.3	[1个]：小	近	0	0	[0个]
宽	7	2.3	[1个]：大7	宽	12	4.0	[2个]：大11、深1
窄	2	0.7	[1个]：小2	窄	1	0.3	[1个]：小1
	299	100.0			299	100.0	

根据表5-2，我们整理出以下27对空间量度混淆词，从词语混淆的误用方向看，"既有单向误用，又有双向误用"（张博，2008a）。其中双向误用的有14对（"↔"表示双向误用），单向误用的有13对（"→"表示单向误用），具体如下：

大↔高　大↔深　大↔宽　大↔长　大↔远　低↔矮　短↔矮
高↔长　小↔低　小↔短　小↔矮　小↔窄　深↔远　细↔薄
粗→大　厚→大　细→小　远→长　矮→高　粗→高　低→高
厚→深　宽→深　近→小　浅→矮　粗→厚　深→粗

根据这299条误例和27对混淆词，本书考察空间量度形容词混淆的分布特征，并基于前文词汇类型学的研究对词语混淆现象展开更加深入的分析。

第三节　空间量度形容词混淆误用的分布特征

本节将从词际关系、语义关系、表达范畴以及学习群体国别背景等多维度探讨空间量度混淆词在汉语中介语中混淆误用的分布特征。

一　空间量度混淆词的词际关系分布特征

（一）混淆词的词际关系错杂

"词际关系"是指误用词与当用词在数量上的对应关系。这里从词际关系入手，分析 27 对空间量度混淆词的词际分布特征。通过表 5-2 呈现出的数据及混淆词对，可以发现 27 对空间量度混淆词关系复杂，并不是两词之间简单的混淆误用，而是不同词语之间的交相混淆误用，这种词际关系的错杂性可以从以下两个方面观察。

1. "多对多混淆"为主

从混淆词语的词际关系看，词语混淆可分为一对一混淆、一对多混淆和多对多混淆等类型（张博，2008b）。如果以单个目标词为参照，主要是"一对一"和"一对多"两种类型。一对一混淆，指一个目标词只跟一个词语相混淆，如印尼学生常混淆"放假"和"假期"这两个词。一对多混淆，指一个目标词可以跟多个词语混淆，如"爱"常和"爱心""喜爱""爱情"等多个词语混淆。以某一语义类整体为参照进行考察，词语混淆还会有"多对多"混淆，即语义类多个词语彼此发生交叉混淆。

本研究聚类观察的空间量度形容词混淆词群，其中没有一对一混淆，主要是一对多混淆和多对多混淆。如"细"与"薄""小"混淆，属一对多混淆，误例如：

（22）我的书包里有一本汉俄词典，这本词典比较厚，三本新汉语书，五个本子，三个本子很｛细｝。　　　　　（细→薄，俄罗斯）

（23）在｛细｝路的两旁越走越多旱田，悠闲自在地看。

（细→小，日本）

再如，"大""远""深"等词交相混淆，属多对多混淆：

（24）第一次开始学汉语时，我觉得中国的汉语和印尼华裔的汉语有着很｛远｝的差别，这让我感到遗憾。　　　　（远→大，印尼）

（25）学汉语以前我对中国的认识不｛大｝，那时候我对中国和汉语的了解很少。　　　　　　　　　　　　　　（大→深，印度）

（26）要不然两代之间的代沟越来越｛远｝。　　　（远→深，韩国）

空间量度形容词以"多对多混淆"为主,表明多数混淆词的词际关系不是单边关系,而是多边关系,多边混淆的词际关系使得空间量度形容词混淆尤为错杂。

2. "双向误用"较为强势

从每对混淆词语的"误用方向"看,混淆词误用可分为单向误用和双向误用。单向误用是甲词只被误用为乙词,乙词不误用为甲词,比如"厚→粗"只有当用"粗"时误用"厚",误例如:

(27) 特别是他的额头很宽。眉毛是黑色,有点长,还有不太{厚}。　　　　　　　　　　　　　　　　（厚→粗,泰国）

双向误用则是甲词和乙词彼此误用,比如"大↔深","深"和"大"互相误用,误例如:

(28) 吸烟者吸烟有对非吸烟者健康影响很{深}。

（深→大,韩国）

(29) 同时,他们对我的爱也很{大}。因为他们只有我一个。

（大→深,日本）

根据表5-2统计出27对混淆词中双向误用14对,单向误用13对,数量差不多,但从误用频次看,双向误用274次,占91.6%,单向误用25次,仅占8.4%,双向误用频次是单向误用频次的11倍,双向误用所占比重高于单向误用,从频次分布看,双向误用明显强势。一般而言,双向误用比单向误用的混用状况更复杂,混淆词语词际关系的错杂性随之增加。

(二) 以"大""小"为核心形成正负向两大混淆词群

根据上述对空间量度混淆词"词际关系"的考察,27对混淆词的词际关系如图5-1所示(箭头指向当用词,"→"表示单向误用,"↔"表示双向误用)。

由图5-1可以看出,空间量度形容词以"大""小"为核心形成两

负向空间量度形容词　　　　　正向空间量度形容词

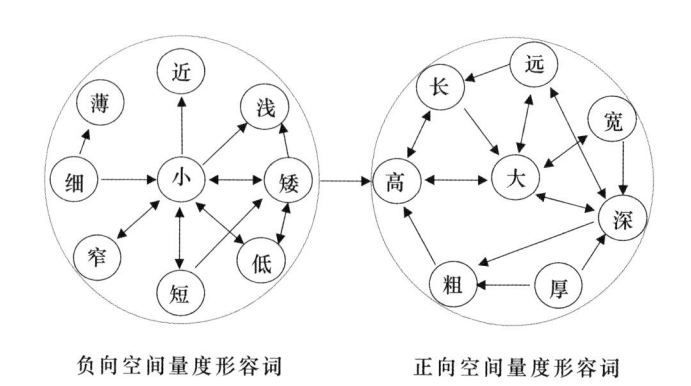

图 5-1　空间量度形容词混淆词群的词际关系

大混淆词群，左侧汇集负向空间量度混淆词群，右侧汇集正向空间量度混淆词群，两大混淆词群的词际关系都错综复杂，其中正向空间量度混淆词的词际关系更加错杂。此外，还有以"矮""高""深"等为次要核心分别形成不同规模、数量的混淆词群。

从混淆词对来看，以"大"为核心的正向空间量度混淆词共有15对：大28↔高68、大4↔深55、大7↔长13、大11↔宽7、大3↔远2、高4↔长1、深1↔远1、厚→粗7、厚→大3、远→长2、粗→大1、粗→高1、厚→深1、宽→深1、深→粗1。以"小"为核心的负向空间量度混淆词10对：短1↔矮18、低4↔矮12、小4↔低2、小4↔短3、小1↔矮12、小1↔窄2、细1↔薄4、细→小2、小→近1、矮→浅1。此外，正负向空间量度混淆词2对：矮→高2、低→高2。

从误用频次来看，有的词误用频次比较高，有的词误用频次比较低，误用频次由高到低依次为：大145＞高31＞短22＞小20＞低16＞宽12＞长11/厚11＞矮9＞远6/深6/细6＞粗2＞薄1/窄1，"浅"和"近"没有出现被误用的语例，但在有的误例中可作为当用词。不同类型的空间量度混淆词对数及误用方向、误用频次的数量对比见表5-3。

表5-3　　不同类型空间量度混淆词对数及误用频次分布

空间量度混淆词类型	混淆词对数及误用方向对数			误用频次及比重（%）	
	对数	单向误用	双向误用	频次	比重
正向空间量度混淆词	15	7	8	222	74.2%
负向空间量度混淆词	10	3	7	73	24.4%
正负空间量度混淆词	2	2	0	4	1.4%
合计	27	12	15	299	100%

由表5-3可以看出，正向空间量度混淆词误用频次占74.2%，负向空间量度混淆词误用占频次24.4%。正向空间量度混淆词的误用频次高于负向空间量度混淆词的有6组，如大145＞小20、高31＞低16/矮9、深6＞浅0、远6＞近0、宽12＞窄1、厚11＞薄1；负向空间量度混淆词的误用频次高于正向空间量度混淆词的只有2组，如：短22＞长11、细6＞粗2。

从混淆词数来看，有的词与6个词混淆，有的词只与1个词混淆，表现出明显的不平衡性。如"小"作为当用词，与"低""短""细""窄""矮"混用；作为误用词，与"矮""短""近""低""窄"混用，合计混用的词共6个。目标词混淆的词越多，越处于混淆词群中的核心地位，混淆的词越少，越处于混淆词群中的边缘地位。根据表5-2进一步统计，混淆词数有5个以上的词有"大（7）、小（6）、深（6）、高（5）、矮（5）"，其余词的混淆词数在4个及以下。其中每个正向量度形容词平均与4.1个词混淆，每个负向量度形容词平均与2.4个词混淆，前者的平均混淆词数高于后者。

总体来看，以"大""小"为核心的正负向两大混淆词群中，空间量度形容词的误用频次和误用词数是不平衡的，大多数正向量度形容词的平均误用频次和误用词数高于负向量度形容词。

（三）混淆词词际的轴心指向高频常用词

我们选取的17个目标词都是常用空间量度形容词（属于概念认知中的基本层次范畴词汇），尽管都属于常用词，但是使用频次有很大差异，有的词更高频，有的词使用频次相对低些。17个空间量度形容词在《现代汉语词频词典》中的总体词频排序依次是：大 5294 > 小 3824 > 高 1447 > 长 727 > 远 674 > 低 538 > 深 383 > 近 347 > 短 235 > 细 199 > 厚 150 > 宽 120 > 粗 112 > 薄 80 > 浅 72 > 矮 45 > 窄 30。在《国际中文教育中文水平等级标准》（2021）（简称《等级标准》）中，属于初等的词有"大、小、高、低、长、短、远、近、深"，属于中等的词有"矮、浅、宽、粗、细、厚、薄"，属于高等的词有"窄"。① 这些词都属于国际中文教育中需要掌握的常用词，内部又分不同等级。

从图 5-1 词际关系图可以看出，17 个空间量度形容词中正、负向量度形容词的混淆轴心是高频词"大"和"小"。"高""低""短""深"等分布在不同混淆词群中的次轴心上，在《等级标准》中属于初等词汇，是最常用的词。可以看出，空间量度混淆词混用的轴心通常指向更为常用的高频词，而空间量度高频词的混用也更严重。这表明常用词的习得并不像我们所想象的因为学得早、见得多，就一定用得好。为什么语义类聚中"高频词"误用更加凸显、更加严重呢？一般情况而言，"在词汇量不足的情况下，常用词会用来替代非常用词；当词汇量有所增长时，出于求新求变的用词取向，学习者又喜用新学到的词替代最初学到的词，这可能会导致常用词替代他词与被他词替代都有较高的概率，从而形成混用的轴心多为常用词的局面"（张博，2014）②。

由上文分析可以看出，一方面，空间量度混淆词的词际关系错综复杂，但也表现出一定的规律性，呈现出以"大""小"为核心的正负向两大混淆词群，混淆词混用的轴心通常指向更高频的常用词。另一方面，空间量度形容词混淆的不平衡性也非常明显，主要表现在正向空间量度形容词在误用频次和混淆词数上普遍高于负向空间量度形容词，这种不平衡性反映出空间量度范畴内部存在较为明显的不对称现象。语言不对

---

① 《国际中文水平等级标准》（2021）划分为三等九级，其中"大、小、高、远"属于初等一级词，"长、短、低、近"属于初等二级词，"深"属于初等三级词。"矮、浅、宽、粗、细、厚、薄"都属于中等四级词，只有"窄"属于三等词汇。这表明绝大多数空间量度形容词都在四级以内，是国际中文教学中常用词汇中的基础词汇，属于 3000 常用词范围之内。

② 引自张博教授 2014 年 4 月 15 日在鲁东大学的讲座报告《二语学习者同义类多词混用的特征及其原因——兼谈同义类词语混淆的教学策略》。

称现象也是一种标记现象（markedness），"一个范畴内部成员的不对称实际是有标记项和无标记项的对立"（沈家煊，1999：32）。正、负向空间量度形容词一般是成对反义词，正向空间量度形容词多是无标记项，负向空间量度形容词多是有标记项。"在分布的视角下，无标记单位常处于优势，有标记单位常处于劣势"（张志毅、张庆云，2005：194），标记理论的多项研究显示，无标记项在分布范围、出现频率上通常大于有标记项，中介语系统中正、负向空间量度形容词的混淆分布也大致遵循了同样的规律。此外，认知规律中的显著性原则和语言表述中的积极性原则使无标记项具有的显著标志或概念更易引人注目，反映在词语表述中，则是使用频率更高，相应出现偏误的概率也会随之增高。

二 空间量度混淆词的语义关系分布特征

本书中的空间量度形容词不仅是常用词，而且都是多义词。"多义词的各个义项在语义上互相关联，多义词的学习过程实际上是对目的语词义系统理解和掌握的过程。"（李慧等，2007）因此，在观察空间量度形容词混淆现象时，我们不能只观察词的层面，还要深入到义项层面观察哪种类型的义项更易被混用。这与空间量度形容词语义扩展的隐喻义密切相关。下面进一步分析这些混淆词的语义关系分布特征。

（一）混淆词在隐喻义上混用比重高

17个空间量度形容词在《现代汉语词典》（第7版）中共有98个义项（不包括"姓"的义项），平均每个词6个义项。根据原型理论[①]，一个词的多义范畴中，有中心成员、次中心成员和边缘成员，处于认知主导地位的常用义项是原型义，而次常用义和非常用义多数是隐喻义。空间量度形容词的原型义即空间义，主要是表示事物的空间概念，隐喻义则可以表示时间、数量、程度等抽象概念。有些空间量度形容词在空间

[①] 简单地说，原型就是一个概念范畴中最典型的、最具代表性的成员。词的所指概念范畴中有原型（prototypic）和非原型（non‑prototypic）成员两种，或叫作中心（central）和外围（peripheral）成员（章宜华，2002：191）。

义上出现混用，比如"矮"和"浅"：

(30) 丽江中间的水深比较｛矮｝，所以可以进去玩，以后穿着少数民族传统衣服拍了很多片，那天晚上我们吃饼干。

（矮→浅，韩国）

有的空间量度形容词在隐喻义上出现混用，比如"深""大""高"的原型义表示空间量，隐喻义都可以表示程度，三者主要在隐喻义上混用，误例如：

(31) 从小时候就喜欢中国，后来到中国留学，中国给我留下了很｛大｝的印象，我希望中国好好解决这些问题，跟韩国保持友好的关系。 （大→深，韩国）

(32) 一个人，不要要求太｛大｝，而不可以根据自己的价值观给对方限制。 （大→高，韩国）

根据对 299 个误例的统计，空间量度形容词在空间义上混用的误例共 115 个，占 38.5%，在隐喻义上的混用误例共 184 个，占 61.5%，由于空间量度形容词具有丰富的隐喻义，因此在隐喻义上的混用比重也相对较高。

（二）混淆词在高频词的高频义项上混用凸显

从使用频率看，多义词的语义还可以分为高频义和低频义（有时原型义与高频义一致，有时原型义与高频义不一致）。李慧等（2007）基于北京语言大学"汉语中介语语料库"调查 118 个常用多义词的义项分布，并与现代汉语多义词义项频率对比，研究发现：中介语大部分多义词义项频率的等级序列与现代汉语基本相同，学习者对多义词的使用较多集中在某一义项上，如"大¹"在语料库中出现 5 个义项，而义项❶占出现总频次的 94.34%。高频义项出现频率高，同时出现偏误的概率也越高。我们首先基于现代汉语语料库考察 17 个空间量度形容词的义频分布状况①，然后考察每个目标词在中介语混用误例中作为误用词和当用词的义频分布状况，最后对比目标词在现代汉语语料库和中介语混用误例中的义频分布。表5-4以多义词"高"为例进行说明。

表5-4　"高"各义项在现代汉语语料库和混用误例中的义频分布

义项	义项释义	现代汉语语料库 使用频次	比重（%）	中介语混用误例 误用频次	比重（%）	当用频次	比重（%）
❶	从下向上距离大；离地面远	292	32.1	2	6.5	27	36.0
❷	高度	35	3.8	0	0	0	0
❹	在一般标准或平均程度之上	456	50.2	29	93.5	45	60.0
❺	等级在上的	118	13.0	0	0	3	4.0
❽	姓	8	0.9	0	0	0	0
	合计	909	100	31	100	75	100

说明：义频统计中只出现了《现代汉语词典》中的义项❶❷❹❺❽的用例，其他义项未出现用例，因此未列出。

汉语"高"共有8个义项，在现代汉语语料库中使用频次最高的义项是隐喻义项❹"在一般标准或平均程度之上"，使用频率约占50.2%，原型义项❶的使用频率位居第二，约占32.1%，其余义项使用频率很低，有的义项在本语料库中未出现语例，属于低频义项。在中介语混用误例中，当用其他空间量度形容词时而误用"高"的误例共31个，93.5%在隐喻义项❹上误用，6.5%在空间义上误用；当用"高"而误用成其他空间量度形容词的误例共75个，60.0%在隐喻义项❹上误用，36.0%在空间义上误用，4.0%在隐喻义项❺"等级在上的"误用。可以看出，"高"与其他空间量度形容词混淆误用主要集中在高频义项❹中。

———————

① 本项数据参考了2006年张博、邢红兵主持的"现代汉语多义词义项频率统计"项目的研究成果，该项研究的现代汉语多义词义频基于"现代汉语语料库（2093076字）"进行统计。我们从中提取出17个空间量度形容词的义频分布数据。

中介语语料库的 299 个误例中，17 个空间量度形容词共在 21 个义项上出现误用，平均 1.2 个义项出现误用，有的词误用义项比较多，如"深"在 3 个义项上与其他空间量度形容词发生误用，有的词误用义项比较少，仅在高频义上发生误用，多数空间量度形容词的误用集中在 1 个或 2 个高频义项上。总体来看，空间量度形容词在高频词的高频义项上混淆最凸显。

张博（2011）指出"多义词的常用义通常反映的是人类日常生活中的基本概念，在二语学习中，与母语多义词常用义对应的目的语通常较早为学习者习得，因此，这个目的语词就有可能成为母语多义词其他义项的载体，被学习者用来表达母语多义词的其他意义"。一般来说，"高频义项由于基数较大，出现的误例也就较多"（李慧等，2007）。空间量度形容词虽然多义性强，但误例也多集中在高频义项中。高频词、高频义尽管是学习者习得最早、最多的，但并不等于这些词被完全习得。这些高频空间量度形容词通常具有更丰富的词义，使用范围也更广，常常被学习者用来替代其他非高频空间量度形容词，而高频词的意义之间也多有交叉，因此也常被学习者混用。

三 空间量度形容词表达不同范畴时的混用分布特征

空间量度形容词在句子中主要做定语或谓语，主要修饰名词。空间性是名词最基本的特征。龙涛（2004）指出名词空间义的强弱依次为：个体名词＞物质名词＞抽象名词＞专有名词。黄健秦（2013：23）进一步认为名词可以主要分为三类：空间、实体、抽象。三类词的空间性和空间量属性依次降低，而物量性、抽象性逐渐提升。空间量度形容词与哪些名词搭配时容易混用？与哪类词搭配混用最为凸显？我们可以通过观察空间量度形容词所修饰名词的语义类，进一步分析空间量度形容词表达不同范畴时的混用倾向，从而更深入地了解空间量度形容词的混用分布特征。

（一）空间量度形容词表达空间范畴时混用

空间量度形容词的原型义主要表达事物的空间量。本书首先考察表达事物空间量度范畴的混淆词及搭配词语。事物有具体和抽象之分，具体事物都占据一定的物理空间,有明晰的边界,与人认知世界里具体可感的"意象"(image)相对应(张国宪,2006:364)。空间量度形容词表达具体事物空间量时混用误例共 115 个,其中表达人体空间量混用 76 次,占 66.1%,表达物体空间量混用 39 次,占 33.9%。

1. 表达人体空间量时混用

空间量度形容词表达人的身高以及某些身体部位的空间量时混用严重,表达身高时混用 61 次,占 80.3%,表达身体部位的空间量时混用 15 次,占 19.7%。表达身高量的混淆词有 7 组,主要是:大—高、高—低、长—高、短—矮、低—矮、小—矮、矮—高,这些混淆词都是单向误用,主要是当用"高"或"矮"时,误用为"大""长"或"短""低""小"等。其中误用频次较高的是"短—矮""大—高""低—矮",其余误用频次比较少,搭配的名词主要是"身材、个子、身高、人"等。其中"低—矮""短—矮"是不同语别/国别学习者普遍混用的易混淆词。误例如:

(33) 她的身材呢,不高不{低},身材也是很苗条。

(低→矮,泰国)

(34) 他们个子较{低},不容易被吸烟者注意。

(低→矮,日本)

(35) 她是个子是我比较{小}的。　　(小→矮,越南)

(36) 呃,他不太高,但是我很{短},所以他比我很高。

(短→矮,哈萨克斯坦)

(37) 我妈妈不高不{短},妈妈我觉持很漂,但是最重要是她很好的人。　　　　　　　　　　(短→矮,巴拉圭)

"大—高""小—矮"则是韩语背景学习者混淆较为集中的混淆词。误例如:

(38) 他家的孩子个子很高,{大}则 190 厘米,{小}则 178 厘米。(大/小→高/矮,韩国)

表示人体部位空间量的混淆词有 6 组，主要是：粗—大、厚—粗、宽—大、深—粗、大—长、细—薄。搭配的名词主要是身体部位或相关名词，如"嘴巴、眉毛、头、牙"等。误例如：

（39）这个人的嘴巴不太｛宽｝，嘴巴里的牙是白白的跟冬天的雪一样。　　　　　　　　　　　　　　　　　　（宽→大，赞比亚）

（40）他的额头很宽。眉毛是黑色，有点长，还有不太｛厚｝。第二，她的眼睛是褐色的，又小又圆。　　　　　（厚→粗，泰国）

2. 表达物体空间量时混用

空间量度形容词在表达物体空间量时混用 39 次，占 33.9%，混淆词有 15 组：大—宽、大—高、大—远、大—长、厚—大、厚—粗、细—小、细—薄、小—窄、长—高、矮—小、低—矮、矮—浅、粗—高、短—小。搭配的名词主要有"路、海、树、楼、山、水、本子、距离、面积"等。误例如：

（41）丽江的中间水深比较｛矮｝，所以可以进去玩，以后穿着少数民族传统衣服拍了很多片。　　　　　　　　（矮→浅，韩国）

（42）阴在老树根儿的背光与在小丘的｛低｝树木灰绿色，又有对称，画起来，射影……　　　　　　　　　　　（低→矮，美国）

（43）在我的家乡，南京公共汽车比我的家乡公共汽车｛低｝一点儿。　　　　　　　　　　　　　　　　　　　（低→矮，越南）

总体来看，空间量度形容词在表达人体身高量时混用最为严重，混用频次最高，而表达身体部位和其他物体空间量时混用频次较少，但混淆词种类较多。

（二）空间量度形容词表达时间量范畴时混用

时间量不像空间量、数量，尤其是实物的数量那样直观可感。认知心理学的研究结果表明，对空间的感知最容易迁移到对时间的认知上（赵倩，2004：9）。很多空间量度形容词从空间域向时间域投射，在隐喻义上表示时间量。其中有些形容词在表达时间范畴时出现了混用,共有31个误例,8组混淆词:高—大、大—长、远—长、高—长、矮—短、小—短、低—小、小—近。其中54.8%是表达年龄量时的误例,搭配的名词主要有"年龄、岁数、寿命"等。误例如:

(44) 老挝人在一般情况下是不会戴眼镜,虽然看了很多的书,或年龄{高}的爷爷奶奶们基本上都不会带上眼镜。

(高→大,老挝)

(45) 平均的寿命也越来越{高}了。　　　(高→长,日本)

(46) 吸烟者越来越多,而且开始吸烟的年龄越来越{低}。

(低→小,韩国)

表达年龄时混用最严重的是"高↔大",共有11次。此外,还有45.2%的误例是与时间类及相关词语搭配时混用,误例如:

(47) 我生日的那一天,我们本来打算去上海旅游,但是爸爸在中国的时间很{矮},所以我们就去乐北公园玩儿。(矮→短,印尼)

(48) 我觉得很有意思,因为南京有很{大}的历史。

(大→长,越南)

(三)空间量度形容词表达数量范畴时混用

数量是表示数值多少的量范畴,包括事物的数额、数目、数值、比率、概数等与数值相关的量范畴。空间量度形容词表达数量是人类认知的普遍规律,"数量对空间具有一种必然的投射关系,事物数量的多少,必然投射为事物所占空间的多少,影响事物的空间范围,从而影响事物的空间量"(龙涛,2004)。空间量度形容词"大、小、高、低"在隐喻义上可以表达数量,而这些词语由于有共同的隐喻义,因此也经常出现混用。共有四组混淆词:高—大、小—低、低—矮、高—低,共有33个误例,其中"大—高"占绝大多数,共混用29次,搭配的名词主要有"产量、水量、度数、效率、温度"等。误例如:

(49) 为了解决挨饿这一个问题，各个国家的政府可以努力帮助农民取得更｛大｝的农作物生产量。　　　　　　（大→高，韩国）

(50) 按我的看法来分析一下，简单地说他们希望既挣很多钱又工作效率｛大｝。　　　　　　　　　　　　　（大→高，日本）

(51) 人们到那儿喝水的时候，虽然他们知道水量越来越｛低｝，但是谁都不愿意让步，只考虑到自己的利益和自己的满足感。

(低→小，韩国)

(52) 越南是北湿南干北方雨量很｛高｝，所以湿度也比较高，南方天气四季都很热，所以气候就是挺干的。　（高→大，越南）

此外，也有学习者在表达数量少当用"低"时，误用"矮"，误例如：

(53) 我不知道他的收入高还是｛矮｝，我只会他有一个体面的职业。　　　　　　　　　　　　　　　　　　（矮→低，瑞士）

(四) 空间量度形容词表达程度范畴时混用

抽象事物不占据物理空间，但抽象事物是具体事物的抽象存在形式，如"希望、思想、要求、感情、认识"等抽象事物可以看作是隐喻化的实体事物，具有抽象空间性，因此空间量度形容词同样可以修饰反映抽象事物的名词。混淆词在表达抽象事物的程度范畴时混用96次，占总量的32.1%，搭配的名词较为丰富，主要集中在以下几类搭配词中。

1. 搭配词为"思想意识、情感愿望"类等词语

空间量度形容词在修饰"思想意识、情感愿望"类词语时混用，混淆词主要是：高—大、深—大、宽—大，搭配的名词主要有"爱、要求、思想、期望、认识、变化"等。误例如：

(54) 虽然是一种传统，但是我认为在公共场所放弃抽烟不算一个很｛大｝的要求。　　　　　　　　　　　（大→高，德国）

(55) 我知道爸爸妈妈对我的期望很｛大｝，我真的很想实现你

们的期望。　　　　　　　　　　　　　　　　（大→高，韩国）

（56）对某种事期望太高，失望也更{高}。（高→大，菲律宾）

（57）一个人与许多不同土地和习俗的人接触，这导致他们之间有了很{大}的了解。　　　　　　　　　　　（大→深，菲律宾）

2. 搭配词为"印记、作用、价值"类词语

空间量度形容词在修饰"印记、作用、价值"等这类词语时混用，混淆词主要是：深—大、高—长、长—大，搭配的名词主要有"印象、记忆、意义、作用、影响"等，误例如：

（58）目前在蒙古政治影响很{高}。　　　　（高→大，蒙古）

（59）今年的黄金周对我的人生、思想起了很{长}的作用。

（长→大，日本）

（60）记忆中最{大}的还是父母的行动、父母的话。

（大→深，日本）

描述"印象"时，"深"被误用为"大"最为凸显。误例如：

（61）回来以后长城给我留下了很{大}的印象，让我感受到中国的历史。　　　　　　　　　　　　　　　　（大→深，韩国）

（62）每一件父母做的事情、第一句父母说的话、第一份感觉父母传到孩子们身上的都在孩子们的脑子里留下非常{大}的印象。

（大→深，奥地利）

（63）中国的美味食品也给我很{大}的印象。

（大→深，泰国）

（64）其实这个朋友有点奇怪，但是对我来说，给我很{大}的印象。　　　　　　　　　　　　　　　　　　（大→深，越南）

（65）中国给我印象很{大}。　　　　（大→深，土库曼斯坦）

（66）当时我对中国的印象是很{大}的，各方面的都有。

（大→深，哈萨克斯坦）

(67) 中国印象我第一次来中国的时候就留下了很｛大｝的印象。（大→深，乌克兰）

3. 搭配词为"抽象距离、关系"类词语

空间量度形容词在修饰"抽象距离、关系"等类词语时混用，混淆词主要是：宽—大、远—大、大—深，搭配的名词主要有"距离、代沟、差距、差异"等。误例如：

(68) 工作的时间越长夫妻之间的差距越｛宽｝，婚姻纠纷越多，这种情况当然威胁家庭的稳定。（宽→大，埃及）
(69) 第一次开始学汉语时，我觉得中国的汉语和印尼华裔的汉语有着很｛远｝的差别，这让我感到遗憾。（远→大，印尼）
(70) 下课以后我们一起去，和敌人争论，加｛大｝我们的关系。（大→深，乌克兰）

(5) 空间量度形容词表达等级或评价范畴时混用

空间量度形容词在表达等级或评价时混用23次，占总量的7.7%。混淆词主要是：矮—低、大—高、低—小，搭配的名词主要有"地位、知名度、名气、成绩、质量"等。误例如：

(71) ｛矮｝年级的学生先回家。（矮→低，印尼）
(72) 还有爸爸的地位越来越｛矮｝。（矮→低，韩国）
(73) 世界博览会19世纪，工业在欧洲有很｛大｝的地位。（大→高，瑞士）
(74) 中国的影响力越来越大，所以汉语的地位也很｛大｝。（大→高，韩国）
(75) 我恐怕我不会考试，因为我的成绩太｛小｝。（小→低，印尼）
(76) 我在美国长大，在美国的北东方长大，嗯，美国的东北经济很好，又有很多人有很｛大｝水平的教育。（大→高，美国）

(77) 因此他的睡眠有｛大｝质量。　　　　　　（大→高，日本）

空间量度形容词的空间义通常表达人或具体事物的空间量，隐喻义表达时间、数量、抽象事物的程度、等级或评价等。根据前文统计已知，空间量度混淆词在空间义上的混用占 38.5%，而隐喻义上的混用占 61.5%。通过考察空间量度形容词混用时所修饰的词语的语义类别，分析混淆词的表达范畴的分布状况，我们进一步将其中的数据整理见表 5-5。

表 5-5　　　　空间量度形容词混用的表达范畴分布

范畴 数量	空间		时间		数量	程度	等级 评价	合计
	人体空间	物体空间	年龄	时间	数值			
混用频次	76	39	17	15	33	96	23	299
比重（%）	25.4	13.1	5.7	5.0	11.0	32.1	7.7	100

根据表 5-5 可以看出，空间量度形容词在做定语或谓语修饰名词时，混淆词在表达空间范畴时混用最为严重，约占 38.5%，其中表达人体空间范畴时混用严重（其中又以表达身高时混用最为凸显），其次是在表达抽象事物的程度时混用占 32.1%。在表达数量范畴和时间范畴时混用程度相当，分别占到 11.0% 和 10.7%，在表达等级评价范畴时的混用占 7.7%。空间量度混淆词混用时的范畴由强到弱的分布为：空间 > 程度 > 数量 > 时间 > 等级评价。

四　空间量度形容词混用的国别分布特征

空间量度形容词的混用既复杂又有规律性，这一类聚的词语混淆误用不仅出现在少数母语背景学习群体中，而且广泛分布于不同母语背景学习群体中，是二语学习者普遍容易出现混淆的一个词语类聚。由于目前全球汉语中介语语料库是按照国别标注，对于母语背景信息标注不全，其中大部分母语背景比较明确。本书基于该库标注的国别信息分析不同母语背景学习者混用的分布特征。以混用频次最高的混淆词"大↔高"

为例，混用频次96次，共涉及22个国家的学习者，具体分布如下：日本、韩国、法国、美国、葡萄牙、瑞士、塞拉利昂、伊朗、蒙古国、吉尔吉斯斯坦、老挝、巴基斯坦、比利时、德国、俄罗斯、泰国、马来西亚、印度尼西亚、菲律宾、越南、埃及、秘鲁。这些国家的语言涉及的语系有印欧语系、汉藏语系、阿尔泰语系、马来—波利尼西亚语系、南岛语系、南亚语系、亚非语系等。

本研究中，基于多渠道来源的中介语语料库测查确定27组空间量度混淆词和299个误例，这些误例共涉及42个国家的学习者，空间量度混淆词的误例频次及国别数量分布见表5-6所示。

表5-6　　　空间量度混淆词误例频次及国别数量分布

	混淆词	误例频次	国别数量		混淆词	误例频次	国别数量
双向误用	大28↔高68	96	22	双向误用	短1↔矮18	19	8
	大4↔深55	59	17		低4↔矮12	16	8
	大7↔长13	20	12		小1↔矮12	13	5
	大11↔宽7	18	6		小4↔低2	6	4
	高4↔长1	5	5		小4↔短3	7	3
	大3↔远2	5	3		细1↔薄4	4	3
	深1↔远1	2	2		小1↔窄2	3	2
单向误用	厚→粗7	7	4	单向误用	低→高2	2	2
	厚→大3	3	2		矮→高2	2	1
	远→长2	2	1		细→小2	2	1
	粗→大1	1	1		小→近1	1	1
	粗→高1	1	1		矮→浅1	1	1
	厚→深1	1	1	合计	共299个误例	共涉及42个国家	
	宽→深1	1	1				
	深→粗1	1	1				

数据显示，空间量度形容词的混用群体分布非常广泛。有些混淆词混用频次高，学习群体分布广，属于高频易混淆词，如"大↔高、大↔深、大↔长、大↔宽、短↔矮、矮↔低、小↔矮、小↔低"，混用频次都

在5以上，国别背景分布也在5个以上。有些混淆词混用频次低，国别背景分布在少数或个别国家中，如"细→小、粗→大、粗→高、厚→深、宽→深、深→粗、矮→浅"等。每组空间量度词混用的频次多少既与词语自身词频高低有关，也与混用的学习群体语料数量有关。

本书基于大规模、多来源的汉语中介语语料库考察混淆词，有助于发现和探查有规律的词语混淆现象，但依据语料库也有一定局限性。一般来说，考察特定母语背景学习者的混淆词要基于特定母语背景语料库，而混淆词探查需要中介语语料达到一定规模才能凸显出规律性。目前国内中介语语料库数量和母语背景分布上都达到一定规模，但在等级水平、母语背景的语料分布上还很难达到均衡，在各种语料库中韩语、日语、英语、印尼语背景学习者的语料较为丰富（语料在100万字以上），词语用例较多，因此有助于比较充分地研究词语混淆现象；而其他语种背景的语料相对稀少，难以形成对特定母语背景学习者词语混淆的充分观察。

在语料较为充足的学习者语料中，空间量度形容词在不同学习群体中的混淆词也会有同有异。申旼京（2011）曾区分出共通性易混淆词与特异性易混淆词，如果是某一母语背景学习群体易混淆的词语，属特异性易混淆词，如果是多母语背景学习群体普遍易混淆的词语，属共通性易混淆词。共通性易混淆词又可区分混用表现相同的混淆词和混用表现有异的混淆词。哪些空间量度形容词是共通性混淆的词，哪些是特异性混淆词，需要通过对比不同母语背景学习者混用表现的异同才能确定。如"大↔高""大↔深"等混淆词属于多母语背景学习群体共通性混淆词。"细→小""小→矮"只在一种学习群体中混淆，混淆的共通性弱，特异性强。如"细→小"只在日语背景学习者中混用，"小→矮"只在韩语背景学习者中混用，误例如：

(78) 在｛细｝路的两旁越走越多旱田，悠闲自在地看。

（细→小，日本）

(79) 他家孩子个子很高，｛大｝则190厘米，｛小｝则178厘米。

（大/小→高/矮，韩国）

总体来看，空间量度形容词的混用广泛存在于不同母语背景学习群体中，但在具体混淆误用的表现中有同有异，对不同母语CSL学习者词语混淆的共通性和特异性研究可以为混淆词的辨析和不同母语背景学习者的词汇教学找准方向，提供参考依据。

第四节　小结

中介语词汇系统的词汇偏误纷繁复杂，对于词语混淆现象可以针对某一语义范畴聚类观察词语的混用表现。本研究基于大规模汉语中介语语料库考察了17个空间量度形容词混用的分布特征。从混淆词的词际关系看，空间量度形容词之间交相混用，词际关系错综复杂，形成以"大""小"为核心的两大混淆词群，其中正向空间量度形容词的混用程度高于负向空间量度形容词，混淆词混用的轴心一般指向更加高频的常用词。从混淆词的语义关系看，混淆词在隐喻义上的混用高于原型义，高频词的高频义的混用更加凸显，由此可知，常用词、常用义被学习者完全习得并不容易。从混淆词的搭配范畴看，在空间范畴表达人体空间量时混用分布最广，在时间范畴表达年龄时混用分布最广，在数量范畴表达数值时混用最多。在表达抽象事物的程度时，空间量度形容词混用严重，此外，在表达等级评价时，也会有少量空间量度形容词发生混淆误用。从学习者群体分布看，空间量度形容词是不同国别学习者普遍易混淆的词语类聚，涉及的国别多，语别分布广泛。[①] 空间量度范畴作为一个基本认知范畴，不同民族对这一范畴的认知既有共性，同时也存在各种差异，不同语言间的词汇语义的对应关系复杂。空间量度形容词是意义抽象度较高的类聚，词语之间的语义关系本身就很复杂，学习者如果不能准确地把握其语义关系和用法，就容易混淆误用这些词。

---

① 说明：一方面，在本项研究中语别化的中介语语料数量分布太不均衡。其中日语、韩语和印尼语背景的学习者的语料数量都达到300万字以上，语料较为丰富，英语语料在200万人以上，其余语别的语料还较少。另一方面，语料来源和级别也有较大差异。进行语别分布特征的对比研究非常有价值，但目前的研究条件还有一定限制，这都会影响分布特征分析。今后的研究条件成熟可以进一步研究不同母语背景下学习者混用的分布特征。

第 六 章

汉语空间量度形容词混淆的成因及类型学分析

探因研究是词汇偏误习得分析的重要组成部分。影响二语习得的因素是多方面的，要厘清各因素的具体作用十分困难（张赪，2016）。但母语和目的语是最重要的影响因素，"目的语的词与母语的词之间在意义上互有交叉。这种意义上的交叉有时是很复杂的，而学习者往往简单地从自己的母语出发去理解和使用目的语的词"（鲁健骥，1987）。通过跨语言对比分析，找出不同母语背景 CSL 学习者母语和汉语之间的差异，可以预测出不同学习群体在学习中混淆的共性因素和个性因素，发现影响词语混淆的类型规律，分辨不同成因类型的词语混淆偏误，为汉语教学提供参考。本章首先介绍目前国内关于词语混淆影响因素的相关研究，然后跨语言对比分析不同母语背景学习者（四种学习群体）空间量度形容词混淆成因并进行类型学分析和解释。

第一节 汉语中介语词语混淆的影响因素

汉语中介语词语混淆成因研究涉及目的语（汉语）和母语，学习者的母语背景很重要。张博（2008a）曾提出"要区分各种母语背景学习者普遍混淆的词语和单一母语背景学习者特别混淆的词语，指出共通性词语混淆的原因可能主要在于汉语词语自身的意义相近和组合关系复杂，特异性词语混淆的原因主要在于学习者将母语与汉语词进行简单对应,将母语词的义位、义域或搭配关系等不恰当地迁移到汉语词语中"。目前这一领域的研究日益深入,而且随着语别化、类聚词语混淆研究的增多,词语混淆影响因素分析也越来越细致,越来越具有针对性。

首先,关于词语混淆中目的语的影响因素,目前的研究已不止于简单地指出目的语规则泛化、目的语系统内部干扰等因素,而是根据不同词语的混淆特点进行有针对性的成因分析。如于洋(2015)针对单双音同素同义词混淆提出韵律制约差异、语体差异、组合规约性等影响因素;付冬冬(2019)针对增量混淆词提出形音义多重干扰、汉语反义词组配关系误推、不明汉语复合词语素义等影响因素。

其次,关于词语混淆母语影响因素分析方面的研究更加丰富,张博(2011)首先以英语背景CSL学习者为例提出母语词义误推[①]的系列影响因素(如母语词义位误推、母语义域误推、母语词组配关系误推);申旼京(2011)研究韩语者的词语混淆时提出汉字词影响;刘春梅(2012)针对名词性类后缀造词偏误提出径用母语词[②]、母语造词理据影响、母语词词法影响等;萧频、刘竹林(2013)根据印尼语者的词语混淆发现母语词功能误推、母语复合词误译、母语同近义关系误推、误用汉语方言词等影响因素;胡朗(2016)根据日语者词语混淆又提出母语同形词素影响、母语同音近义误推;周琳、萨仁其其格(2013)根据蒙语者的词语混淆提出母语词直译、母语同根词干扰等影响因素;程潇晓(2015、2017)在对自移动词混淆的成因分析中提出母语句法格式的干扰、汉外概念差异、母语视点影响、母语词化模式干扰等多种新的影响因素;张连跃(2014)根据英语者的词语混淆补充母语词性及其特征影响,并强

---

① CSL学习者大多是成人,他们在学习目的语词汇时会较多利用母语的词汇知识,表现之一是特别容易联系母语中的对应词。张博(2010)将这种现象称为"母语词义误推",即"在第二语言学习中,学习者获知目的语词A对应的是母语词A'后,可能会把为A'所有而A并没有的意义推移到A上,因而造成目的语词语误用或误解"。

② 张博(2008b)指出"径用母语词"是学习者词汇偏误的一种类型,指"汉字文化圈的学生在汉语表达中径自使用母语中的汉字词"。有些词从汉语看是自造词,从母语看是汉字词。韩语、日语中有大量的汉字词,很多是同形词(参见刘富华,1998;全香兰,2004)。

调"多重因素综合影响"的重要性。Jarvis（2000）认为，判断母语迁移发生要获得三类语言证据：（1）同一母语背景学习者的中介语表现具有组内同质性；（2）不同母语背景学习者的中介语表现具有组间异质性；（3）同一母语背景学习者的母语和中介语表现具有组内一致性。张连跃、郑航（2021）则进一步用语料库、语言测试、回顾性访谈的三角检测论证词语混淆中母语的影响因素。

总之，词语混淆影响因素研究越来越深入，不同语别、不同类聚词语混淆既有相同的影响因素，也有各自独特的影响因素，而且词语混淆不限于单一因素影响，还有可能受到多重因素共同作用。本章将首先从微观上跨语言对比分析英语者、日语者、韩语者、印尼语者中介语系统中空间量度形容词混淆可能存在的影响因素，对比不同学习群体空间量度形容词混淆误用成因的异同，然后进一步结合前文跨语言对比研究，从词汇类型学视角研究不同语言的共性和个性特征如何投射在中介语中，探讨相关概念在不同语言中的词汇化和目标词语义扩展的普遍性，分析这些因素如何影响作用于CSL学习者的词语混淆。摸清空间量度形容词哪些混淆误用受跨语言共性制约，哪些受语言间差异性制约，更有针对性地揭示词语混淆的具体原因，以便对不同母语背景学习者空间量度形容词的混淆提供预测，从而实现偏误预治。

第二节 空间量度形容词混淆的成因分析

本研究中汉语空间量度形容词有17个，基于中介语语料库的误例涉及42个国别的学习者，其中英语、韩语、日语和印尼语背景学习者的语料和误例较为丰富，在全部27组混淆词和299条误例中，这四个学习群体的混淆词有24组，混用频次200条，占混用总频次的66.9%，语料基数越大，误例越丰富。混淆词在四个学习群体中的分布见表6-1。

表 6-1　　　　　空间量度混淆词在学习群体中的数量分布

学习群体数量	空间量度混淆词
4 个	大↔高、大↔深
3 个	远↔大、长↔高、小↔矮、低↔矮、低↔小
2 个	大↔长、大↔宽、远↔深、厚→粗、短↔小、薄↔细
1 个	远↔长、厚→大、粗→高、厚→深、宽→深、矮→高、短↔矮、窄↔小、矮↔浅、细→小、小→近

从混用分布上来看，在四个学习者群体中，"大↔高"和"大↔深"混用频次最高，混用群体也最多，是典型的共通性混淆词，"远↔大""长↔高""小↔矮""低↔矮"和"低↔小"是三个学习者群体共通性混淆词，"大↔长""大↔宽""远↔深""厚→粗""短↔小"和"薄↔细"在两个学习者群体中被混用，其余混淆词出现在一个学习者群体中。尽管各语别语料库基数不相同①，混淆词和混用频次也会存在差异，但通过对比研究仍可以发现不同语别学习者的混用倾向（下文具体分析）。

根据上一章分析，空间量度形容词分别以"大""小"形成正、负向两大核心混淆词群，下面分别考察正向和负向空间量度混淆词群的影响因素。这些词语混淆误用主要通过搭配②显现出来，因而下文重点分析上述四种学习群体词语混用时的搭配表现，进而跨语言对比分析其混淆成因。

一　正向空间量度形容词混淆成因分析

正向空间量度形容词的混淆误用主要集中在"大"和"高、深、宽、远、长"这些词中，有的在原型义（空间义）上混用，有的在隐喻义

---

①　在上述四种语别的学习者语料库中，韩语背景学习者的语料最为丰富，来源最广，不同等级水平的语料分布较均匀，从中发现的空间量度混淆词语及语例数量最多。英语背景学习者的语料较少，且主要分布于中高级水平的学习者语料中，因此，空间量度混淆词语及语例数量较少。

②　本书中涉及"搭配"和"组配"两个关系比较密切的概念，本研究中的"搭配"指词与词之间的搭配，"组配"则既包括语素和语素之间的组合，也包括词与词之间的搭配。在词语混淆的影响因素分析中，组配关系误推是重要的影响因素之一。

(如程度量、数量、年龄量)上混用。下文重点分析几组高频混淆词。

(一)"大—高"混淆成因分析

"大—高"混用58次,"大"和"高"都是高频形容词,不同语别学习者"大—高"混用时搭配词语分布见表6-2。

表6-2　不同语别学习者混淆词"大—高"的搭配词语分布

误用词	当用词	母语背景及搭配词语举例			
		英语者	韩语者	日语者	印尼语者
高	大	-	年龄、竞争、差距、忘性、名声	年龄、影响、贡献	脾气
大	高	教育水平	个子、效率、产量、要求、期望、地位	~率、期望、质量、价钱	温度、要求、工资

1. 当用"大"误用为"高"

当用"大"误用为"高",主要在表示年龄或某些抽象事物的程度时误用。这两个词在表示年龄的误例主要出现在日语、韩语背景学习者中。误例如:

(80) 年龄{高}的人们他们亲身经过的经历,这是我们晚辈通过书、电影等其他的东西找不到的吧。　　　　(高→大,韩国)

(81) 和我一起工作的人都比我年龄{高},他们都关心我。

(高→大,日本)

汉语中"大"和"高"的隐喻义都可以表示年龄量,"大"最常用,且自由使用。"高"所指年龄段比较高,常充当构词语素,如"高龄""年事已高""高寿",学习者如果不能区分两个词在组配上的细微差别则容易出现误用。另外,有的语言中"高"和汉语一样,也可表示老人年纪大,而且可以自由使用。比如,韩语中연세가 높다(年纪高),"高龄"在韩语中也有对应的用汉字词고령(高龄);日语中也有汉字词如

"高齢の老人（高龄老人）"。因此，学习者也可能会将母语中的组配规则误推到汉语中，从而引起表达年龄时"大"和"高"混用。

这两个词在表示抽象事物程度的误例主要出现日语、韩语、印尼语背景学习者中。误例如：

(82) 国家之间的经济水平的差距也越来越{高}。

(高→大，韩国)

(83) 随着社会的发展，在社会里的竞争越来越{高}。

(高→大，韩国)

(84) 吸烟给人们的身体的影响度相当{高}，特别是从小时吸烟导致最不好的情况。 (高→大，日本)

(85) 在我们家她是最{高}脾气，他很不喜欢我们摸索她的东西。 (高→大，印尼)

汉语中"大"和"高"都可以用于表示抽象事物的程度，但组配对象并不完全相同。例如，汉语中表示"差距、竞争、影响"的程度常用"大"修饰，而韩语中"差距"可以与"多、大"组配，"竞争"可以用"高"修饰，如경쟁력이 매우 높다（竞争力很高）；日语中一般不说"影响高"，但可以说"影響度が高い（影响度高）"；印尼语形容一个人脾气"大"可以用 tinggi（高）表示。因此，韩语、日语、印尼语背景学习者可能会受母语组配关系影响将"大"误用为"高"。

2. 当用"高"误用为"大"

当用"高"误用为"大"，主要在表示数量、程度和身高时误用。二者表示数量时的误例最多，并且广泛存在于不同母语背景的学习群体中。误例如：

(86) 现在韩国中学生自杀率很{大}。 (大→高，韩国)

(87) 按我的看法来分析一下，简单地说他们希望既挣很多钱又工作效率{大}。 (大→高，日本)

(88) 全境多属热带雨林气候，具有温度高，降雨多，风力小，温度｛大｝的特征，年平均气温25—27℃，年平均降水量在2000毫米以上，由于季风影响，有多雨季节和小雨季节之分。

（大→高，印尼）

上述误例中，韩语、日语、印尼语背景的学习者都在表示各种数量值（如~率、~度）时当用"高"误用为"大"。"大"和"高"在汉语中的隐喻义都可以表示数量，比如"大量""高温"，但二者的组配倾向有差异，修饰含有量值意义的"自杀率""离婚率""温度"等词语时更倾向于用"高"。二语学习者语感不足，不了解这些差别，如果再受到母语影响，则更容易误用。

在表示程度义时"高"也会误用为"大"，常在与"要求、水平"等词搭配时误用，主要分布在韩语、印尼语和英语背景学习者中。误例如：

(89) 一个人，不要要求太｛大｝，而不可以根据自己的价值观给对方限制。　　　　　　　　　　　　　　（大→高，韩国）

(90) 在学习方面，我妈妈对我的要求很｛大｝，她要我得第一到五名。　　　　　　　　　　　　　　　（大→高，印尼）

(91) 我在美国长大，在美国的北东方长大，嗯，美国的东北经济很好，又有很多人有很｛大｝水平的教育。　（大→高，美国）

"大"和"高"都可以表示程度义，修饰"要求"时，汉语常用"高"，但韩语可以用 높다（高）和 크다（大），如"요구가 매우 높다/크다（要求高/大）"，印尼语则主要用 banyak，如 permintaan banyak（要求大），banyak 表示"多"和"大"的意思。与"水平"搭配时，汉语常用"高"，但英语背景学习者误用为"大"，这是由于英语中"水平"可以与 great（大）搭配，如 There is a great level of education（有很大水平的教育），学习者将母语组配关系误推到汉语中导致混用。

此外，表示身高时，韩国学生常常将"高"误用为"大"，且误用频次很高。误例如：

(92) 别人看她的时候，因为个子｛大｝显得苗条。

（大→高，韩国）

(93) 他家的孩子都个子很｛大｝。　　　　（大→高，韩国）

汉语中表达身高最典型的词是"高"，强调身高由下到上的垂直高度，"个子大"强调的是人的整体大。韩语中表达身高最典型的词是크다（大），如 그는 키가 크고 골격도 크다（他个子大，骨架也大），韩语中不用높다（高）表达身高，不说키가 높다（个子高）。韩语背景学习者将母语身高的表达方式直接误推到汉语中。此外，表达身高时，英语背景学习者偶尔将"高"误用为"长"，如：

(94) 那个小伙子｛长｝得不得了。　　　　（长→高，美国）

英语中身高可以用"tall—short（高—短）"形容，汉语中"长—短"是反义词，学习者可能受反义关系误推导致误用。

总体来看，一方面，由于汉语中"大"和"高"在原型义上都表示空间量，在隐喻义上都可以表示年龄、程度、数量，学习者如果不掌握二者的搭配差异则容易导致混淆误用。另一方面，学习者母语中"大"和"高"都可以在隐喻义上表示相同的概念，但在具体搭配对象上与汉语不完全一致，这种同中有异的复杂关系让学习者更容易混淆"大"和"高"。

（二）"大—深"混淆成因分析

"大"和"深"混用41次，在空间义上未见混用，主要集中在表示程度的隐喻义上混用，只有韩语者出现双向误用。不同语别学习者"大"和"深"混用时的搭配词语分布见表6-3。

表6-3　　不同语别学习者混淆词"大—深"的搭配词语分布

误用词	当用词	母语背景及搭配词语			
		英语者	韩语者	日语者	印尼语者
大	深	印象、造诣	印象、了解、爱、友谊、思想	印象、记忆、爱	爱
深	大	-	意义、影响	-	-

1. 当用"深"误用为"大"

"大"和"深"主要在表达抽象事物，特别是与"心理意识"类词语搭配时混用。当用"深"误用为"大"时，修饰"印象"时的误用占主流，其次是与"爱""记忆""了解""造诣"等词搭配时误用。误例如：

(95) 因为现在我们一般团体生活，几乎没有单独生活，这种现象越来越多，所以这故事给我们留了很｛大｝的印象。

（大→深，韩国）

(96) 回顾过去已经度过的假期，给我留下最｛大｝的印象的假期还是今年元旦。　　　　　　　　　　（大→深，日本）

(97) 反过来说，甚至在这么短的时候内，中国给了我很｛大｝的印象。　　　　　　　　　　　　　　（大→深，美国）

(98) 我平时感觉不到父母的存在对我多好，或者父母对我的爱多｛大｝。　　　　　　　　　　　　　（大→深，韩国）

(99) 同时，他们对我的爱也很｛大｝。因为他们只有我一个，所以他们把所有的爱和希望都放在我这儿。（大→深，日本）

(100) 不管怎么样，我还是爱他很｛大｝。　（大→深，印尼）

(101) 记忆中最深｛大｝的还是父母的行动、父母的话。

（大→深，日本）

(102) 最后，最重要的是对他有很｛大｝的了解。

（大→深，韩国）

"大"与"深"都可以表达对某种心理或感性认识的程度,但汉语中"印象"一般与"深""深刻"搭配。CCL语料库中,"印象很深"160条,"很深的印象"183条,"印象(很)深刻"341条,"深刻的印象"1411条。"印象很大/很大的印象"0条。"爱"虽然可以用"深""大"修饰,但意义不同。误例中表达爱的程度,应该用"深","大爱"表达宽广博大的爱,施与众人的爱,如"人间有大爱,大爱无疆界"①。汉语中"爱很大"一般用双音词"伟大",如"伟大的爱""母爱很伟大"。"记忆"一般与"深"搭配;"了解"可以与"多/深"搭配,但不与"大"搭配。而在学习者母语中,上述词语有的可以用"大"和"深"修饰。比如"印象",英语中可以说 deep/great impression(很深/大的印象);日语"彼の私の最大の印象(我对他印象最大)""私は彼に深い印象を(我给他印象很深)";韩语상해에대해 인상이 깊다(我对上海印象很深)、인상이 아주 크다(印象很大)。再如"爱",韩语中可以说부모의 사랑이 크다(父母的爱很大);日语"彼らの私に対する愛は、とても大きい(他对我的爱很大)";印尼语 cinta ibu pada anaknya besar(母亲对儿女的爱很大)。

2. 当用"大"误用为"深"

当用"大"误用为"深"主要出现在韩语者表达"意义""影响"的程度时,误例如:

(103)这件事的意义很{深}。　　　　　　(深→大,韩国)

(104)对非吸烟者来说,烟是不能忍耐的,而且吸烟者吸烟的烟有对非吸烟者健康影响很{深}。　　(深→大,韩国)

汉语中"意义""影响"主要和"大、重大、深远"等词搭配,而韩语中则与 깊다(深)是高频搭配,如의미가 깊다(意义很深),

---

① CCL语料库中"大爱"14条,"深爱"457条。"大爱"的例子如:(1)2001年10月,郭再源结缘慈济,为慈济的大爱精神所感动。(2)他带头捐资,募集巨款,用于建设大爱村,使几千户红溪河居民能够搬入干净整洁的公寓。

영향이 깊다（影响深）。

由以上分析可以看出，"大"和"深"都表示程度量，意义相近是影响二语者混淆的重要影响因素。此外，学习者母语组配关系误推也会造成混淆误用。

（三）"大—长—远"混淆成因分析

空间量度形容词"大"与"远"和"长"混用18次，主要分布在韩语、日语、印尼语背景学习者中，英语背景学习者未见误例，混用时的搭配词语分布见表6-4：

表6-4　不同语别学习者混淆词"大—长—远"的搭配词语分布

误用词	当用词	母语背景及搭配词语			
		英语者	韩语者	日语者	印尼语者
大	远	-	-	距离	距离
远	大	-	差距	-	变化、差别
长	大	-	距离、差异	作用	-

"大""长""远"都可以表示空间距离大。表达抽象事物的"差异、差距、距离"时，汉语中常用"大"，韩语者、印尼语者误用为"长"或"远"，表达具体空间"距离远近"时，日语者、印尼语者误用为"大"。误例如：

（105）首先父母和子女之间的年纪差异很｛长｝。

（长→大，韩国）

（106）再加上，时期的差异越｛长｝，这个代沟就越大，那么怎样做才能解决这样的代沟。　　　　　　　　（长→大，韩国）

（107）代沟问题的重点就是上一代人和下一代人之间的差距较｛长｝。　　　　　　　　　　　　　　　　　　（长→大，韩国）

（108）只不过最近由于社会发展速度很快，不同年代的人之间的差距也变得更｛远｝而已。　　　　　　　（远→大，韩国）

（109）第一次开始学汉语时，我觉得中国的汉语和印尼华裔的

汉语有着很｛远｝的差别，这让我感到遗憾。　　　（远→大，印尼）

（110）对了，现在尽管我非常想念她，我们之间的距离很｛大｝，但是我相信她的祈祷向来与我同在。　　　（大→远，印尼）

（111）过了一会儿兔子回过头看乌龟却看不见它，两者之间的距离已经很｛大｝，一目了然。　　　（大→远，日本）

汉语中"差异""差距"不与"长"搭配，"差别"不和"远"搭配。"距离"表达具体空间量时常和"远"组配，表达抽象距离量时常和"大"搭配。"距离、差异、差距、差别"在 CCL 语料库中与"大""远""长"的共现频次见表 6-5。

表 6-5 CCL 语料库中"大、长、远"与"距离"类词语共现频次分布

搭配词	大	远	长
距离	22	75	19
差异	47	0	0
差距	41	0	0
差别	43	0	0

汉语中"距离"可以和"大、远、长"搭配，最典型的词是"远"。"差异、差距、差别"只和"大"搭配。但在韩语、日语和印尼语中，"差别"还可以与"远"搭配，因此学习者在表达"差别"的程度时将"远"和"大"混用。

（四）"大—宽"混淆成因分析

"大—宽"是日语者和韩语者的混淆词，主要在表达空间量时混用。误例如：

（112）她的嘴很小，牙却很｛宽｝，所以牙齿长得很不整齐，一笑就露出虎牙。　　　（宽→大，日本）

（113）有一个中国人看到濑户内海（是在日本最｛宽｝的内海）以后说，"日本也有像黄河、长江一样的大河"。眼前的黄河让

我失望。　　　　　　　　　　　　　　　　　　（宽→大，日本）

（114）当时我对中国一点儿都不了解，只不过知道中国很{宽}，人口总数在世界上排第一名，首都在北京而已，所以这件事情是我根本没想到的。　　　　　　　　　　　（宽→大，日本）

（115）威海动物园很{宽}，而且动物很多。　（宽→大，韩国）

（116）对，你可以介绍一下你的大学，我的大学很{宽}，还有，是在什么地方？　　　　　　　　　　　　（宽→大，韩国）

"宽"表示横的距离大，范围广，"大"表示整体空间量。以上误例中形容的是"牙、海、中国、动物园、大学"的整体空间量，而非横向距离大。表示整体空间量，汉语、日语和韩语一般都用"大"，学生误用并非受到母语直接影响，而是源于对汉语搭配规则掌握不清。

另外，在有的语境中形容"路"时，当用"宽"，日语者和韩语者误用为"大"。误例如：

（117）道路很{大}，公共汽车的路线很多，出租汽车也太多了，在路上很容易找到汽车。　　　　　　　　（大→宽，日本）

（118）还有自行车的专用通道也有点儿问题，这条道路不太{大}，可是摩托车和自行车一起使用，所以看起来很复杂。
　　　　　　　　　　　　　　　　　　　　　　（大→宽，韩国）

在汉语、日语和韩语中"大"和"宽"都可以修饰"路"。但在组合规则和具体语境义中，这两个词在汉语中有差别，可以说"大路""路宽"，但很少说"路很大""宽路"，"大路"强调整体的道路宽大，而且很长，"路宽"指路的横向距离。此外，汉语中"视野"当与"宽"搭配，日本学生误用为"大"。误例如：

（119）认识当地人，尝到当地的食品，看到美丽风景……这样做，自己的经验会更丰富，自己的视野也会更{大}。

　　　　　　　　　　　　　　　　　　　　　　（大→宽，日本）

汉语中"视野"经常与"宽""开阔""宽广"等搭配，日语与汉语的搭配一致，如"旅行は、私たちの視野を広げてくれる（旅游让我们的视野宽）"。因此，学习者主要是未掌握好汉语的搭配规则导致误用。

（五）"厚—粗"混淆成因分析

"厚—粗"是英语者、韩语者的混淆词，主要在表达粗度时误用为"厚"，误例如：

（120）这个铅笔很｛厚｝。　　　　　　　　　（厚→粗，英国）
（121）大大的眼睛，｛厚厚｝的眉毛。　　　　（厚→粗，英国）
（122）因为课本重，所以我小胳膊很｛厚｝，除了学习，吃饭的时候我也优柔寡断。　　　　　　　　　　　　　　（厚→粗，韩国）

英语中"厚"和"粗"都译为 thick，二者属于同译词，上举误例是英语背景学习者将 thick 的词义误推到汉语中造成误用。但韩语中修饰"胳膊"时和汉语一致，用굵다（粗），而不用두껍다（厚），韩语者因不明汉语"粗"和"厚"的词义和区别而混淆这两个词导致误用。因此，虽然英语和韩语背景学习者都误用这组词，但混淆成因有所不同。

此外，还有几组正向空间量度形容词"厚—深""粗—高""宽—深"出现混用，误例如：

（123）孩子们常抱怨父母说"父母不理解我们"所以两代人之间存在的"代沟"越来越｛厚｝，在家庭里家人聊天的时间减少，一个人的时间增多了。　　　　　　　　　　　　　（厚→深，韩国）
（124）我小时候种的树，现在已经有两层楼｛粗｝了。
　　　　　　　　　　　　　　　　　　　　　　（粗→高，韩国）
（125）我对故宫的印象很｛宽｝。　　　　　　（宽→深，日本）

这几组词误用频次不高，根据对母语者的访谈可知，这些误用都不受母语影响，更多是学习者偶然习得错误。例如"树"有"两层楼粗"显然不合逻辑，学习者要形容树的高度，但却从心理词库中提取出表示粗度的词语。而韩语中表示高度和粗度的词语非常明确，因此属于学习者偶然误用。从空间量度形容词的偶然误用也可以发现，学习者对汉语空间量度概念以及相关词义都具有一定程度的混淆。

二　负向空间量度形容词混淆成因分析

负向空间量度形容词"小、低、矮、短"之间交互混用，关系复杂，且误用频次高，混用群体分布广泛。"小"与"细""窄""近"、"矮"与"浅"、"薄"与"细"误用频次较低，存在于个别学习者群体中。负向空间量度形容词在空间义上混用较多，在隐喻义（比如程度、等级、年龄、时间）上混用较少，这与正向空间量度形容词的混用分布正相反。

（一）"小—低—短—矮"的混淆成因分析

"小—低—短—矮"交相混用，产生多对混淆词：小↔矮、低↔矮、短↔矮、短↔小、低↔小，且都是双向误用，混用程度非常高。印尼语者、韩语者混用最多、最复杂，日语者、英语者也有少量混用。不同母语背景学习者混用时的搭配词分布见表6-6。

表6-6　不同语别学习者混淆词"小—低—短—矮"的搭配词语分布

混淆词	误用词	当用词	母语背景及搭配词语			
			英语者	韩语者	日语者	印尼语者
小↔矮	矮	小	影子	—	—	—
	小	矮	—	个子	—	—
低↔矮	低	矮	个子	个子、山	个子、山、树	个子
	矮	低	—	地位	—	班级
短↔矮	短	矮	—	个子	—	个子
	矮	短	—	—	—	时间
短↔小	短	小	—	距离	—	—
	小	短	时间	时间	—	—
低↔小	低	小	—	年龄	可能性	—
	小	低	—	—	—	成绩

上述混淆词分别在形容身高、物体高度，表达抽象事物的程度时出现混用。首先在形容"个子矮"时混用最为凸显，韩语者误用为"低、短、小"，印尼语者误用为"低、短"，英语者、日语者误用为"低"。误例如：

（126）我妈妈今年 45 岁，妈妈比我个子 {低}，她很瘦，但是能力很强。　　　　　　　　　　　　　　　　（低→矮，韩国）

（127）他今年 50 岁，个子比较 {短}，身体有点儿胖，头发剩下一点点，他的性格挺好。　　　　　　　　　（短→矮，韩国）

（128）他家的孩子个子很高，最 {大} 则 190 厘米，最 {小} 则 178 厘米。　　　　　　　　　　　　（大/小→高/矮，韩国）

（129）那个 {低} 的是新学生。　　　　　　　（低→矮，印尼）

（130）班里的学生有高有 {短}。　　　　　　（短→矮，印尼）

（131）从亚洲男人来说，他的个子并不 {低}，他的一米八的身体上每天都喜欢穿牛仔裤。　　　　　　　　（低→矮，美国）

（132）他们个子比较 {低}，不容易被吸烟者注意。

（低→矮，日本）

汉语中"矮"和"低"是同义词，但是"低"往往表示位置，表示物体的底端与地面的距离，"矮"可以表示事物的高度，即物体的底端到顶端的距离。从学习者的母语看，韩语中个子"矮"主要用작다（小）表示，如키가 작다（个子小）；印尼语中没有专门表示人身材矮小的对应词，"矮"可以用 pendek（短）或 rendah（低）对译，表示个子矮一般用 pendek（短）。pendek（短）和 rendah（低）在印尼语中是近义词，因此印尼学生有时将"矮"误用为"低"和"短"；英语中个子矮一般用 short（短），日语中用"低い（低）"，上举误例受学习者母语影响比较大。

其次，在形容"山、树"等物体当用"矮"时日语者误用为"低"；在形容"影子"当用"小"时英语者误用为"矮"；在形容"班级"当用"低"时印尼语者误用为"矮"。误例如：

(133) 阴在老树根儿的背光与在小丘的｛低｝树木灰绿色，又有对称，画起来，射影。　　　　　　　　　　（低→矮，日本）

(134) 香山并不｛低｝，所以爬得不容易。　（低→矮，日本）

(135) 我的影子越来越｛矮｝，终于到一条莽莽苍苍的河。

（矮→小，美国）

(136)｛矮｝年级的学生先回家。　　　　（矮→低，印尼）

汉语中"矮"主要表示人身材不高，也可以表示某些事物实体的高度，如"山、树"等。形容山的高度可以用"低"，也可以用"矮"，但"低"侧重形容海拔高度，强调位置高度，"矮"更侧重强调山体维度的高度，误例的语境中强调山体维度。"影子"是平面的，不是立体的，汉语不用"矮"修饰，但英语用 short 可以形容影子的长度，因此，英语背景学习者可能受母语影响，将 short 表达长度的用法推移到汉语中，并将 short 和"矮"对应，从而导致误用。

在隐喻义中，"低"可以表示等级或水平低，且常用于构词，如"低级、低龄、低标准"等。"矮"表示等级低时可以单用，如"我比他矮一级"，但不能置于"年级"前面做定语，误例中"矮年级"当为"低年级"。这表明学习者对汉语"矮"和"低"的语义和用法掌握不全面。

此外，"小"和"短/低"在表达抽象事物的程度时混用。误例如：

(137) 家里人期待他好起来，可是可能性太｛低｝。

（低→小，日本）

(138) 我恐怕我不会做考试，因为我的成绩的中考试成绩太｛小｝。　　　　　　　　　　　　　　　　（小→低，印尼）

(139) 就因为感到代沟的距离越来越｛短｝，有人开玩笑说："四岁的孩子跟三岁的孩子之间也存在代沟。"　（短→小，韩国）

空间量度形容词"小"和"低""短"都在隐喻义上混用。表示可能性的程度汉语通常用"小"①，日语者误用为"低"，因为日语中经常用"可能性はとても低い（可能性低）"，因此学习者受母语影响。在表示成绩"低"时，印尼语者误用为"小"，汉语中"成绩"一般用"高、低、好、坏"，不用"大、小"，印尼语中的搭配习惯与汉语一致，因此不是母语影响，而是学习者没有掌握好汉语的搭配。在形容抽象的心理距离时当用"小"，韩语者误用为"短"，这主要是学习者对汉语中"具体距离"和"抽象距离"的搭配规则掌握不全面而导致的。

（二）"细—小"混淆成因分析

"细—小"是日语者特异性混淆词，主要在修饰"路"时误用，误例如：

（140）在｛细｝路的两旁越走越多旱田，悠闲自在地看。

（细→小，日本）

（141）马上能看见｛细｝路靠着右边一个小小的神社。

（细→小，日本）

汉语和日语中都没有"细路"这个词，这是日语者的生造词，表达的意思是"小路"。现代汉语普通话中"细"的核心义是"❶（条状物）横剖面小；❷（长条形）两边的距离近"。但中古以前，汉语"细"的核心义表示"小"，如"细，微也。从糸，囟声"（《说文》），"细，小也"（《广雅》）。现代汉语中"细"的这个意义不单独使用，但可以作为构词语素，如"细节""事无巨细"。另外，很多汉语方言中也还保留着"小"的意义，可以独立充当定语或谓语，如鄂东方言中可以说"这个碗比那个碗细""衣裳细好些""鞋细了点"（陈淑梅，2006）。"细"表示"小"还用在隐喻义中，如闽南方言中的"细妹（小妹）"、四川方言中的"细娃（小孩）"、鄂东方言中"他比细时候更聪明""他比我细好些"。古汉语"细"表示"小"的意义不仅保留在汉语方言中，也保留

---

① 在汉语 CCL 语料库中，"可能性小"89 条，"可能性低"只有 2 条，"小"更常用，二语学习者要掌握最典型的搭配。

在现代日语中，且为汉字词，用"細い道"表示"小路"。由此可以看出，日语者将母语中的组配方式部分地误推到汉语中，看似生造词，实际是受到母语影响造成误推误用。

（三）"矮—浅"混淆成因分析

"矮—浅"的混淆误用仅出现在韩语者中，在表达水深时，韩语者将"浅"误用为"矮"，误例如：

（142）丽江的中间水深比较｛矮｝，所以可以进去玩，以后穿着少数民族传统衣服拍了很多片，那天晚上我们吃饼干。

（矮→浅，韩国）

在很多语言中，"深/浅"的本源义表示"水的深度"，后来转义表示"空间一维下向或内向的深度"。韩语与汉语一致，깊다/얕다（深/浅）也表示水的深度，如냇물이 얕다（河水浅），但얕다（浅）也可以表示"矮/低"之义，如얕게 떠도는 구름（低低飘浮着的云）、다락방의 천장이 얕다（门楼的屋顶很矮），在这里，"云层"和"屋顶"的位置都可以用얕다（浅）表达，这表明在韩语中｛矮｝｛低｝和｛浅｝三个概念可以共用一个词位。而汉语中，"云层"和"屋顶"的位置高度通常用"低"或"矮"来表达，韩语中낮다（低）对应着汉语"低、矮"两个词。汉语中，"矮、低"表示地面之上"向上距离小"，"浅"表示地面之下"向下距离小"，二者与地面的方向性相反。韩语얕다（浅）既可以指地面以下向下距离的深度，也可以表示地面以上向上距离的高度。汉韩这两组词的对应关系见图6-1。

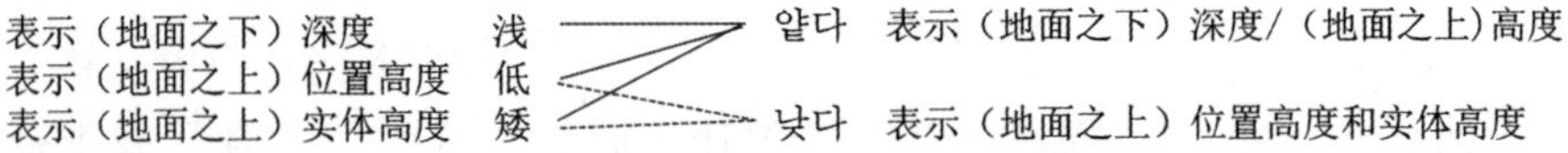

表示（地面之下）深度　　浅 ＼　　얕다　表示（地面之下）深度/（地面之上）高度
表示（地面之上）位置高度　低 ╳
表示（地面之上）实体高度　矮 ／　　낮다　表示（地面之上）位置高度和实体高度

图6-1 汉语"浅—低—矮"与韩语"얕다—낮다"对应关系

在这样复杂的对应关系中，受母语和目的语的双重干扰，韩语者因认知和联想错位将水的深度比较"浅"误用为"矮"。

（四）"窄—小"混淆成因分析

"窄—小"是韩语者特异性混淆词，主要在修饰"马路"和"代沟距离"时误用。误例如：

（143）因为韩国的马路比较｛小｝，但是坐公共汽车、地铁很方便，所以大部分的韩国人用公共汽车、地铁。　　　（小→窄，韩国）

（144）随着社会的变化速度越来越快，人们之间代沟的距离也渐渐变｛窄｝。　　　　　　　　　　　（窄→小，韩国）

汉语中"马路"可以用"长/短"和"宽/窄"描述，分别表示一维和二维空间距离。此外，"大/小"也可以描述"马路"，表示的是整体维度，但该误例中的语境表达的是"马路"不够宽大，当用"窄"。汉语中"距离"可以用"远/近""大/小"和"长/短"描述，但表达抽象距离，如"代沟距离"时则一般用"大/小"，而韩语中"代沟距离"可以用"좁다（窄）"表达，韩语者受母语影响引起"小"与"窄"的误用。

（五）"薄—细"混淆成因分析

"薄—细"是英语者、韩语者混淆词，主要在描述事物的厚度和粗度时误用，误例如：

（145）这个本子很｛细｝。　　　　　　　　　（细→薄，英国）

（146）她的个子高高的，……，瘦瘦，｛薄薄｝的腿，总而言之，她是身材苗条，好像模特儿似的。　　　（薄→细，韩国）

英语者描述本子的厚度时当用"薄"而误用"细"，英语中"薄"和"细"都用 thin 对译，二者属于同译词，英语者受母语词义影响，将词义误推到汉语中导致词语误用。韩语者描述腿的粗细时误用为"薄"，其实在韩语中"腿"也用굵다（粗）、가늘다（细）形容。据母语者判断，学习者未能区分汉语"薄"和"细"的词义，这是产生误用的主要原因。

空间量度混淆词群的词际关系和语义关系都非常复杂，上文在搭配分析的基础上对四种母语背景学习者混淆词的影响因素进行微观分析。研究发现，这些词的混淆受到目的语和母语多重因素影响。目的语影响主要源自汉语同义词、隐喻义相近、类义词等因素，母语影响主要源自学习者母语对译词相同（同译词）、母语关系组配误推、汉字词、反义误推、母语近义词等因素。还有些混淆词，目的语和母语影响因素不明显，主要是由学习者对目的语掌握不到位，在心理词库提取词语失误导致。以往易混淆词研究从理论上推测，不同学习群体的共通性词语混淆可能主要与目的语词语特征有关，而特定学习群体特异性词语混淆可能更多来自母语词汇知识的干扰（张博，2008a）。本书进一步发现，不同母语背景学习者共通性词语混淆受目的语因素影响，也有可能受学习者母语的共性特征影响。

第三节　空间量度形容词混淆的类型学分析

词汇类型学研究从人类语言普遍存在的概念出发，通过跨语言对比揭示普遍范畴在各语言词汇系统中的共性与差异。不同语言词汇的共性和个性特征可以投射在学习者中介语系统中。前文跨语言比较了不同语言空间量度概念的词汇化方式与语义扩展模式，分析了空间量度混淆词群混用的多种影响因素。词语混淆是第二语言学习者词汇习得过程中受母语和目的语多重因素影响的产物，类型学与中介语互动研究可以加深我们对空间量度形容词混淆成因的认识。下文将从词汇类型学角度进一步探讨空间量度形容词混淆的成因。

一　空间量度概念词汇化类型对词语混淆的影响

根据对中介语语料的统计，空间量度形容词在空间义上混用占38.5%。空间量度形容词反映事物的空间量，特别是事物的空间维度量。汉语"大、小"主要反映事物整体维度的空间量，"长、短、高、低、深、浅"主要反映事物一维空间量，"宽、窄"主要反映事物二维空间量，"粗、细、厚、薄"主要反映事物三维空间量。从方向性来看，不同空间量度形容词还可以反映事物的垂直维度、纵向维度、横向维度。人类在对时空的感知和语言的建构过程中，将自我置于宇宙的中心，然后以此为参照，形成视角（王寅，2007：289）。当我们从不同视角观察物体时，就可以得到不同命名理据，形成不同的词汇编码模式。不同语言对空间量度形容词词汇编码模式将影响汉语二语者的词汇习得。

（一）空间量度概念词汇化的差异性对词语混淆的影响

第三章跨语言审视空间量度概念的词汇化，汉外语言在表征长度、深度、宽度等概念时词汇化一致性较强。但在表达高度概念时，不同语言的词汇化方式最复杂，差异性最大，类型特征明显，这一分布特征映射在学习者的中介语中，体现为表达高度概念的空间量度形容词混淆最复杂。在表达空间义时，表达人体身高的量度形容词混用频次最高，约占 66.1%。本书以"身高"为例，对比不同语言表达身高的异同，了解不同民族对身高概念认知的共性与个性，并进一步解释学习者空间量度形容词混淆的成因。在这里我们对比五种语言中表达身高的典型词汇化方式，见表6-7。

表6-7　　　不同语言中表达"身高"的典型空间量度形容词

概念	汉语	英语	韩语	日语	印尼语
{个子高}	高	tall（高）	크다（大）	高い（高）	tinggi（高）
{个子矮}	矮	short（短）	작다（小）	低い（低）	pendek（短）

根据表6-7可以发现五种语言中表达身高的典型词汇化方式有以下几种：

1. ［高/低、矮］表示身高

［高/低、矮］表示一维空间上下距离量，日语对身高典型的表达用"高い、低い"，如："背の高い人のっぽ（高个子）""背の低い人ちび（矮个子）"。现代汉语中表达身高的典型方式是用"高、矮"，在汉语某些方言中，如西安方言用"低"表达身高矮，如"我个子高，他个子低"。

2. ［高/短］表示身高

［短］表示一维空间量长度小，但在有些语言中用于表示身高。英

语、印尼语中表达身高的典型方式是［高/短］，如：英语中 Mary is taller/shorter than Alice（玛丽比爱丽丝个子高/短）；印尼语中 Tinggi/pendek Rita drpd saya（丽塔比我高/短），orangnya pendek（他个子短）；此外，日语一般用"低い"表示个子矮，但也可以用"短い"表示个子矮，如"背が短い（个子短）"①。

3.［大/小］表示身高

［大/小］表示整体维度空间量，但在韩语中크다（大）/작다（小）是表达身高的最典型方式，指的是人体垂直维度的高度，如 그는 동생보다 키가 크다/작다（他比弟弟个子大/小）。在汉语、英语、印尼语中也可以用［大/小］表达身高，但强调的是人体三维空间量，指的是整个身体的大小，如汉语中"这孩子个子真大/小"；英语中 Boys tend to be bigger than girls（男孩往往比女孩个子大），She is small for her age.（她看上去比同龄人个头小）；印尼语中 Badannya besar/kecil（他的个子大/小）。

由上可知，上述五种语言中身高的典型表达方式，表示个子高时，多数语言用［高］，只有韩语用크다（大）；在表示个子矮时，不同语言中表达方式差异较大，在汉语中，现代汉语有专门的词"矮"表示身材短小，日语用"低い"，英语和印尼语分别用 short（短）、pendek（短），韩语中用작다（小）。"身高"这一概念，在古今中外是不变的，但不同民族表达有同有异，同一民族在不同时代、不同地域的表达也有差异，比如在古汉语中可以用"长、短"表达身高，在吴方言、鄂东方言等很多地区都用"长"表示个子高。②从"观察者"视角可以进一步分析表达身高的词汇化类型，不同的观察者视角可以影响不同群体表达身高时对

---

① 日语有时用"短"表示某些事物的高度，如可以说"短い草（矮草）"。

② 在古汉语中用"长、短"表达身高，如《史记·孔子世家》："孔子长九尺有留存，人皆谓之'长人'而异之。"现代汉语中"长、短"不表示身高或高度，只表示长度，多用于表达身体部位的长短，如"胳膊长""身材修长""五短身材""脖子短""腿短"。此外，鄂东方言中用"长"表示个子高，如"我比他长，他比我矮"，而且表示空间的名词"长矮"相当于"高度""长短""长度"，如"他长矮跟你差不多儿""两个人长矮差不多儿"（陈淑梅，2006）。另根据埃及学者伊斯拉教授提供例证，在现代阿拉伯语中也用［长/短］表达身高。

空间量度形容词的选择。当观察者基于地面,从垂直方向观察人从脚到头的上下距离时,则倾向于用[高/低、矮],此时观察者看"人"的视线是由下到上的;当观察者不考虑方向,仅从一维距离长度衡量人从脚到头的距离时,则倾向于用[长/短]表达身体长度,如汉语吴方言、阿拉伯语等;当观察者从整体空间量衡量时,则倾向于用[大/小]表达身高,用[大/小]时不考虑方向性,但关注长、高、宽立体维度。在不同语言对个子不高的表达中,汉语用专门的词"矮"表达,反映了汉语的独特性。在汉语中表示高度小可以由两个词"低"和"矮"表达,①"低"和"矮"的共存体现汉语者对[垂直][小量]范畴的两种观察方式,即比其他语言多一个观察视角。"低"多表达位置高度,而"矮"是逆行视点,表达的多是事物和人的实体高度。人们用"低"表达一种客观量度,观察者主观参与较少,距离较远,视野广阔,概念模式由非区分型转向分析型,眼界逐渐缩小。而"矮"的视点结构正好相反,观察者的立场主观,距离较近,视野狭小,概念模式由分析转向整合,眼界逐渐放大(杨军昌,2012)。②

不同语言对身高的认知视角不完全相同,表达方式也有差异,而汉语独特的认知方式也会给学习者带来习得难度,学习者根据母语视角和表达方式选择最熟悉的词语对应到汉语中,造成学习者混淆误用的不同类型。汉语中表达"身高"最典型的空间量度形容词是"高"和"矮",但学习者误用为"大"和"低、短、小"。比如韩语者受到母语认知视角的影响,表达个子高矮时经常误用为"大、小",中介语语料中,这类误用还出现在越南、法国学生中。误例如:

---

① 杨军昌(2012)曾基于语料库的统计发现二者所修饰的实体种类有大量的重叠,其中"低"所修饰的实体种类较多,且分布较为均匀,"矮"修饰的名词种类较少,且修饰的种类偏向于人。二者相比,"矮"55.5%修饰人,"低"只有5%修饰人,"矮"形容人的身高是主流用法。汉语中"矮"可以单独表示人的身材不高,也可以表示某些事物实体的高度,如山、树等。但表达位置"低"时,一般不用"矮",而用"低"。

② "低"和"矮"不同的视点结构导致二者在隐喻性扩展应用方面具有不同的表现。"低"不仅可以描述空间域的垂直延伸,还可以描述非空间域的隐喻扩展。而"矮"以人体高度为主要参照,只能形成一种与人相关的主观量度,隐喻性扩展则很少,且多与人相关。

（147）她的个子非常｛大｝。　　　　　　　（大→高，法国）
（148）她是个子是，我，比，比较｛小｝的。（小→矮，越南）

印尼语者受母语影响，表达个子矮时经常误用为"短"，这类误用也出现在土耳其、巴拉圭、哈萨克斯坦、意大利学生中。误例如：

（149）呃他不太高但是我很｛短｝，所以他比我很高。

（短→矮，哈萨克斯坦）

（150）他今年70岁多了，白白的头发，个子不是这么高，但是也不是这么｛短｝。　　　　　　　　　（短→矮，土耳其）

（151）我妈妈不高不｛短｝，妈妈我觉持很漂，但是最重要是她很好的人。　　　　　　　　　　　　（短→矮，巴拉圭）

日语者在表达个子矮时误用为"低"，这类误用也出现在泰国、意大利学生中。误例如：

（152）那个｛低｝的是新学生。　　　　　　（低→矮，泰国）
（153）她的身材呢，不高不｛低｝，身材也是很苗条。

（低→矮，泰国）

（154）我想介绍的人就是我的弟弟，他今年二十岁，他的个子，嗯比我｛低｝一点，嗯他有点｛低｝。　　（低→矮，意大利）

虽然在汉语一些方言区中可以用"低"形容人的身高，但仍需要引导学习者掌握规范化的用法。

（二）空间量度概念同词化对词语混淆的影响

不同语言中空间量度形容词词汇化的模式既有共性，也存在差异。有一些空间量度概念被同词化在一起，比如汉语中粗度和厚度被分别编码为"粗/细"和"厚/薄"，但在世界很多语言中，这两组概念是被同词化的。而且在世界同词化数据库中，只提供 thick/thin 这一组概念。如果学习者的母语将粗度和厚度概念同词化，则汉语这两组词在学习者母语中就属于同译词，学习者则有可能混淆汉语中的这两组词。在语料库中，美国、泰国、俄罗斯和越南的学生都出现表达粗度与厚度概念的词语混淆现象，误例如：

(155) 这个铅笔很｛厚｝。这个本子很｛细｝。

（厚→粗、细→薄，美国）

(156) 他的额头很宽。眉毛是黑色，有点长，还有不太｛厚｝。

（厚→粗，泰国）

(157) 我的书包里有一本汉俄词典，这本词典比较厚，三本新汉语书，五个本子，三个本子很｛细｝。 （细→薄，俄罗斯）

(158) 他又弯又｛厚｝的眉毛下面长着一双锐利的眼睛。

（厚→粗，越南）

汉语中表达粗度和厚度概念的"粗/细"和"厚/薄"在很多语言中都是同译词，其中英语可对译为 thick/thin，俄语可对译为 толст/тонк，越南语可对译为 dày/mỏng。由于母语中将粗度和厚度概念同词化，学习者易于将母语词义误推到汉语中，从而造成"粗/细"和"厚/薄"混淆误用。

再如，韩语者将"矮"和"浅"混用，误例如：

(159) 丽江的中间水深比较｛矮｝，所以可以进去玩，以后穿着少数民族传统衣服拍了很多片，那天晚上我们吃饼干。

（矮→浅，韩国）

"矮"和"浅"误用的成因还可以进一步从词汇类型视角考察。"矮"和"浅"都是表示［一维］［垂直］［小量］的空间形容词。根据前文分析韩语中얕다（浅）可以表达｛浅｝和｛低｝｛矮｝的概念，这几个概念在韩语中具有同词化倾向。Wienold & Rohmer（1997）调查了31 种语言，发现有的语言将深度概念和高度概念分别词汇化，有些语言

深度和高度概念词汇化方式相同。①如拉丁语中的芬兰语形容词 matala 既有"浅"义,也有"低"义。本书基于跨语言同词化数据库发现,有 20 种语言用同一个词形表达空间深度 SHALLOW 和高度 LOW 的概念,将二者同词化,如印欧语系的西班牙语 bajo、葡萄牙语 baixo;乌拉尔语系的芬兰语 matala、爱沙尼亚语 madal、科米语 lyapkɪd 等。｛浅｝与｛低｝｛矮｝概念的同词化是影响词语混淆的因素之一,虽然这类误例目前仅出现在韩语中,但对于将高度和深度概念同词化的语言,学习者可能会受母语干扰而混淆汉语相关概念和词语。

(三) 基于语言接触的空间量度概念的词汇化对词语混淆的影响

基于语言接触的空间量度概念词汇化也会对词语混淆产生一定的影响,主要表现在日语汉字词中。日语中空间量度形容词是汉字词,且多数与汉语同形同义,空间量度概念的词汇化方式与汉语多数一致,但是由于日语一直恪守古汉语词义,有些空间量度形容词与现代汉语的词形和词义都有所不同,如"宽、窄、粗"在日语中是"広い、狭い、太い"。此外,日语和现代汉语的词语组配方式也不完全相同,日语者也会受母语组配方式的影响,产出"细路"这类生造词。

二 空间量度词语义扩展的普遍性对词语混淆的影响

第四章从符意学视角对汉外空间量度形容词的语义扩展进行系统的考察,研究发现,由于人类隐喻思维的共性,不同语言对应的空间量度形容词可以向共同目标域映射。同时,受民族思维、语言特征的个性化影响,不同语言对应的空间量度形容词也会有不同的语义扩展路径及表达方式。常用空间量度形容词的多义性强,具有丰富的隐喻义。根据前文统计,中介语料中这些词语在隐喻义上混用的误例占 61.5%。空间量度形容词表达时间、数量、程度、等级、评价等是不同语言普遍的语义扩展方向。如果母语和目的语在语义扩展中有共同目标域,且语义扩展路径和语言表达手段相同,则有助于二语者顺利习得目标词,但如果

---

① 这一研究中,将用 deep 描述的物体定义为要么有空的空间(比如一个洞),或者在空间的液体(比如一个湖)。该研究发现有些语言将这两个范畴词汇化的方式是不同的。

有共同映射域，而在语义扩展路径或语言表达手段中不一致，则有可能影响二语者习得目标词，甚至引起词语混淆。下面重点以时间域、数量域和程度域的语义扩展为例进行分析。

(一) 语义在时间域扩展的普遍性对词语混淆的影响

客观世界各种事件是随着时间的变化而不断变化的，任何客观事物都处于一定的时间过程中。时间量不像空间量、数量，尤其是实物的数量那样直观可感。时间和空间虽然有"有形"和"无形"的区别，但有些语言空间量度形容词［大/小］［长/短］［远/近］［深/浅］［高/低］等可以从空间域向时间域投射，表示时间概念。时间是人类共有的普遍概念，人的交际也都是在一定的时间中完成的，人们的时间观念具有统一性，但时间观念的表达却因民族认知差异在语言中表现出多样化，这种差异性有可能影响学习者对二语时间概念的表达。在此，我们对比不同语言表达时间的异同，了解不同民族对时间的认知共性与个性，进而了解表达时间的形容词混淆的认知因素。

空间量度形容词表达年龄时混淆严重，其中"大—高"是不同母语者的普遍易混淆词。汉语最典型的表达是用"大/小"，如"我的年龄大，他的年龄小。""我比他大一岁，他比我小一岁。""你多大了？"；印尼语也用 besar/kecil（大/小）表达，如 Usiaku sudah besar（我年龄大了），Kamu masih kecil（你还小）；韩语一般不直接用［大/小］表示年龄大小，但在进行年龄比较时也可以用크다/작다（大/小）表达，如그는 나보다 크다/작다（他比我大/小）①。人经历了这样的成长过程，年龄大小→形体大小→空间大小，在人身体发育阶段，年龄的大小总是与形体的大小成正比，随着年龄的增长，人所占的空间量也越来越大，用空间量大小形容年龄是空间域向时间域映射的典型表现。

空间量度形容词［高/低］也可以表达年龄，这也是空间域向年龄域

---

① 在韩语中"그는 나보다 크다/작다（他比我大/小）"是一个歧义句，必须根据语境判断句义，因为크다/작다（大/小）最典型的用法表示个子"高/矮"。在韩语中表达年龄最典型的用法是使用많다/적다（多/少），比如그는 나보다 두살 많다/적다.（他比我多/少两岁）。

映射的典型表现之一。很多语言中都可以用［高］表示年纪大（主要指老人），用［低］表示年龄小。汉语如"高龄、年事已高、高龄产妇、低龄儿童"等；韩语中如고령 사회（高龄社会）、저연령 아동（低年龄儿童）等；日语中如"高齢者、高齢の老人（高龄老人）、高齢者をいたわる（爱护高龄者［老年人］）""80 歳の高齢（八十岁的高龄）"；印尼语中如 Yang hadir kebanyakan orang lansia（参加的大多是高龄老人）；英语中则一般不用 tall、high/low 表达年龄，而用 advanced age（高等的年龄［高龄/老龄］）、younger age（幼小的年龄［低龄］）"。

汉语用"高/低"表示年龄主要用于构词中，"高龄"通常指 60 岁以上的老人或者是超过一定标准的年龄①，"低龄"要低于某一标准。"高/低"形容年龄在使用上不如"大/小"范围广、自由度高。在有的语言中，年龄大可以直接用［高］表达，比如蒙语直接用 өндөр（高）修饰年龄，而且也可以用于构词，例如 Нас өндөр болох（年纪高［年纪大］）、өндөр настан（高龄者）、өндөр насны тэтгэвэр（高年龄的资金［养老金］）。如果不了解"大/小"和"高/低"在表达年龄上的差异，同时再受母语影响，则很容易混用这些词。

"大"和"高"表示年龄时的混用既存在于韩日学生中，还广泛存在于其他国别的学习群体中，混用具有普遍性和广泛性。误例如：

（160）但有点麻烦，年龄越来越{高}，看面子的事情也越来越多。　　　　　　　　　　　　　　　　　　　（高→大，韩国）

（161）和我一起工作的人都比我年龄{高}，他们都关心我。
　　　　　　　　　　　　　　　　　　　　（高→大，日本）

（162）奶奶岁数{高}戴近视的眼镜。　　（高→大，蒙古国）

（163）现在一定很冷，你们要多穿点衣服，要不会着凉的，你年纪{高}了，要注意身体。　　　　　　　（高→大，蒙古国）

---

① Clark 和 Clark（1977）、任永军（2000）认为由于重力的巨大作用力的存在，人们在负荷一定的重量、移动同样的距离的情况下，向"高处"方向运动比任何其他方向运动都需要克服更多的阻力。这种意象与人在高龄以后的生命状态（行动困难）有很大的相似性。

第六章　汉语空间量度形容词混淆的成因及类型学分析　　193

（164）老挝人在一般情况下是不会戴眼镜，虽然看了很多的书，或年龄{高}的爷爷奶奶们基本上都不会戴上眼镜。

（高→大，老挝）

（165）我看流行歌曲流行歌曲的听众大部分是年轻人，也有年纪{高}的人喜欢听流行歌曲，这是个人的喜好。（高→大，泰国）

（166）他很喜欢学习外语，但是他说他岁数{高}了学英语不容易，天天在家跟侄女学英语。　　　　　　　　（高→大，越南）

对于年龄从不同认知角度编码就有不同的表达方式，如日语用"上/下"表达，英语用 old/young、印尼语用 tua/muda（老/年轻），韩语用 많다/적다（多/少）等。不同民族根据观察习惯和认知视角选取本民族最常用、最典型的方式。在二语习得过程中，这些典型的表达方式因高频效应而影响二语学习者，如印尼语者在表达年龄时特别容易将"老—大"混用，韩语者很容易将"多—大""小—少"混用，这都是受到母语典型认知方式和表达方式迁移的影响导致。（由于"老、多、少"不是空间量度词，此处暂不展开分析。）

此外，在中介语语料中还发现表达时间长短时当用"长/短"误用为"大/小"，这也存在于不同母语背景的学习群体中，且具有一定普遍性，误例如：

（167）我觉得很有意思，因为南京有很{大}的历史。

（大→长，越南）

（168）因我的时间不太{大}，还有我的父母烦恼我的旅游。

（大→长，越南）

（169）而且广告的时间又特别{大}，很浪费别人的时间。

（大→长，越南）

（170）南京比埃及的天气比夏天热，春天埃及的春天很{大}，比南京的春天很{大}。　　　　　　　　　　（大→长，埃及）

（171）中文是有{大}的很久的历史。（大→长，哈萨克斯坦）

（172）我们都很珍惜这段{小小}的相聚时间，畅谈我们的近

况，分担各自的烦恼。　　　　　　　　　　　　　　　（小→短，美国）

（二）语义在数量域扩展的普遍性对词语混淆的影响

表达数量的最典型形容词是［多/少］，而空间量度形容词［大/小］［高/低］的隐喻义都可以表示数量。著名的隐喻"up is more"（上即是多），从空间方位上说明空间与数量的关系，空间量度形容词［大/小］［高/低］表示数量则是从空间维度上说明空间与数量的关系。空间词表达数量是人类认知的普遍规律，空间量是具体的、可感觉的，数量是抽象的，日常生活经验中，如果书越多，堆积的高度越高，所占空间就大；杯子水越多，高度也越高，体积越大。事物数量越多，数值越高，则占用空间越大，［多］与［高］［大］之间有着密切的联系，但三者凸显的视角并不相同。从观察视角看，［多/少］关注于实体的个体量，个体越多，则数量越多，个体越少，则数量越少；［大/小］是从占据空间量的整体视角来观察数量，实体多则在空间上占据更大的量，实体少占据空间则小，［高/低］侧重于从数值角度观察数量，数量多则数值高，数量少则数值低。在不同语言中，［大/小］［高/低］表达数量是普遍的语义扩展路径。

［大/小］表示数量多少，在单位体积相同的情况下，数量越多意味着体积越大，要占有越大的空间，反之，数量少需要的空间小。以［大］为例，［大］形容事物在所占空间、所含数量等实体特征中所涉及的量超过一般或所比较的对象。这里的"量"不单指数量，而是从计量的角度出发，包括了"空间、时间和程度等要素的可以积累的一种基本因子"（赵倩，2004：9）。因此，不同语言中用［大］表达的数量不是个体的量，而是重在表达整体数量多。例如：

汉语：大量货物、出口量很大、大批收藏家来自伦敦

英语：a great quantity（大量）、a large number（大量）

India imports a great quantity of grain（印度进口大量粮食）

He arrive with a large number（他带来很多人）

韩语：대량 공급하다（大量供给）、대량 생산（大量生产）①
日语：損害の大きさ（损失量大）、大量の品物（大量的物品）
　　　新製品を大量に輸出する（向国外大量出口新产品）②
印尼语：jumlam besar（数量大）
　　　　biaya yg diperlukan sangat besar（需要的费用很大）
　　　　mengerahakan tim penyelamat dalam jumlah besar
　　　（派出大量救援队）

　　［高/低］也表示数量多少，但与［大/小］在认知上有所区别。［大/小］从整体空间观察，而［高/低］从垂直向上角度观察。［大/小］通常用于表达与整体数量相关的量，［高/低］通常表达与数值相关的量，这主要与［高/低］原始域的意义有关。以［高］为例，赵亮（2007：144）指出［高］在空间意义上有两个显著功能："广延的量的积累"和"积累的结果使物体超出一般水平，而位于一个突出的位置"。［高］所有隐喻意义都来源于［高］空间意义的这两个功能。"量的积累"与［高］表示数量的隐喻相对应，表示数量的所有情况都可以表现为一定的刻度，比如"温度高"是指在表示"温度数量"的刻度表上温度的量的积累已达到一定的高度。［高］具有向上的方向性。因此［高］所表达的数量概念经常隐含着量值。因此在与"～率、～度、～量"等词语搭配时常用"高"表达，或句中常含有某种数字。不同语言中［高］都可以表达数值大的概念。例如：

　　汉语：现在离婚率越来越高、产品价格太高了
　　英语：The price was too high（价格太高了）
　　　　　the highest birth rate（人口出生率最高）

---

① 值得注意的是，韩语中还有汉字词"다량（多量）"，韩语中同时也用"多"表示量大，如"다량 생산（多量生产）""석탄을 다량 수입하다（多量进口煤炭）"。但在韩语中这两个汉字词语义分工不同。"대량（大量）"一般着眼于总体数量，一般用于可数名词，"다량（多量）"一般用于不可数名词，如："대량 수출품（大量输出品）""대량의 공급하다（大量供给）""다량 니코틴（多量尼古丁）""다량의 이산화탄소（多量二氧化碳）"。"대량（大量）"强调规模大、体积大，强调的是整体量，"다량（多量）"强调数量多，不可数。

② 值得注意的是日语中还有汉字词"多量"，日语中"大量"与"多量"的区别与韩语中一样。

That is very high utilization（这个利用率已经算很高了）

韩语：수온이 높다（水温高）、페이가 높다（工资高）

이용률이 높다（利用率高）、합격률이 극히높다（合格率高）

日语：体温が高い（体温高）、高価で買い入れる（高价收买）

印尼语：Ongkos penghidupan di kota besar sangat yg tinggi

（大市的生活费用很高）

空间量度形容词［大/小］［高/低］表示数量在不同语言中都表现出一致性，但在具体的词语组配中，不同语言中对［多/少］［大/小］［高/低］的选择不完全一致，如在汉语中可以用"多"形容人数、钱数，用"高"形容工资的数量，但英语中常用 large 形容人多、钱多，如 a large audience（很大的观众）、a large of money（很大钱）；在印尼语用 besar（大）形容"工资高"，如 giji besar（工资大）。在汉民族的认知中，"观众""钱"等被看成是聚集在一起的很多个体，用［多］表达数量强调个体的多少量，而英语把"观众、钱"的数量看成一个整体，用［大］表达数量强调整体占据的空间性，强调大小量。表达"工资"的数量时，汉语倾向于关注"工资"的数值量，用［高］表达，而印尼语则倾向于将"工资"作为整体量，因此用［大］表达。三者表达的概念是相同的，但这种组配的差别往往能反映出不同民族对某事物数量认知视角的差异，即对同一事物表达数量概念时，不同民族可能会选取不同的认知视角，运用不同的表达方式。如果学习者将母语中的认知方式和组配方式迁移到二语中，则容易产生词语误用。"大—高"在数量域的误用也广泛存在于不同国别的学习群体中。误例如：

（173）希望你会得到｛大｝的工资，得到成功！

（大→高，印尼）

（174）我觉得南方比北方好，工资｛大｝。（大→高，俄罗斯）

（175）他的工资收入比较｛大｝。（大→高，葡萄牙）

（176）我们的家乡十点很热，最｛大｝温度五十度。

（大→高，越南）

（177）海洋的温度不｛大｝，所以很卫生，我们要知道第一是水

是生物的重要组成部分。　　　　　　　　　　（大→高，伊朗）

由于不同语言中的［大/小］［高/低］都可以表达数量多少，因此在中介语中，很多学习者将汉语"大、高"与"多"混用，"小、低"经常与"少"混用。① 不同语言空间量度形容词具有共同的语义扩展方向，［大/小］和［高/低］都可以表示数量多少。这种人类共同的认知方式有助于二语者掌握这些词的词义，但同时也会带来学习的困惑，如何区分和使用这些词？尽管这些词表示数量是人类普遍的认知倾向，但在具体的词语表达方式中，各语言中的使用倾向并不完全相同。不同母语背景的二语学习者对此难以准确把握，相同的语义关系反而易于造成"大、高、多""小、低、少"在表达数量义时混用，特别是在表示"~量、~率、~数、~额"时这些词交相混用。共同的语义扩展，不同的表达习惯是不同语别背景学习者混淆的普遍的影响因素。

（三）语义在程度域扩展的普遍性对词语混淆的影响

有些空间量度形容词的隐喻义可以表示程度，如汉语中"大、高、深"等词都可以表示"程度大"，"小、低、浅"等词都可以表示"程度小"。其他语言的一些空间量度形容词也都有"程度"的隐喻义。研究者们早已发现具有语义聚合关系的词其隐喻义也具有相似的语义类聚关系，张博（1999）提出的"聚合同化"规律，即指两个（或多个）词在某个义位上具有同义（类义、反义）关系，词义运动的结果导致它们在另外的义位上也形成同义（或类义、反义）关系。虽然这些词都可以表示程度义，但不同的空间量度形容词修饰的对象并不相同，即使是同一对象，不同语言也可能会用不同的空间量度形容词表达。下面以"印象"为例重点分析。

"印象"在《现代汉语词典》（第7版）中指"客观事物在人的头脑中留下的迹象"。汉语中常用"深刻""深"表达对事物印象的程度。

---

① 由于"多、少"不是空间量度形容词，此处暂不展开，可参见已有研究成果：苏向丽：《CSL学习者类义易混淆词"大—多""小—少"的混用分布及影响因素——基于词汇类型学视角的分析》，《汉语教学学刊》（辑刊），北京大学出版社2020年版。

"深"具有[内向]的语义特征,因此常凸显一个事物的内部,不凸显事物的外表,"'内心世界'常被看作是具有一定非实体性的容器,而'深'根据容器的可容性特征映射到身体,先将身体当成一种容器,再将身体映射到身体器官,即'头脑'"(金美顺,2009)。根据容器隐喻,"深"可以修饰印记类词语(如"印象、记忆"),表示某事物在某人心里和思想里较深的地方,也可以修饰情感类词语(如"感情、友情、友谊、爱"),表示情感在内心世界的深度。由于共同的认知,多数语言都可以用"深"修饰"印象",例如:

汉语:留下很深的印象、印象很深

韩语:인상이 아주 깊다(印象很深刻)

　　　소설의 인물묘사가 인상이 깊다(小说的人物描写给人印象深)

英语:with deep impression(很深的印象)

　　　His appearance gives me very deep impression.

　　　(他的外貌给我留下很深的印象。)

　　　He was deeply impressed by America's hospitality and industriousness(美国的好客和勤奋给他留下了很深的印象)

日语:深い印象(深的印象)

　　　あの人の印象は深く残っている(他留给我们很深的印象)

但在有些语言中还可以用"大"表示印象"深",如:

韩语:그에 대한인상이 크다(对他的印象很大)

　　　남을돕는 그의모습이 크게 인상에 남았다.

　　　(他帮助别人的样子给人留下很大印象。)

英语:I do a great impression of a hot dog.

　　　(我对热狗有很大的印象。)

　　　The defending lawyer made a great impression on the jury.

　　　(这位辩护律师给陪审团留下很大的印象。)

有些语言用空间量度形容词"大"和"深"表达印象深刻,但是"印象大"不符合汉语的搭配规律,学习者如果将母语中的这种表达方式用在汉语中,则会出现词汇偏误,造成词语混淆。"大"和"深"混淆误用广泛存在于不同母语背景的学习群体中,误例如:

（178）中国的美味食品也给我很｛大｝的印象。

（大→深，泰国）

（179）中国给我印象很｛大｝。　　（大→深，土库曼斯坦）

（180）中国印象我第一次来中国的时候就留下了很｛大｝的印象。

（大→深，乌克兰）

（181）没想到这次旅行给我准备的印象很｛大｝。

（大→深，尼日尔）

"印象"的搭配词还可以用非空间量度形容词表达，如英语中用strong表达印象的强烈，韩语用강하다（强）、짙다（浓）表达对人长相、面容、谈吐等方面的印象。例如：

英语：They make a stronger impression on employers during their summer internships. （他们在暑期实习期间给雇主留下了很强的印象。）

韩语：나는 그에게 인상이 강하다. （我对他印象强。）

나는 그것에 매우 강한인상을 받았다.

（他给我留下了非常强的印象。）

그당시 그녀의 모습이 내게 인상 짙게 남아있다.

（当时她的面容给我留下了浓的印象。）

用［深］表达印象深刻在不同语言中最为普遍，但其他范畴的量度形容词也可以表达对"印象"的程度，这反映出不同民族对"印象"这一抽象事物观察的认知视角不同。虽然都表示程度，但凸显的侧面不同，比如［大］凸显的是整体上的印象感觉，［深］凸显在心中占据的位置重要，［强］凸显一种力量，表现出印象给人的冲击强烈，［浓］则凸显个人的印象浓重。

一方面，空间量度形容词"大""深""高"都可以表示程度义，因为"本义或词源义不同的词，尽管发展出相同的概念义，但往往或多或少地保留着某些基因型的语义特征，正是这些语义特征，有可能潜在地制约着词语的组合关系"（张博，2004）。另一方面，不同民族选取的认知视角各异，表达同一事物的词可以和不同的空间量度形容词组合搭配产生不同的意象图式，学习者将母语中的认知方式和典型的组合搭配方式运用到汉语中就会引起误用。误例如：

（182）一个人与许多不同土地和习俗的人接触，这导致他们之间有了很｛大｝的了解。　　　　　　　　　　　（大→深，菲律宾）

（183）学汉语以前我对中国的认识不｛大｝，那时候我对中国和汉语的了解很少。　　　　　　　　　　　　　（大→深，印度）

（184）随着社会的发展，在社会里的竞争越来越｛高｝。

（高→大，韩国）

（185）吸烟给人们的身体的影响相当｛高｝，特别是从小吸烟导致最不好的情况。　　　　　　　　　　　　　（高→大，日本）

（186）对某种事期望太高，失望也更｛高｝。

（高→大，菲律宾）

（187）目前在蒙古政治影响很｛高｝。　　（高→大，蒙古国）

（188）而且我要很｛大｝的工作技术在您的单位。

（大→高，塞拉利昂）

（189）他的知识水平会｛大｝，他还需要提高。

（大→高，德国）

"大""高""深"在语义扩展中表示程度义在不同语言中具有普遍性，但具体表达手段不同语言有所差异。人类对于同一事物的相似性经验决定语言表达的相似性，对于同一事物的不同体验导致语言表达的多样性（吴思娜等，2019）。语言具体表达手段的差异制约着空间量度形容词的混淆表现，即使是共通性易混淆词，其混用的具体表现也会受到语言间差异性的制约。目的语和母语词汇语义的对应关系非常复杂，这种复杂关系通常直观地体现在词语搭配中。在语义扩展中，不同语言的空间量度形容词可能会扩展出相同的意义，但在不同语言中对同一词语搭配的差异较大。学习者受频率效应影响，将母语的搭配用法误推到汉语中，易于造成词语混淆。

第四节 小结

空间量度形容词的混淆受到多种影响因素共同作用。本书从微观上描写每组混淆词在不同学习群体中的混用表现，对比不同学习群体空间量度形容词混淆影响因素的异同。空间量度混淆词是二语学习者在汉语习得过程中受到母语词汇和目的语词汇系统多种因素影响的产物。本章基于词汇类型学理论，进一步跨语言比较不同语言中的词汇化方式与语义扩展模式对中介语词语混淆的影响。类型学视野与中介语互动的研究可以使我们加深对空间量度形容词本身及词语混淆现象的认识，还可以为二语词汇教学和易混淆词辨析提供一定的参考。

第 七 章

空间量度形容词的教学建议及混淆词辨析

中介语词汇系统的词语混淆研究，可以为汉语作为第二语言的词汇教学提供参考。本书在跨语言研究的基础上，基于中介语语料库考察空间量度形容词习得偏误，并分析词语混淆的影响因素及类型学成因。空间量度形容词混淆的复杂性和普遍性表明二语学习者完全掌握其意义和用法并不容易，对空间量度形容词混淆分布特征与成因的研究可以使教学者和学习者了解学习难点和重点，从而对词语混淆进行有效的偏误预治。

第一节 汉语空间量度形容词的教学建议

关于汉语中介语词汇偏误及教学建议的研究非常丰富，本书重点针对空间量度混淆词群提出如下教学建议。

一 加强汉外对比意识及国别/语别化教学

（一）加强空间量度形容词汉语和母语的对比意识

母语负迁移是造成空间量度形容词混淆的重要因素之一，但是"二语词汇发展一定会依赖一语的中介或调节；使用一语是二语词汇学习天然的一部分"（Shen，2015）。二语学习者在词汇学习以前在头脑中已经有一套较为固定的母语词汇系统和概念系统，"在二语词汇学习中，一语对译词的激活或学习者使用一语对译词的倾向是无法避免的"（张博，2017）。通常情况下，"学习者很难在第一次接触一个词就形成一个新的概念"（蒋楠，2004）。也就是说，二语者在接触到汉语生词时，最初是与一个最为接近的母语概念相连的，在二语学习的初级阶段，汉语生词往往是与母语概念密切相关的。因此，二语者在学习空间量度形容词时，母语概念体系在悄无声息地起着中介作用。

怎样让学习者有意识地建立目的语的概念？文秋芳（2013：9）认为，在教学中当学习者已掌握必要的词汇量后一定要注意控制母语的介入和使用，与此同时，教师需要在空间量度形容词教学中进行概念层次上的"对比分析"，"让学生从'无意识'转向'有意识'的状态，从而有效地重组大脑中的语言知识概念体系"。

（二）加强空间量度形容词国别/语别化教学

基于汉外词汇对比揭示母语影响第二语言词汇习得的相关研究表明，一语干扰是二语产生词汇错误的主因（张博，2015）。在空间量度混淆词研究中我们发现，不同语别学习者的混淆倾向不完全相同，即使是共通性易混淆词，混淆成因也不完全一致。受母语影响，不同学习群体词语混淆的成因不完全相同，要有效预防母语负迁移的发生，在教学中有必要增强学习者的对比意识。如果教师对汉语学习者母语之间空间量度形容词的类型差异有较为深刻的认识，特别是对成系统、有规律的关联现象有比较全面的把握，则更有利于针对不同国别/语别学习者采取不同的教学策略，并引导学习者理解汉语词汇的某些特点，从而避免母语和目的语之间不恰当的"类推"。例如：由于受日语中汉字同形词的干扰，日本学生的词语混淆有时与韩国、印尼学生不同。误例如：

（178）在｛细｝路的两旁越走越多旱田，悠闲自在地看。

（细→小，日本）

汉语和日语中都没有"细路"这个词，该误例语境中要表达的是"小路"。汉语中的"小路"在日语中是汉字词"細い道"或"小道（こみち）"。其中"細い道"是短语，属于形名搭配，"小道（こみち）"在

日语中是固定的词。日语和汉语有三种类型的同形词,即同形同义词、同形近义词、同形异义词。汉语"道"与"路"在日语中有对应的同形词,二者在汉语和日语中也都是同义词。在日语中表示道路一般用"道(みち)"或者"道路(どうろ)","路"在日语中一般用于"路線(ろせん)""路上(ろじょう)"这类构词中。日本学生学习汉语时,最大优势就是日语中存在大量汉字,但是由于历史发展的原因,汉字词在汉语和日语中的组配关系和词义并不完全一致,"细路"是日本学生基于汉语和日语的组配关系产生的生造词,是日本学生的特异性词汇偏误,在其他国别/语别学习者中不易出现这类现象。

不同语言和汉语语言的距离和语言类型有所差异,因此面向某一语别学习者的教学中,可以针对该群体可能出现的普遍性词语混淆现象,提醒学习者关注母语与汉语词对应关系的异同。母语对二语词汇学习有巨大影响,要想有效预防母语负迁移,就要加强汉外词汇对比研究,帮助教师部分地预知学习者可能出现的偏误,从而在教学中有的放矢。

二 关注空间量度多义词教学

汉外词语之间对应关系复杂,教材生词表或者双语词典中,无论是一对一翻译还是一对多翻译,既有可能帮助学生理解词义,也可能会对学生运用语言造成误导,其中不恰当对译词引发的词汇偏误不在少数。教材和词典是二语教学与学习活动的重要媒介,特别是教材生词的母语对译词语对二语学习者准确习得词汇起着重要的作用,生词对译恰当与否影响二语学习者能否快速、准确地掌握词义。然而,母语对译词语往往根据目的语词义确定,所谓的"对应"并非"对等"。空间量度形容词教学中,尤其要关注一词多义和多词一译的问题。

(一) 关注一词多义教学

任何语言中都有一词多义现象,但不同语言的词汇系统不是完全对应的。汉语空间量度形容词的多义现象尤为凸显,17个词平均102个义项,因此对这类词的教和学不能简单地追求一一对应关系。二语学习者,尤其是在初级阶段,特别容易将汉语词与对译词完全对等起来。事实上,

"两种语言中有对应关系的绝大部分词语之间都存在着程度不同、方面不同的差异。如果在加注对应词或解释时不充分考虑这些差异，就会诱发学生用词方面的偏误"（鲁健骥，1987）。初级阶段汉语教材的生词处理一对一的对译模式占多数①，这种模式很容易让部分教师与学生形成母语和目的语之间的对等词观念。因此，教师要通过相应教学环节使学生消除这种对等观念，在教学中对词语的语义扩展进行一定的灵活讲解，并明示汉语与其他语言表达方式并不相同，如"大"在汉语中既可以表示体积、面积大，还可以表示年龄大、风大、雨大。

（二）关注多词一译教学

汉语中多个词对应母语中的同一个词，出现多词一译现象，即同译词。同译词问题极易造成学习者母语误推，引发词语混淆现象。比如"厚/粗"和"薄/细"在很多语言中都被同词化，英语中"厚/粗"的对译词是 thick，"薄/细"是 thin，俄语中的对译词分别是 толст 和 тонк。一般教材常常将"厚/粗"和"薄/细"的对译词简单标注为英语 thick 和 thin，这种处理方式很容易让学习者误以为汉语"厚"和"粗"词义相同。如果在生词对译处理时，为母语同译词加上括注，说明这些词的区别，将便于学习者辨别母语同译词的多个词义。例如，鲁健骥（1987）针对这几个词给出如下释义建议：

【厚】thick（having a large distance between opposite surfaces）

【粗】thick（of a round object – wide in relation to length）

【薄】thin（having a small distance between opposite surface）

【细】thin（of a round object – narrow in relation to length）

如果教材译注对空间量度词的对译词适当给出限制性或解释性说明，就可以排除学生把这两个词理解成其他意思的可能。再如，日语中"高"和"贵"都可翻译为"高い"，如果在释义中只用"高い"进行翻译，学习者很难了解这个词的具体所指，需要在翻译时添加限定性注释，明确"高"指的是"高矮"的"高"，"贵"是指"价格高"。日本本土汉

---

① 本研究者曾对《当代中文》（蒙译版）初、中级教材的实词进行对译数量的统计，统计发现一对一进行对译的词占 57.4%。

语教材就是通过增加限定范畴来处理的（上原雪乃，2021）。

高：（高さが）高い（《高中生学汉语2》，第2课）

贵：（値段が）高い（《新高中版 汉语初步》，第4课）

此外，有些汉字或汉日同形词与其日语中的对应字词意义、用法与发音不尽相同，甚至完全不同，也会对学生产生一定干扰。学生容易将同译词的意义直接"移植"到汉语词上，如果教师在教学中未做明确说明，很容易导致学习者误解和误用。因此，教师在教学过程中应通过更完善的生词解释，为学生正确理解和运用生词提供充分的知识。

总之，国别/语别化教材的生词译注，要基于学习者视角不断加强汉外词汇对比研究。教材词表中生词与对译词语都是静态呈现，二语学习者常借助对译词学习汉语，教师要在教学过程中关注汉语一词多义和多词一译问题，采取措施消除学生对等词观念，比如在教学中给词语加上有限制性、解释性的说明，积极引导学生自主发现一语和二语对应词的异同，增强学习者的自发对比意识。因为"提示学习者二语词与一语对应词的异同，这不仅有助于抑制二语词汇习得中一语语义迁移的作用，防止一语语义迁移引发的词语混淆及误用，还可弱化一语标义词位的调节作用，帮助学习者逐渐克服将一语词与二语词等同起来的习惯"（张博，2017）。

三　注重空间量度形容词语境及搭配教学

语境是意义的基本参照系。孤立的词语的意义必然是游移不定的（刘宓庆，1999：44）。词语语境是众多语境因素中最重要的一项，词语之所以能表意，在绝大多数情况下正是依赖于词语语境的歧义排除功能而实现（王东风，2009：2）。教师可以利用语境讲解空间量度形容词，提供这些词语的搭配用法。

空间量度形容词的混淆误用多数直接表现在搭配中，说明学习者对汉语空间量度形容词的搭配规则掌握不熟，尤其是很多学习者还将空间量度形容词与其他量度词语混用。误例如：

（179）雨下得很｛多｝，不能出去了。　　　　（多→大，韩国）
（180）事实上中国的人口是在世界上最｛大｝的。

（大→多，英国）

汉语中"雨、雪、风"等自然现象的强度一般用"大"来搭配，但韩语中用"많다（多）"搭配，英语中则用"heavy（重）、strong（强）"搭配。汉语中与"人口"搭配的是"多"，而英语中是"large（大）"。搭配和词义密切相关，通过搭配可以显示词义，词义也会影响词语的搭配。母语和目的语中量度形容词与名词的搭配关系非常复杂，因此在教学中首先要注重强化典型搭配或典型用法的输入，例如"影响大、作用大、印象深"等。其次，为生词设置典型语境，并不断在语境中复现生词的搭配和用法，在课堂练习、课后作业及各类测试中选择词语的典型用例，设置知识点考察词语的典型用法，通过充分且典型的语境化输入凸显词语的搭配和用法。

词语搭配教学有助于减轻二语词汇习得压力，提高学习者空间量度形容词产出的准确性、流利性和地道性。在词汇教学策略上要不断关注和加强词语横组合知识，"如以语义场归类替代单词表记忆，运用语料库建立微型文本给学生提供大量搭配、语块、类联接信息，运用思维导图建立并重组语义网络等"（张萍，2013：127）。总之，要遵循词语的认知原则和搭配规则，帮助学习者借助语境建构空间量度形容词的语义网络，并强化对搭配知识的输入和输出。

四　明确空间量度形容词教学的阶段性

词汇教学具有阶段性，空间量度形容词的教学也因教学阶段不同而有所区别。初级阶段不需要对词语进行过多解释，只需给出常用义，不需要出现非常用义、生僻义。比如"厚"常用义是"扁平物上下两面之间的距离大"，初级阶段就不必给出"厚重""家底儿厚"的意义。非常用义在初级阶段很难出现适合的语境，而且从对比角度考虑，学生也不大可能在此出现偏误，一起给出来反而会节外生枝。

中高级阶段，随着学习者词汇量和相关知识储备的积累，教师可以根据教学实际引导学生进行阶段性归纳总结。空间量度词汇教学既应关注词汇知识的广度，同时也要关注词汇知识的深度。空间量度形容词的词汇知识包括很多维度，非常丰富，词汇教学不能仅止于表面形式、基本意义，而应该深入到空间量度形容词的深层语义、句法、搭配及各种联想关系中。一般汉语词典与教材的生词译注受到容量影响，多侧重于解释词义，对词语的意义和用法举例较少。对空间量度形容词的深度教学，也有助于更好地辨析混淆词。

中高级阶段，教师可以改变只是按部就班地采用随文释义的方法，讲解课文语境中出现的词语语义时，可以适时进行拓展、归类整理，引导学生梳理词语的语义扩展框架，从而深入习得这些词语。如，对于"浅"这个词，初级阶段只需要给学生讲解"水不深""从上到下或从外到里的距离小"，到中高级阶段还可以进一步教授"感情浅""水平浅""浅红、浅绿""年代浅""内容浅""害人不浅"等，到高年级还可以将这些意义集中复习。

一般教材对词汇的编排遵循随文释义原则，空间量度形容词的词义系统在教材中多零散分布，因此到中高年级，教师归纳总结、阐释词义间的语义联系就显得尤为重要，这样既可以帮助学生温故知新，深化对空间量度形容词的学习，也可以帮助学生更全面地了解、认识汉语词汇的规律和特点，避免孤立、分散、不成系统的学习，从而提高词汇的学习效率。

第二节　汉语空间量度混淆词辨析

词语混淆是空间量度形容词词汇偏误中一种较为普遍的偏误类型，对于其中的易混淆词语进行纠错则显得尤为重要。张博（2017）将汉语中介语词语混淆实际表现与二语词汇习得特征相结合，通过对汉语二语词汇教学方法和教材中存在的问题的审视和分析，从预防和辨析两个视角探讨应该消除词语混淆、进行词语辨析的教学策略。词语辨析是词语混淆纠错的重要手段。空间量度形容词教学应加强混淆词专题学习，掌握词语混淆的辨析策略。通过词语辨析，使学习者搞清空间量度混淆词意义和用法上的异同,掌握相应辨析策略,遵从相应辨析原则。

一 空间量度混淆词辨析策略

由于空间量度混淆词有个别近义词,但多数是类义词混淆,一般的辨析词典,比如同义词词典、近义词词典很少设立这类相关的辨析词目。而课堂教学由于受到教学对象、任务及时间等因素的限制,因此易混淆词辨析不能完全采用同义词辨析模式,而应根据学生的混淆表现和需要采取不同辨析策略,有时采用直接辨析策略,有时采用间接辨析策略。

（一）直接辨析

直接辨析是在明确否定学习者词语用法的基础上进行词语辨析,属于明确纠错的一种策略（张博,2017）。必要时最好还要点明导致学习者误用的原因。例如在表达身材时"低""矮""短"出现混用。误例如：

(181) 她的身材呢,不高不{低},身材也是很苗条。

（低→矮,泰国）

(182) 班里的学生有高有{短}。　　　（短→矮,印尼）

(183) 他的个子很高,那时我还是很矮{短}。

（短→矮,南斯拉夫）

这些词语混淆的倾向性很强,误用频率很高,因此,针对误用表现教师可以直接告诉学生,汉语表达身高一般用"矮",不能用"短"和"低"。学习者误用为"低"是受汉语或母语影响,分不清楚汉语"低"和"矮"的差别,认为二者是同义词,可以互相替换；误用为"短"主要是受母语影响,将母语中［短］的语义误推到汉语中。通过直接辨析策略,可以强化二语学习者对混淆词误用的认识,使其在运用这些词语时保持警觉,以防误用发生。而且,在词语辨析时直接指明用词错误也符合成人二语学习者的心理需求,教师可以直接在提示用词错误的基础上,指明汉语中"矮"主要表达人体身高、事物自身高度,"低"主要表达位置低,"短"在汉语中表达长度,而有些语言中"短"用来表达身高,属于不同类型的身高表达方式,应该注意区分。

(二) 间接辨析

间接辨析策略则并不是直接告知学习者用词错误。这一策略可以通过"对比示差"和"引导发现"等方法先正面给出易混淆词的相关知识,引导学习者对比或发现词语之间的差异,从而避免混淆错误(张博,2017)。以混淆词"高—大"为例,汉语中表示年龄大,可以用"大",也可以用"高",但前者可以自由使用,后者多用于构词。学习者掌握不好这一规则,便出现下面的误例:

(184) 年龄｛高｝的爷爷奶奶们基本上都不会带上眼镜。

(高→大,老挝)

(185) 和我一起工作的人都比我年龄｛高｝,他们都关心我。

(高→大,日本)

上述误例中"岁数高"应该为"岁数大"。"大"和"高"在表达年龄义上是同义词,但用法并不相同。因此,教师可以在教学中提供"大"和"高"的使用语境,为"大"提供句子语境,为"高"提供构词规则,如"高龄""年事已高""高寿",通过对比示差以及引导的方式让学生发现二词的典型差异,将其表达年龄的用法区分开。

二 空间量度混淆词辨析原则

空间量度混淆词辨析要有针对性。张博(2013)从词语辨析的诊疗性功能出发,把"针对性"作为易混淆词辨析的根本原则,从五个角度(辨哪些词、为谁辨、是否辨、辨什么、怎样辨)阐述这一理念的主要内涵。易混淆词辨析是为解决学习者词语混淆问题的一种诊疗性辨析,对空间量度形容词中的高频易混淆词进行辨析,也应基于这一理念。辨析过程中,首先要对复杂的空间量度形容词混淆误例进行归纳梳理和分析,找准混淆词群的主流错误,采取直接简约的方式进行辨析,而且要把"对准误点"作为词语辨析的最基本原则。

对于共通性易混淆词，辨析时还应该关注不同母语背景学习者的混淆误用特征和表现，有些空间量度混淆词虽普遍存在于不同学习群体中，但不同学习群体的混淆误用表现可能呈现出不同特点。共通性易混淆词在不同学习群体的特异性可能会表现在混淆程度、误用方向、词际关系、混淆的义项以及搭配关系等各方面。因此"不能仅仅依凭学习者母语与汉语的对比分析，关键是要深入考察不同母语背景学习者汉语习得的特点和规律，尤其要关注特定学习群体凸显性的言语偏误及致误原因"（张博，2015）。

针对汉语空间量度混淆词，我们对二语学习者提出如下建议：首先，学习者应注重个人的学习策略，比如：学习这些形容词时，要注意联系之前学过的与之相关的词的相关知识，并从词义、搭配等方面观察这些词与相近或相关的词的区别，从而提高个人对空间量度混淆词的辨析能力；其次，使用空间量度形容词进行表达时，要通过多种练习途径不断增强汉语语感，尽量克服通过母语词和搭配来推测汉语对应词搭配的习惯。

第三节 小结

通过词汇类型学视角的汉外对比研究，发现空间量度形容词的词汇语义系统的跨语言规律，有助于我们部分预知学生可能出现的词汇偏误，了解某一语义范畴的词汇语义系统、特点和用法，有助于针对性地解决词语混淆和其他偏误问题。但值得注意的是，在教学中最重要的是给出的对应词及词语用例都应体现对比研究的成果，并不是要在教材和教学中从研究角度向学生展示对比过程。总之，空间量度形容词的教学中，汉语教师要重视易混淆词的辨析，注重借助语境讲解，强调词语搭配、语块教学的重要性，同时要加强易混淆词专题学习，掌握词语混淆的预防与辨析策略。

附　易混淆词辨析案例：矮—低

"矮"和"低"都表示不高，都是"高"的反义词。

矮：形 1）个子不高。2）事物自身高度不高。3）（级别、地位）不高。

低：形 1）从下向上距离小；离地面近。2）在一般标准或平均程度之下。3）等级在下的。动（头）向下垂。

1. 常见误例

1）他长得很可爱，个子也不低，好像孩子。[韩国]
2）她的身材呢，不高不低，身材也是很苗条。[泰国]
3）他今年二十岁，她的个子比我低一点。[意大利]
4）阴在老树根儿的背光与在小丘的低树木灰绿色。[日本]
5）香山并不低，所以爬得不容易。[日本]
6）那个低的是新学生。[印尼]
7）矮年级的学生先回家。[印尼]
8）打开眼睛一看，咦，怎么我身体的位置是头矮足高呢？[印尼]

2. 混淆特点及原因

"矮"和"低"双向误用。混淆表现为：（1）表示身高时，"矮"误用为"低"；（2）表示山、树等物体高度不高时，"矮"误用为"低"；（3）表示级别不高时，"低"误用为"矮"。汉语中这两个词意义相近，这是学习者混淆的主要原因。另外，在有的学习者母语中"低"和"矮"都可以用一个词翻译。

3. 辨析要点

（1）表示人的身材小、个子不高一般用"矮"，很少用"低"。

这个人长得太矮了。
她长得虽然矮，但是很漂亮。
姐姐比弟弟矮一头。

（2）"矮"和"低"都表示垂直方向的距离小，与"高"相对。表示事物自身高度小，多用"矮"，除了形容人的身材，还常用于形容建筑物、树木等；表示离地面或某个标准点近，多用"低"。

这座小山很矮。
他们的房子很矮。
这棵树比那棵树矮很多。
幼儿园的桌子、椅子都比较矮。
他们家的家具都比较矮。
这里地势太低了，经常发生水灾。
今天燕子飞得很低，可能要下雨了。

（3）"矮"和"低"都可以表示地位、级别不高，"矮"较为口语，多用于比较句中。"低"的使用范围更广。

他的职位比你矮/低两级。
弟弟读高二，他比我矮/低一级。
小侄女比我矮/低一辈。
他在公司的职位比较低。
她是低年级的学生，我是高年级的学生。

（4）"低"可以表示在一般标准或平均水平之下，可以表示声音、水平、价格、温度、程度、收入等。"矮"不可以。

我的汉语水平比他低很多。
他初中毕业，文化水平比较低。

这次我们班考试的成绩都很低。

这个房间比那个房间的温度低。

低龄儿童过多使用电子产品会近视。

4. 补充提示

"低"还可以是动词,表示头向下垂。

她一见到我就害羞地低下了头。

我正低着头往前走,听到后面有人喊我。

我低头看见一只小花猫在我脚下。

虽然目前遇到很多困难,但我们不向困难低头。

5. 搭配规则

【矮】个子~/身材~/个头儿~/身高~/长得~/人~

~个子/~子小~/子小~人/~凳子/~桌子/~椅子/~墙/~家具

树~/山~/房子~/墙~/楼~

【低】位置~/地势~/水位~/海拔~/云~

声音~/音量~/职位~/等级~/程度~/标准~/速度~/能力~/水平~/温度~/气温~/水温~/气压~/物价~/价格~/强度~/起点~/质量~/效率~/浓度~/含量~/产量~/概率~/可能性~

~速/~温/~能/~龄/~等/~级/~声/~压/~产/~水平/~血压

飞得~/~飞/~一级

~头/~下头/~下来

第 八 章

余 论

第一节 研究结论

类型学研究是从跨语言的角度观察人类语言，通过跨语言比较寻找或验证语言共性，再从语言共性的视野更透彻地认识和揭示具体语言的特点（张赪、李文洁，2019：1）。词汇类型学是对语言的词汇进行跨语言研究的一种理论框架，它聚焦于人类语言在概念的词汇编码、词的形态结构、词的语义组织等方面所具有的相似性和差异性。同其他类型学一样，词汇类型学的终极任务也是寻求制约人类语言相似或相异的语言"基因"，"通过这些语言的'基因'不仅可以解释为什么一种语言是这样的，而不是那样的，我们还可以通过这种'基因'来预测某种语言的样态"（金立鑫，2011：25）。

类型学理论用于二语习得与教学研究，"主要是用于验证第二语言学习的预测效度，从类型学视角解释中介语特征，并尝试揭示语言类型学规律与语言习得规律之间的关系"（张赪、李文洁，2019：4）。本书选取人类基本认知范畴之一的空间量度范畴作为研究对象，以汉语中常用空间量度形容词为目标词，借助词汇类型学理论，从定名学和符意学视角跨语言考察了空间量度形容词的词汇化方式和语义扩展规律。在跨语言研究基础上，本书基于大规模汉语中介语语料库考察了汉语二语学习者空间量度形容词的习得状况，并重点研究了学习者空间量度混淆词混用的分布特征与成因。本书的结论如下：

首先，本书从词汇类型学的定名学视角跨语言分析了汉外语言空间量度概念的词汇化表现。具体而言：（1）通过对汉语空间量度概念古、今、方、普主导词的考察发现：作为基本认知范畴的空间量度概念，在不同的历史时期和地域，多数量度概念的词汇化方式一致，如｛大、深、浅、近｝，也有少数量度概念词汇化方式或词汇内涵古今发生变化，如｛宽、窄、长、短｝等，有些空间量度概念古汉语的主导词保留在方言中，并在方言中占据主导地位，如｛细、阔、狭｝等。（2）通过对汉外五种语言表征空间量度概念的对应主导词的考察发现：在表征长度、深度概念时，不同语言的词汇化成员数量的表现一致性较强，在表达大小、宽度和距离概念时，英语的词汇化编码比其他语言更细致；在表征高度概念时，五种语言的词汇化方式最复杂、类型最丰富；在表征粗度和厚度概念时，五种语言存在两种类型，一种是分别词汇化，一种是共同词化。此外，日语由于受语言接触影响，日语空间量度词与大多数汉语词形相同，但部分汉字词采用古汉语词，如"宽、窄"的日语对应词为"広い、狭い"。（3）基于世界语言同词化数据库，通过对空间量度概念的同词化考察发现：空间量度概念同词化分布既错综复杂又有规律性，空间量度概念内部之间相互同词化，且正、负向空间量度概念的同词化呈对称性分布，而语种分布的不平衡性也是空间量度形容词同词化分布的典型特征；空间量度概念还与非空间量度概念同词化，在分布上呈现开放性和不对称性。

其次，本书从词汇类型学的符意学视角跨语言分析了汉外语言空间量度形容词的语义扩展。符意学视角关注词汇的多义性及动因，通过汉外五种语言空间量度形容词语义扩展的跨语言分析可知，隐喻是人类重要的和基本的认知方式之一，运用空间概念理解其他抽象概念是人类认知共性，不同语言空间量度形容词由空间域向其他抽象域映射是普遍性规律，其中多数正向空间量度形容词的语义扩展表达积极意义，多数负向空间量度形容词语义扩展表达消极意义。不同语言对应词在共同映射的目标域中多数具有共同的语义衍生方向，例如［大/小］［长/短］［远/近］都可以表达时间，［大/小］［高/低］都可以表达数量等。对五种语言空间量度形容词隐喻和语义扩展的普遍性分析有助于预测更多语言的语义扩展路径。共性与个性是相对的，受各自语言特征、民族思维和

文化环境影响，空间量度形容词的语义扩展也会表现出一定的变异性，但这些变异性并不是无限的。五种语言中有些对应词的隐喻映射的目标域不完全相同，语义扩展的路径也表现出个性差异，如［大］可以用于强调时间"大热天"，英语 thick 可以表示笨，日语"高い"表示气味，韩语"두껍다（厚）"表示知识丰富，印尼语 tebal（厚）表示坚定等。

最后，本研究基于大规模中介语语料库（3700 万字）考察了空间量度形容词的习得偏误，分析了 27 组空间量度混淆词的混用分布特征。这些形容词以"大""小"为核心形成正负空间量度两大混淆词群，混用的总体特征分布如下：（1）空间量度混淆词呈现出明显的错杂性特征，这种错杂性不仅表现在混淆词语的词际关系上，而且也表现在语义关系上，这种错杂性也是抽象类聚词语关系的复杂性在中介语中的体现；（2）空间量度混淆词的混用在分布上具有不平衡性，分布的不平衡性既表现为误用频次分布的不平衡性、混淆词数分布的不平衡性，也表现在正负向空间量度形容词之间混淆分布的不平衡性。正向空间量度形容词和负向空间量度形容词混淆的分布差异折射出语言范畴内部的不对称现象；（3）空间量度形容词在高频词和高频义项上混淆凸显，混淆词在隐喻义上的混用比重高于空间义，"高频性"反映了越常用的概念和词语在二语习得中越易出现偏误，出现频率越高，误用概率越大；（4）空间量度形容词混用时主要体现在表达空间量、时间量、数量、程度、等级或评价等范畴中，其中表达抽象事物的程度量混用最为严重，其次在表达人体空间量时混用，其中表达身高时混用最为凸显；（5）空间量度形容词在不同学习群体中被广泛混淆误用，其中有些混淆词在不同国别/语别背景学习者中表现出共通性，有些混淆词则仅出现在单一国别/语别背景学习者中，表现出一定的特异性。

此外，本研究分析了空间量度形容词混淆误用的多种影响因素，并进一步从词汇类型学视角进行分析。（1）本书从微观出发，重点对比每一组混淆词在四种不同母语背景 CSL 学习者（英、韩、日、印尼）的混淆成因。研究发现：同一组混淆词不同学习群体混淆的成因可能是单一因素影响，也可能是多元因素影响，混淆成因既有可能相同，也可能不同，既有可能是受目的语影响，也有可能受母语影响，特异性混淆词则多数受母语影响较大。整体而言，空间量度混淆词群的产生既受到目的语的多重影响（如同近义词影响、隐喻义相近影响、类义词影响），同时也受到来自母语的多重影响（如母语词义误推、母语组配关系误推、同译词影响、汉字词影响等）。(2) 本书进一步从词汇类型学视角观察空间量度形容词的混淆现象。首先分析了空间量度概念词汇化类型及同词化对词语混淆的影响，其次分析了语义扩展的普遍性对词语混淆的影响，重点分析了在表达空间、时间、数量以及程度时空间量度形容词混淆误用的成因，探明混淆的认知根源。空间量度范畴是人类共同的认知范畴，对同一量度概念，不同民族受人类认知共性和个性的影响，其认知方式和范畴化方式可能相同，也可能不同，因此同一空间量度概念在不同语言中的表达方式、词汇化模式、词语的组合搭配方式并不完全一致，不同语言对应词语所涵盖的范围也不完全相同。在二语词汇习得过程中，如果学习者将本民族中或自己个性化的认知方式、范畴化方式以及母语中的表达方式迁移到目的语中，则导致词语误用，从而产生一定数量的混淆词。

　　习得一种语言就是发展一种与已有母语范畴不完全相同的思维世界和表达方式。如果不同民族认知模式相同，且词汇化方式、语义扩展方式和词语组配方式一致，学习者则通过正迁移较快掌握二语中的语言点，反之，如果有差异，则也会影响二语者习得的速度，或者引起相应的负迁移，导致各种形式的母语误推，并产生不同类型的词汇偏误。基于词汇类型学视角的汉外对比研究可以使我们发现不同空间量度形容词的词汇语义系统的共性特征与个性特征，有助于我们分析中介语的词语偏误现象。因此，在教学中，要加强汉外对比意识，注重国别/语别化教学，要消除汉外空间量度对等词观念，关注多义词教学，注重词语的语境与搭配，同时也注重词汇教学的阶段性与深度教学，对学生出现混淆词应积极采取策略进行纠错，进行针对性辨析，以提高词汇习得效率。

第二节 研究不足及展望

一 研究不足

本研究致力于将词汇类型学与二语习得研究相结合,涉及跨语言研究和中介语研究,属于交叉学科的研究,在研究中会面临一些挑战,受主、客观原因影响,本书在研究上还存在一些不足。

(一) 本研究的语言样本还不够丰富

由于中介语语料中英语、日语、韩语和印尼语背景学习者的语料较为充足,因此,在跨语言对比研究中,本研究选取的语言样本主要是汉语、英语、日语、韩语和印尼语,这与语法类型学研究所需要的大样本相比,本研究所选取的样本量比较小。如果能多选取一些语言样本,同时借助词汇类型学更多的理论视角,则可以进一步拓宽空间量度形容词的研究。

(二) 主要限于空间量度形容词之间的混淆误用研究

空间量度形容词的习得研究涉及方方面面,但本研究为突出习得偏误,尤其是聚焦词汇偏误中最凸显的词语混淆现象,重点分析了空间量度形容词之间的混淆分布特征与影响因素,对于空间量度形容词整体习得研究本书没有展开分析,对于正确习得规律没有深入考察。此外,为体现空间量度词混淆词分析的系统性,对于空间量度形容词与其他范畴词语之间的偏误和混淆表现等相关研究未呈现在本书中,同时也需要更加深入探讨。

(三) 基于中介语语料库研究的局限

本研究主要依托大规模中介语语料库进行描写和分析的优势很明显,其中英语、韩语、日语、印尼语背景的学习者中介语语料较为充足,误例相对丰富,这为我们研究词语混淆提供了坚实基础。但目前的中介语语料库也有一定的局限性。主要表现为:(1) 汉语中介语的语料来源比较复杂,虽然语料丰富,但语料的异质性突出,中介语语料的平衡性不足;(2) 不同母语背景学习者的语料非常分散,不利于集中观察特定学习群体词语混淆的特点。由于不同母语 CSL 学习者中介语语料在数量、类型分布上的不平衡限制了对跨母语背景学习者词语混淆对比的深入研究。

二 研究的展望

上述不足都可以作为今后进一步研究的起点，今后在研究条件更加成熟时，可以进一步拓展研究视野，运用新的方法和理论继续探索这一领域的研究。

（一）词汇类型学视角的空间量度形容词可继续深入研究

本书对空间量度形容词的词汇类型学的研究还有待深入，比如，扩大样本量，发现更多语言空间量度形容词的词汇语义分布规律。再如同词化与多义性的关系问题，如果将多义性与世界语言同词化表现相互联系，再进一步结合研究，更好地发现空间量度形容词之间的语义关联模式和衍化规律。此外，语义地图是类型学研究常用的一种手段和工具，"是表征跨语言形式—语义关联模式差异与共性的一种有效分析模型，可清晰直观地呈现词义的关联和衍生关系"（韩畅、荣晶，2019）。本研究暂时未能深入这一领域，今后可结合语义图理论，绘制出跨语言空间量度范畴的形容词语义地图模型，则可能会更清楚地看到不同语言对同一范畴切分边界和语义分野，发现更有价值的语言规律。

（二）空间量度形容词的习得研究范围可不断拓宽

空间量度形容词的习得偏误表现非常复杂，本研究主要跨语言研究了中介语中这些词语之间的混淆误用表现，空间量度形容词还和大量非空间量度形容词混用，特别是与其他量度范畴的形容词混用，比如与时间量度形容词、强度形容词、数量形容词之间的混用，这些都与空间量度形容词语义系统密切相关，且具有跨语言研究的价值。关于这一领域目前已有相关积累和研究，今后还可以继续拓宽这一领域的研究，如果与其他范畴量度形容词进行对比研究，则更能体现词汇类型学研究的视野和价值，还可以进一步拓展空间量度形容词习得研究的领域。

（三）调查和研究方法还可以更加丰富、更加完善

目前的研究主要基于语料库统计、翻译法、母语者访谈等方法进行。由于中介语语料库还比较受局限，今后还可以将语料库探查法、语言测

试、问卷调查以及有声思维等方式结合,通过多元互补的综合性研究方法分析不同语别学习者的使用偏误及影响因素,针对不同群体提出更有效的教学建议与策略。基于语言测试的问卷调查研究是进行补充研究的方式。

总之,这项研究基于词汇类型学的视角来研究汉语中介语词汇,将加深我们对不同语言词汇系统本身和不同母语背景学习者词汇习得两方面的认识。对词汇研究本身来说,研究汉语中介语能够从母语和目的语的互动来认识不同语言间词汇的关系。因为"中介语是第二语言学习者在习得过程中受母语和目的语双向影响的产物,中介语可以承继母语和目的语所体现的语言共性,也会在某些共性特征上发生变异"(李昱,2015)。对二语词汇习得研究来说,词汇类型学成果可以为词汇习得研究提供新的切入点,比如语义迁移现象,从本质上看,这是语言间的语义和表达手段的差异在中介语投射的结果,通常这是语言个性的体现,而这些个性由于具有某种类型特征而能解释某些母语背景学习者共同存在的中介语问题。中介语词汇系统能够体现出的不同学习群体具有共性或个性的词语误用现象,词汇类型学视角的二语习得研究在一定程度上会对汉语作为二语的词汇教学产生一些启示。

参考文献

一 专著类

北京大学中文系语言学教研室编：《汉语方言词汇》，语文出版社1995年版。

董秀芳：《词汇化：汉语双音词的衍生和发展》（修订本），商务印书馆2011年版。

方绪军：《汉语相似词语认知与习得研究》，北京语言大学出版社2014年版。

蒋绍愚：《汉语历史词汇学概要》，商务印书馆2015年版。

教育部中外语言交流合作中心编，刘英林、马箭飞、赵国成主编：《国际中文教育中文水平等级标准》，北京语言大学出版社2021年版。

金立鑫：《什么是语言类型学》，上海教育出版社2011年版。

李亮（Kholkina Liliya）［俄］：《词汇类型学视角的汉语物理属性形容词研究》，中西书局上海辞书出版社2019年版。

李如龙：《汉语方言比较研究》，商务印书馆2001年版。

李宇明：《儿童语言的发展》，华中师范大学出版社1995年版。

李宇明：《汉语量范畴研究》，华中师范大学出版社2000年版。

刘珣：《对外汉语教育学引论》，北京语言大学出版社2009年版。

沈家煊：《不对称和标记论》，江西教育出版社1999年版。

沈家煊：《不对称和标记论》，商务印书馆2015年版。

石慧敏：《汉语量度形容词的不对称及其历时演变研究》，学林出版社2018年版。

石毓智:《肯定和否定的对称与不对称》,北京语言文化大学出版社 2001 年版。

王东风:《语言学与翻译——概念与方法》,上海外语教育出版社 2009 年版。

王宁:《训诂学原理》,中国国际广播出版社 1996 年版。

王维辉:《东汉——隋常用词演变研究》,南京大学出版社 2000 年版。

王寅:《认知语言学》,上海外语教学出版社 2007 年版。

文秋芳:《认知语言学与二语教学》,外语教学与研究出版社 2013 年版。

吴丽君等:《日本学生汉语习得偏误研究》,中国社会科学出版社 2002 年版。

伍莹:《现代汉语维度形容词语义及其计算机识别研究》,武汉大学出版社 2015 年版。

许余龙:《对比语言学》,上海外语教育出版社 2002 年版。

杨自俭、李瑞华:《英汉对比研究论文集》,上海教育出版社 1990 年版。

张博:《汉语同族词的系统性与验证方法》,商务印书馆 2003 年版。

张博:《不同母语背景的汉语学习者词语混淆分布特征及其成因研究》,北京大学出版社 2016 年版。

张赪、李文洁:《基于类型学的汉语作为第二语言的语法研究》,清华大学出版社 2019 年版。

张国宪:《现代汉语形容词功能与认知研究》,商务印书馆 2006 年版。

张莉:《语义类型学导论》,世界图书出版公司 2016 年版。

张志毅、张庆云:《词汇语义学》,商务印书馆 2005 年版。

章宜华:《语义学与词典释义》,商务印书馆 2002 年版。

赵亮:《空间词汇系统的认知研究》,黑龙江人民出版社 2007 年版。

赵寅秋:《汉日空间三维形容词的语义扩展对比研究》,武汉大学出版社 2020 年版。

朱曼殊:《儿童语言发展研究》,华东师范大学出版社 1986 年版。

二 论文类

别晨霞:《基于中介语语料库的形容词产出偏误分析》,硕士学位论文,上海师范大学，2009 年。

蔡北国：《中介语动作动词混用的调查与分析》，《世界汉语教学》2010 年第 4 期。

蔡淑美、施春宏：《汉语区别词习得中的形义匹配关系研究——兼谈词类范畴习得的普遍性问题》，《世界汉语教学》2020 年第 3 期。

陈昌旭：《汉泰多对一易混淆词分析》，《云南师范大学学报》（对外汉语教学与研究版）2017 年第 2 期。

陈妮妮、杨廷君：《具身认知视角下的身体空间隐喻研究——以"上－下"空间隐喻为例》，《现代语文》2015 年第 3 期。

陈平：《论现代汉语时间系统的三元结构》，《中国语文》1988 年第 6 期。

陈平：《CSL 学习者单音节量度形容词偏误分析及教学策略》，硕士学位论文，上海师范大学，2017 年。

陈青松：《关联定位与"大/小"的突显功能》，《宁夏大学学报》2004 年第 3 期。

陈淑梅：《鄂东方言的量范畴研究》，博士学位论文，华中科技大学，2006 年。

陈舜婷：《语料库驱动的空间量度形容词对比研究——以"高"和 HIGH/TALL 为例》，《山东外语教学》2010 年第 5 期。

陈艳华：《"大小类"反义词有/无标记项在汉语及中介语词汇层面的不对称研究》，硕士学位论文，北京语言大学，2007 年。

程娟：《L2 学习者汉语易混淆词与汉语同义词比较研究——以心理动词为例》，博士学位论文，北京语言大学，2011 年。

程潇晓：《五种母语背景 SCL 学习者路径动词混淆特征及其成因分析》，《华文教学与研究》2015 年第 4 期。

程潇晓：《汉语二语者路径动词的混用倾向及其成因——聚焦指示语义成分的类型学分析》，《汉语学习》2017 年第 5 期。

迟道加：《二语习得研究中"失误""错误"和"偏误"概念的界定》，《玉林师范学院学报》（哲学社会科学）2021 年第 6 期。

褚泽祥：《"高、低/矮 + N"格式研究》，徐杰、钟奇：《汉语词汇、句法、语音的相互关联》，北京语言大学出版社 2007 年版。

崔希亮：《空间关系的类型学研究》，《汉语学习》2002年第1期。

崔希亮：《认知语言学：研究范围和方法》，《语言教学与研究》2002年第5期。

崔馨丹：《汉韩空间维度词"厚/薄"和"두껍다/얇다"的对比》，硕士学位论文，延边大学，2015年。

丁碧草：《汉、越语言空间维度范畴研究》，博士学位论文，吉林大学，2015年。

董婷婷：《基于"韩国留学生汉语中介语语料库"的词汇偏误研究及应用》，硕士学位论文，鲁东大学，2012年。

芙蓉：《阿拉伯学生汉语易混淆词的分类及其特征研究》，《国际汉语教学研究》2019年第1期。

付冬冬：《英语母语者习得汉语增减量词语混淆特征的不平衡性分析》，《对外汉语研究》2017年第2期。

付冬冬：《不同母语背景的CSL学习者"增加+N"偏误分布特征及其成因》，《海外华文教育》2019年第6期。

付冬冬、于洋：《词汇类型学视野下动词"吹"的共词化分析》，《语言教学与研究》2023年第1期。

郭锐：《概念空间和语义地图：语言变异和演变的限制和路径》，《对外汉语研究》2012年辑刊。

韩畅、荣晶：《动词"坐"的词汇类型学研究》，《世界汉语教学》2019年第4期。

韩美美：《对外汉语教学中的易混淆词研究》，硕士学位论文，鲁东大学，2012年。

郝玲：《说反义词"深""浅"的不对称现象及解释》，《现代语文》2006年第5期。

何励：《汉越度量形容词句法功能比较研究》，博士学位论文，华中师范大学，2012年。

何星：《维度形容词标记性的认知理据》，《江苏外语教学研究》2005年第3期。

胡德明：《儿童空间维度形容词发展顺序的理论解释》，《世界汉语教学》

2003 年第 5 期。

胡朗：《日语背景学习者汉语特异性易混淆词及其母语影响因素研究》，《不同母语背景的汉语学习者词语混淆分布特征及其成因研究》，北京大学出版社 2016 年版。

黄国营、石毓智：《汉语形容词的有标记和无标记现象》，《中国语文》1993 年第 6 期。

黄健秦：《汉语空间量表达研究》，博士学位论文，上海师范大学，2013 年。

黄贤淑：《汉泰空间形容词词汇知识体系对比研究——以"高、低、矮"与"sǔː ŋ, tàm, tiː a"为例》，博士学位论文，北京语言大学，2016 年。

姬雪儿：《基于词汇类型学的"行走"概念图语义模型及启示》，《文学教育下半月》2021 年第 3 期。

贾燕子：《词汇类型学视域下汉语"硬"语义场的历时演变》，《语文研究》2019 年第 4 期。

贾燕子、吴福祥：《词汇类型学视角的汉语"吃""喝"类动词研究》，《世界汉语教学》2017 年第 3 期。

江轶：《国际当代语言类型学发展动态》，《现代外语季刊》2006 年第 3 期。

蒋楠：《外语概念的形成与外语思维》，《现代外语》2004 年第 4 期。

蒋绍愚：《汉语词义和词汇系统的历史演变初探——以"投"为例》，《北京大学学报》（哲学社会科学版）2006 年第 4 期。

蒋绍愚：《打击义动词的词义分析》，《中国语文》2007 年第 5 期。

金采里：《词汇类型学视野下汉韩空间维度形容词——"THICK/THIN"对比》，《2021 对外汉语博士生论坛暨第十四届对外汉语教学研究生学术论坛论文集》，2021 年。

金海燕：《汉韩空间维度词"高/低（矮）"和"높다/낮다"的对比分析》，硕士学位论文，延边大学，2011 年。

金立鑫：《语言类型学——当代语言学中的一门显学》，《上海外国语大学学报》2006 年第 5 期。

金美顺：《空间形容词"深"的研究》，硕士学位论文，北京语言大学，2009年。

金禧媛：《汉语空间形容词"宽/窄"和韩语空间形容词"넓다/좁다"的对比分析》，硕士学位论文，北京语言大学，2017年。

孔李茜：《多义范畴"深""浅"及其在对外汉语教材中的编排策略》，硕士学位论文，上海师范大学，2008年。

蓝纯：《从认知角度看汉语的空间隐喻》，《外语教学与研究》1999年第4期。

李东梅：《浅论空间量度形容词的句法特点》，《长江学术》2008年第4期。

李慧、李华、付娜、何国锦：《汉语常用多义词在中介语语料库中的义项分布及偏误考察》，《世界汉语教学》2007年第1期。

李倩、张兴：《空间维度词"高/低"的日汉对比研究》，《日本教育与日本学》2014年第4期。

李先耕：《说量度》，《求是学刊》1992年第2期。

李艳等：《垂直性空间隐喻的心理基础——"上－下"意象图式对理解空间隐喻句影响的实验研究》，《第四届全国认知语言学研讨会论文摘要汇编》，2006年。

李宇明：《论空间量》，《语言研究》1999年第2期。

李宇明：《空间在世界认知中的地位——语言与认知关系的考察》，《湖北大学学报》（哲学社会科学版）1999年第3期。

李昱：《语言共性和个性在汉语双宾语构式二语习得中的体现》，《语言教学与研究》2015年第1期。

林丽特：《基于语料库的HIGH/LOW和"高、低"所反映的意象图式的研究》，硕士学位论文，华中科技大学，2010年。

林燕：《日语"空间性状"的时间映射制约研究》，《宁波大学学报》2020年第2期。

刘春梅：《不同母语CSL学习者名词性类后缀造词偏误对比研究》，博士学位论文，北京语言大学，2012年。

刘丹青：《语言类型学与汉语研究》，《世界汉语教学》2003年第4期。

刘桂玲：《认知语义视角下英、汉空间量度形容词对比研究》，博士学位论文，东北师范大学，2017年。

刘桂玲、杨忠：《英、汉空间量度形容词隐喻域对比研究》，《东北师范大学学报》2018年第4期。

刘鸿雁：《基于语料库的日本留学生单音形容词习得偏误研究》，硕士学位论文，河北大学，2011年。

刘丽媛：《"远/近"对称与不对称的历时分析》，《长春师范大学学报》2015年第3期。

刘梅丽：《汉英空间维度词"大/big"隐喻拓展差异及成因探析》，《西安外国语大学学报》2016年第1期。

刘文隆：《词汇类型学视角下动词"想"的共词化研究》，硕士学位论文，北京外国语大学，2015年。

刘晓宇、刘永兵：《英汉"深/浅"空间隐喻的普遍性与文化差异性》，《现代外语》2020年第6期。

刘颖：《英汉纵向空间维度词认知隐喻的对比——"高/低，high/low"为例》，《开封大学学报》2012年第1期。

刘志远，《正向空间量度形容词共有义位和特异义位及其成因》，《基于汉语词汇特征的二语词汇教学实证研究》，北京大学出版社2020年版。

刘卓涵：《俄汉语空间词"远/近"的认知语义对比研究》，硕士学位论文，吉林大学，2019年。

龙涛：《量词对名词空间义的表达》，《湖南科技大学学报》（社会科学版）2004年第5期。

鲁健骥：《外国人学习汉语的词语偏误分析》，《语言教学与研究》1987年第4期。

鲁健骥：《中介语研究中的几个问题》，《语言文字应用》1993年第1期。

陆俭明：《说量度形容词》，《语言教学与研究》1989年第3期。

罗青松：《英语国家学生高级汉语词汇学习过程的心理特征与教学策略》，《第五届国际汉语教学讨论会论文选》，北京大学出版社1997年版。

罗云燕：《中韩空间形容词"高/低（矮）"与"높다/낮다"的意义对比研究》，《韩国语教学与研究》2018年第2期。

马庆株:《多重定名结构中形容词的类别和次序》,《中国语文》1995 年第 5 期。

马云静:《汉语单音形容词及留学生习得偏误考察分析》,硕士学位论文,河北大学,2008 年。

玫瑰:《以阿拉伯语为母语汉语学习者的易混淆词误用情况调查与分析》,硕士学位论文,西北大学,2016 年。

闵子:《韩汉空间维度词对比研究》,博士学位论文,延边大学,2012 年。

潘开祥、张铁忠:《4－10 岁儿童理解大小概念的发展研究》,《心理科学》1997 年第 5 期。

潘美莲:《老挝留学生使用汉语近义词偏误分析》,硕士学位论文,云南大学,2011 年。

皮奕:《"长/短"的对称与不对称分析》,硕士学位论文,广西师范大学,2010 年。

朴建希、吴锦姬:《汉韩空间维度词"深"与"깊다"的认知语义对比》,《中国学论丛》2014 年第 41 辑。

朴祉泳:《韩国学生汉语反义词学习情况考察》,硕士学位论文,北京语言文化大学,2001 年。

戚雨村:《回顾与前瞻——谈语言学研究中的几个关系》,《外语研究》1998 年第 1 期。

钱江潮:《汉日形容词"高/低"认知与功能比较研究》,硕士学位论文,湖北大学,2016 年。

墙斯:《基于词汇类型学视角的汉语旋转动词的历时演变研究》,《词汇学国际学术会议暨第十一届全国汉语词汇学学术研讨会论文摘要》,2016 年。

墙斯:《词汇类型学视角下汉语水中运动动词的历史演变》,《语言学论丛》2019 年第 1 期。

卿雪华、王周炎:《泰国留学生汉语中介语易混淆词误用例析》,《现代语文》(语言研究版) 2010 年第 11 期。

任永军:《现代汉语空间维度词语义分析》,硕士学位论文,延边大学,2000 年。

上原雪乃：《日本本土高中汉语教材生词释义研究——以〈高中生学汉语〉和〈新高中版汉语初步〉为例》，硕士学位论文，北京语言大学，2021 年。

申旼京：《韩语背景学习者汉语词语混淆的母语影响因素研究》，硕士学位论文，北京语言大学，2011 年。

沈贤淑：《汉、朝空间维度词的隐喻义对比》，《延边大学学报社会科学版》2002 年第 1 期。

沈阳：《关于"大 + 时间词（的）"》，《中国语文》1996 年第 4 期。

沈莹：《空间形容词"高"的语义认知研究》，硕士学位论文，上海外国语大学，2011 年。

宋玉柱：《"大"的区别词用法》，《中国语文》1994 年第 6 期。

苏向丽：《CSL 学习者单音量度形容词混淆的错杂性与不平衡性》，《语言教学与研究》2015 年第 1 期。

苏向丽：《CSL 学习者类义易混淆词"大—多""小—少"的混用分布及影响因素——基于词汇类型学视角的分析》，《汉语教学学刊》2020 年辑刊。

苏向丽、胡晓清：《韩语背景 CSL 学习者量度形容词的混用分布特征分析》，《鲁东大学学报》2013 年第 2 期。

苏向丽、莫修云：《不同母语 CSL 学习者"时间量度形容词"的混淆分布特征与成因分析》，《华文教学与研究》2014 年第 1 期。

苏英霞：《汉语学习者易混淆虚词的辨析视角》，《汉语学习》2010 年第 2 期。

孙菁：《词汇类型学视角的 CSL 学习者变化类词语混淆探因研究》，博士学位论文，北京语言大学，2013 年。

孙文访：《基于语言类型学的第二语言习得研究》，《语言教学与研究》2012 年第 2 期。

孙宜琦：《汉语空间形容词语义拓展研究》，硕士学位论文，扬州大学，2014 年。

田美花：《汉韩空间维度词"大/小"的语义对比》，硕士学位论文，延边大学，2006 年。

王晶：《英汉"近"的空间隐喻认知对比研究》，《长春理工大学学报》（社会科学版）2010年第2期。

王军：《多义范畴"大"和"小"及其在对外汉语教材中的编排策略》，硕士学位论文，山东大学，2011年。

王莉：《3-5岁儿童空间维度词"大/小"的认知研究》，硕士学位论文，上海师范大学，2009年。

王鑫：《对英汉度量形容词对子的认知分析》，《宜宾学院学报》2006年第7期。

王银平：《英汉空间维度词"深"的认知隐喻对比研究》，《新余学院学报》2012年第2期。

王银平：《英汉空间维度词"长、短"的认知隐喻对比研究》，《长江大学学报》2015年第12期。

王银平：《英汉空间维度词"宽、窄"的认知隐喻对比研究》，《现代语文》2017年第11期。

王银平、王丹丹：《英汉空间维度词"高"的认知隐喻对比研究》，《嘉兴学院学报》2011年第2期。

魏丽春：《汉日维度形容词"粗、细"的语义与句法对比》，《厦门理工学院学报》2016年第2期。

魏丽琴：《汉日空间维度形容词"薄"和「薄い」的语义对比研究》，《湖北函授大学学报》2017年第12期。

温伟力：《概念整合理论对中介语分析的解释力》，《外语教学》2010年第3期。

吴福祥：《语义演变与词汇演变》，《古汉语研究》2019年第4期。

吴静、石毓智：《英汉形容词概念化的差别对其有无标记用法的影响》，《外语研究》2005年第4期。

吴念阳、杨艳芳、刘剑：《儿童书面语空间维度词"高/低"隐喻域的认知》，《集美大学学报（教育科学版）》2007年第5期。

吴瑞东：《"躺卧"动词语义图研究》，《语文研究》2020年第4期。

吴思娜、刘梦晨、李莹丽：《具身认知视角下汉语二语情感词的空间隐喻》，《世界汉语教学》2019年第3期。

吴颖：《时间形容词的逻辑语义分析》，《语言文字应用》2008 年第 3 期。

吴颖：《同素近义单双音节形容词的差异及认知模式》，《语言与教学研究》2009 年第 4 期。

伍莹：《现代汉语空间维度形容词语义系统研究》，博士学位论文，武汉大学，2011 年。

项开喜：《事物的突显性与标记词"大"》，《汉语学习》1998 年第 1 期。

萧频：《印尼学生汉语中介语易混淆词研究》，博士学位论文，北京语言大学，2008 年。

萧频、刘竹林：《印尼学生特异性汉语易混淆词及其母语影响因素探析》，《华文教学与研究》2013 年第 1 期。

谢宗旭：《意大利学习者汉语易混淆词偏误分析及教学对策研究》，硕士学位论文，沈阳师范大学，2013 年。

徐今：《汉语空间形容词的空间量》，《汉语学报》2015 年第 1 期。

徐天龙：《量度形容词"大"、"小"的句法语义属性及不对称研究》，硕士学位论文，上海师范大学，2013 年。

徐英平：《俄汉语空间系统多层次对比研究》，博士学位论文，黑龙江大学，2006 年。

杨继芬、吴念阳：《2–5 岁儿童空间词"高/低"的语义认知研究》，《第十二届全国心理学学术大会论文摘要集》，2009 年。

杨军昌：《量度的视点——对汉语空间维度形容词"低"和"矮"的研究》，硕士学位论文，重庆大学，2012 年。

杨荣华：《"大/小"的对称与不对称研究》，硕士学位论文，南京师范大学，2008 年。

易焱、王克非：《类型学视角下的英汉"相遇"类动词对比研究》，《外语教学》2013 年第 1 期。

于洋：《CSL 学习者同素同义单双音名词混淆分布特征及其成因》，《语言教学与研究》2015 年第 6 期。

于德辉：《反义词"高""低"的不对称研究》，《云南大学》2012 年第 3 期。

余瑞雪：《现代汉语"数 + 量 + 形"结构研究》，硕士学位论文，上海外国语大学，2009 年。

俞鸿雁：2017 关于空间形容词"高い""低い"的多义构造——从认知语义学出发，硕士学位论文，上海外国语大学，2017 年。

袁毓林：《定语顺序的认知解释及其理论蕴含》，《中国社会科学》1999 年第 2 期。

张博：《组合同化：词义衍生的一种途径》，《中国语文》1999 年第 2 期。

张博：《汉语实词相应虚化的语义条件》，《中国语言报》2003 年第 11 期。

张博：《对外汉语学习词典"同近义词"处理模式分析及建议》，郑定欧：《对外汉语学习词典学国际研讨会论文集》，香港城市大学出版社 2005 年版。

张博：《同义词、近义词、易混淆词：从汉语到中介语的视角转移》，《世界汉语教学》2007 年第 3 期。

张博：《外向型易混淆词辨析词典的编纂原则与体例设想》，《汉语学习》2008 年第 1 期。2008a

张博：《第二语言学习者汉语中介语易混淆词及其研究方法》，《语言教学与研究》2008 年第 6 期。2008b

张博：《汉语词义衍化规律的微观研究及其在二语教学中的应用》，《世界汉语教学》2009 年第 3 期。

张博：《〈现代汉语词典〉条目义项与词语义位的不对应及其弥合空间》，《江苏大学学报》（社会科学版）2009 年第 5 期。

张博：《二语学习中母语词义误推的类型与特点》，《语言教学与研究》2011 年第 3 期。

张博：针对性：易混淆词辨析词典的研编要则，《世界汉语教学》2013 年第 2 期。

张博：《〈汉语易混淆词辨析词典〉"语别化"的理据与特征》，《国际汉语学报》2015 年第 2 期。

张博：《汉语二语教学中词语混淆的预防与辨析策略》，《华文教学与研究》2017 年第 1 期

张赪：《二语语法习得研究的类型学方法探析》，《烟台大学学报》（哲学

社会科学版）2016 年第 2 期。

张定：《"追逐"动词语义图》，《当代语言学》2016 年第 1 期。

张定：《"穿戴"动词语义图》，《当代语言学》2017 年第 4 期。

张国宪：《单双音节形容词的选择性差异》，《汉语学习》1996 年第 3 期。

张宏丽、杨廷君：《多义形容词语义习得实证研究——以 HIGH 为例》，《外国语文研究》2015 年第 6 期。

张莉：《词义类型学研究》，《语言研究》2013 年第 3 期。

张连跃：《英语背景 CSL 学习者特异性词语混淆探因及对策》，《汉语学习》2014 年第 5 期。

张连跃、郑航：《词语混淆中母语影响的综合性探证方法——语料库、语言测试、回顾性访谈的三角检测》，《语言教学与研究》2021 年第 1 期。

张萍：《探索二语心理词库——一项基于 FJT 的词汇联想研究》，《东南大学学报》（哲学社会科学版）2013 年第 5 期。

张圆：《空间形容词的多义性研究——以"高""低"为例》，硕士学位论文，上海外国语大学，2018 年。

张志军、苏珊珊：《俄汉语直线型空间维度词的对比分析》，《中国俄语教学》2014 年第 3 期。

张志军、苏珊珊：《俄汉语空间维度词 широкий/узкий 与"宽/窄"隐喻义对比分析》，《中国俄语教学》2017 年第 2 期。

张志军、孙敏庆：《俄汉语"深/浅"空间维度隐喻认知对比分析》，《中国俄语教学》2009 年第 3 期。

张志军、孙敏庆：《俄语空间参数形容词隐喻意义的认知分析》，《中国俄语教学》2010 年第 2 期。

张志军、孙敏庆：《俄汉语"高/低、矮"空间维度隐喻认知对比分析》，《中国俄语教学》2012 年第 1 期。

张志军、孙敏庆：《俄汉语空间维度词对构造层面的对称失衡对比》，《中国俄语教学》2013 年第 2 期。

章琪：《日汉空间形容词的认知对比研究——以「深い・浅い」和"深/浅"为中心》，硕士学位论文，杭州师范大学，2016 年。

赵果：《类型学视野下"头"的"共词化"》，《当代修辞学》2017年第3期。

赵倩：《论"大"》，硕士学位论文，西南师范大学，2004年。

赵稳猛：《日汉"高·低"的语义扩展对比研究》，硕士学位论文，燕山大学，2010年。

赵雅青、褚泽祥：《"高/深+N"的组配及语义对接的管控》，《语言教学与研究》2013年第2期。

周琳、萨仁其其格：《蒙古学习者特异性汉语易混淆词及其母语影响因素》，《语言文字应用》2013年第1期。

朱莉华、白解红：《汉语空间维度形容词时间概念的构建》，《湖南师范大学社会科学学报》2017年第3期。

朱松姬：《韩国语空间形容词量性特征探析》，《东疆学刊》2018年第4期。

朱晓军：《中亚及俄罗斯学生汉语易混淆词研究》，《新疆大学学报》（哲学·人文社会科学版）2012年第6期。

三 外文文献类

Anna Vogel, *Swedish Dimensional Adjectives*. Stockholm: Almqvist & Wiksell International, 2004.

Agustín Llach, *Lexical Errors and Accuracy in Foreign Language Writing*. Bristol: Multilingual Matters, 2011.

Anthanasiadou A., The Conceptualization and the Construal of the Concept of *width* in English, In Nemeth T E. (ed.), *Cognition in Language Use*, Antwerp: IPrA, 2001: 1-11.

Bierwisch, Manfred, *Some Semantic Universals of German Adjectivals*, Foundations of Language 3, 1967: 1-36.

Boroditsky L., Metaphoric Structuring: Understanding time Through Spatial Metaphors, *Cognition* 75 (1), 2000: 1-28.

Casasanto, D. &Boroditsky, L., Time in the Mind: Using Space to Think About Time, *Cognition* 106 (2), 2008: 579.

Clark, E., On the Child's Acquisition of Antonyms in two Semantic Fields. *Journal of Verbal Learning and Verbal Behavior*11, 1972: 750-758.

Clark H. &Clark E., *Psychology and Language*. New York: Harcourt Brace Jovavich, Inc., 1977.

Clark, Herbert., Space, time, Semantics, and the Child. In: T. Moore (ed.). *Cognitive Development and the Acquisition of Language*, pp. 27-63. New York, etc.: Academic Press, 1973.

Comrie B., *Language Universals and Linguistic Typology*. Chicago University Press, 1981.

Corder S. P., The Significance of Learners' errors. *International Review of Applied Linguistics*, 1967: 161-170.

Croft W., *Typology and Universals*. Cambridge: Cambridge University Press, 1990.

Cuervo H. & J. Wyn., Reflections on the Use of Spatial and Relational Metaphors in Youth Studies. *Journal of Youth Studies* 17 (7), 2014: 901-915.

Dirven R. & Taylor J R., The Conceptualisation of Vertical Space in English: The Case of tall. In Brygida R-O. (ed), *Topics in Cognitive Linguistics*, Amsterdam/Philadelphia: John Benjamins Publishing House, 1988: 379-407.

Dixon, R. M. W., Where have all the Adjectives Gone?. In Dixon, R. M. W., *Where Have All the Adjectives Gone? and Other Essays in Semantics and Syntax*, Berlin/Amsterdam/ New York: Mouton, 1982: 1-62.

Duskova. L., On sources of Error in Foreign language Learning, *International Reviews of Applied Linguistics* (7), 1969.

Eckman, F., The Structural Conformity Hypothesis and the Acquisition of Consonant Cluster in the Interlanguage of ESL learners, *Studies in Second Language Acquisition* 13. 1991: 23-41.

Eckman, F., Markedness and the Contrastive Analysis Hypothesis, *Language Learning* 27, 1977: 315-330.

Fillmore, Charles., *Lectures on Deixis*. Stanford: CSLI Publications, 1997.

Alexandre François, Semantic maps and the Typology of Colexification: Intertwining Polysemous Networks Across Languages, Martine Vanhove, *From Poly-*

semy to Semantic Change——*Towards a Typology of Lexical Semantic Associations*, Amsterdam: John Benjamins Publishing Company, 2008: 163 –215.

Galeote, Miguel Ángel, Peraita Adrados, Herminia & Checa Ponce, Elena., Adult Performance in Naming Spatial Dimensions of objects. *The Spanish Journal of Psychology* 2, 1999: 39 –54.

Galton A., Time Flies but Space Does not: Limits to the Spatilisation of time. *Journal of Pragmatics* 43 (3), 2011: 695 –703.

Glucksberg, S., Keysar, B., & Mc Glone, M. S., Metaphor Understanding and Accessing Conceptual Schema: Reply to Gibbs, *Psychological Review* 99 (3), 1992: 578 –581.

Goy, Anna., Grounding Meaning in Visual Knowledge. In: K. R. Coventry & P. Olivier (eds.). *Spatial Language. Cognitive and Computation Perspectives*, Dordrecht, etc.: Kluwer Academic. 2002: 121 –145.

Greenberg, Joseph H., Some Universals of Grammar with Particular Reference to the Order of Meaningful Elements. In Joseph H. Greenberg (ed.), *Universals of Human Language*, Cambridge, MA: The MIT Press, 1963: 73 –113.

Greenberg, Joseph H., Typology Universals and Second Language Acquisition. In Thom Huebner&Charles A. Gerguson (eds). *Crosscurrents in Second Language Acquisition and Linguistic Theories*. Amsterdam: Benjamins, 1991: 37 –43.

Greimas, Algirdas Julien., Sémantique Structurale. Paris: Librarie Larousse, 1966.

Haspelmath M., The Geometry of Grammatical Meaning: Semantic Maps and Cross – Lingistic Comparison. In Tomasello M. (ed.), *The New Psychology of Language*. Mahwah, NJ: Lawrence Erlbaum Associates (2), 2003: 211 –242.

Hawkins, J. A., Implicational Universal as Predictors of Language Acquisition. *Linguistics* 25, 1987: 453 –473.

J. Lyons, *Semantics*, Cambridge: University Press, 1981: 253.

Jackson JC, Watts J, Henry TR, List J – M, Forkel R, Mucha PJ, Greenhill SJ, Gray RD, Lindquist KA, Emotion Semantics show both Cultural Variation and Universal Structure, *Science*, Vol 366, Issue 6472, 2019: 1517 – 1522.

James, C. , *Errors in Language Learning and Use: Exploring Error Analysis*, New York: Longman, 1998.

James, C. , *Errors in Language Learning and Use: Exploring Error Analysis*, Beijing: Foreign Language Teaching and Research Press, 2001.

Jarvis, Scott. , Methodological Rigor in the Study of Transfer: Ldentifying L1 Influence in the Interlanguage Lexicon, *Language Learning* 50 (2), 2000: 245 – 309.

Koch, Peter, Lexical Typology from a Cognitive and Linguistic Point of View. In Haspelmath et al. (eds.), *Language Typology and Language Universals: An International Handbook*, Vol. (2), 2001: 1142 – 1178.

Koch, Peter , Meaning Change and Semantic Shifts, In Päivi Juvonen and Maria Koptjevskaja – Tamm (Eds.), *The Lexical Typology of Semantic shift*, Berlin, Boston: Walter de Gruyter GmbH, 2016.

Koptjevskaja – Tamm, Maria. , Approaching lexical Typology, In Martine Vanhove (ed.), *From Polysemy to Semantic Change*, Amsterdam, Philadelphia: JBPC, 2008: 3 – 52.

Lafrenz, Peter Georges. , Zu den Semantischen Strukturen der Dimensionsadjektive in der deutschen Gegenwartssprache, *Göteborger Germanistische Forschungen*24, Gothenburg: Acta universitatis Gothoburgensis, 1983.

Lakoff, G. & Johnson, M. , *Metaphors We Live By*, Chicago: The University of Chicago Press, 1980.

Lakoff, G. , *Women, Fire, and Dangerous Things*, Chicago: Chicagoz The University Chicago Press, 1987.

Lang, Ewald. , The Semantics of Dimensionsal Designation of Spatial Objects, In: Bierwisch & Lang, *Dimensional Adjectives: Grammatical Structure and Conceptual Interpretation*, 1989: 263 – 417.

Lang, Ewald, Spatial dimension terms, In Haspelmath et al. (eds.), *Language Typology and Language Universals*, *An International Handbook*, Berlin & New York: Mouton de Gruyter, 2001: 1251 – 1275.

Laufer, B. , The Concept of "Synforms" Similar Lexical Forms in Vocabulary Acquisition, *Language and Education*2, 1988: 113 – 132.

Laufer, B. , Some Properties of the Foreign Language Learner's Lexicon as Evidenced by Lexical Confusions, *International Review of Applied Linguistics in Language Teaching* 29, 1991: 317 – 330.

Laurel J. Brinton and Elizabeth Closs Traugott. , Lexicalization and Language Change, *In the Series Research Surveys in Linguistics*, Cambridge: Cambridge University Press, 2005.

Lehrer, A. , A Theory of Vocabulary Structure: Retrospectives and Perspectives. In: Putz, M. (ed.), *Thirty Years of Linguistics Evolution: Studies in Honour of René Dirvén on the Occasion of his Sixtieth Birthday*, Edited by: Manfred, Pütz. Amsterdam: John Benjamins, 1992.

Linde – Usiekniewicz, Jadwiga. , *Określenia wymiarów w języku polskim*, Warszawa: Wydział Polonistyki Uniwersytetu Warszawskiego. 2000.

Linde – Usiekniewicz, Jadwiga. , Dimension terms in Polish. In: H. Weydt (ed.), *Langue – Communauté – Signification, Approches en Linguistique Fonctionelle, Actes du XXVème Colloque International de Linguistique Fonctionelle*, Frankfurt am Main, etc. , Peter Lang, 2002: 217 – 221.

Lyons, John. , *Semantics*. Cambridge: Cambridge University Press, 1977.

María Pilar Agustín Llach, *Lexical Errors and Accuracy in Foreign Language Writing*, Bristol: Multilingual Matters, 2011.

Martine Vanhove (ed.), *From Polysemy to Semantic Change—Towards a Typology of Lexical Semantic Associations*, Amsterdam: John Benjamins Publishing Company, 2008.

Newman, John, Give. *A Cognitive Linguistic Study*. Belin, New York: Mouton de Gruyter, 1996.

Newman, John, *The linguistics of giving*, Amsterdam/New York: John Benjamins Publishing Company, 2002.

Newman, John (ed.) , *The Linguistics of Sitting, Standing and Lying*, Amsterdam: John Benjamins Publishing Company, 2002.

Newman, John (ed.), The Linguistics of Eating and Drinking, *Studies in Typological Linguistics* (84), 2009.

Ogarkova, A., CM Soriano Salinas, A Gladkova., Methodological triangulation in the study of emotion, *Review of Cognitive Linguistics* 14 (1), 2016: 73 – 101.

Rakhilina, Ekaterina., *Kognitivnyj Analiz Predmetenyx imen. Semantika i sočetaemost'*, Moscow: Russkie slovari, 2000.

Robb, M & Lord, C., Early uses of "big" and "little" by Mothers and Children. *Papers and Reports on Child Language Development*, Stanford University, 1981: 108 – 115.

Ronald W. Langacker, *Foundations of Cognitive Grammar*. Standford University Press, 1987.

Selinker, L., Interlanguage. *International Review of Applied Linguistics in Language Teaching* 10 (3), 1972: 209 – 231.

Shen, Helen H., L1 Semantic transfer in the acquisition of L2 Chinese vocabulary by advanced learners,《世界汉语教学》2015 年第 2 期。

Stefan Grondelaers & Dirk Geeraerts, Towards a Pragmatic Model of Cognitive Onomasiology, In Hubert Cuykens, Rene Dirven & John R. Taylor (eds), *Cognitive Approaches to Lexical Semantics*, Berlin, New York: Mouton de Gruyter, 2003: 67 – 92.

Talmy, L., Lexicalization Patterns: Semantic Structure in Lexical Forms, In T. Shopen (ed.), *Language Typology and Syntactic Description*. Cambridge: Cambridge University Press, 1985: 36 – 149.

Traugott, Elizabeth C. & Richard Dasher, *Regularity in Semantic Change*, Cambridge: Cambridge University Press, 2002.

Viberg, Ake, The Lexical Typical Profile of Swedish Mental Verbs. *Language in Contrast* 5 (1), 2005: 121 – 157.

Weydt, Harald & Schlieben – Lange, Birgitte., The meaning of Dimensional Adjectives. Discovering the Semantic Process. *Lexicology* 4 (2) 1998: 199 –

236.

Wienold, Götz & Rohmer, Ulrich. , On implications in Lexicalizations for Dimensional Expressions, In: K. Yamanaka & T. Ohiro (eds.), *The Locus of Meaning*, Tokyo: Kurosho, 1997: 143 – 185.

四　韩日文献类

김억조:「'길다/짧다'의 의미 확장에 관한 연구」,《한국어 의미학》, 2008 제28 권.

인명란:「중·한 공간감각어의 다의 구조 연구」, 경북대학교, 박사학위논문, 2009.

인명란:「{높다/낮다}와 {高/低}의 다의 구조비교 대조연구」,《한중인문학연구》, Vol (31), 2010.

임지룡:「공간감각어의 의미 특성」,《배달말》9, 배달회, 1984.

인명란: 「한국어 공간각어 '길다/짧다'와 중국어 '长/短'의 의미 대조연구」, *Journal of Korean Culture* 34, 2016.

权喜静: 중한 공간도량 형용사 의미 대응 관계 및 개념화 연구, 博士學位論文, 韓國外國語大學校, 2019 年。

张佳颖:《현대중국어 공간척도사의 의미와 개념화 연구》, 서울大學校大學院, 博士學位論文, 2014。

赵彬衫:「한·중 공간형용사 '깊다/얕다'와 '深/浅'의 의미 대비」, 숭실대학교 석사논문, 2012.

朱松姬:「한·중 공간형용사 의미대조 연구 ——깊다/深를 중심으로-」,《동북아 문화연구》제28 집, 2011.

朱松姬:〈한국어 학습자를 위한 공간 형용사 '깊다'의 의미정보 연 구〉,《中國朝鮮語文》제4 기, 2011.

朱松姬:《현대 한국어 공간형용사 연구》, 博士学位论文, 仁荷大学校, 2012.

吉村公宏:《初めての認知言語学》, 東京: 研究社, 2004.

五　工具书类

北京大学东方语言学文学系印度尼西亚文学教研室《新印度尼西亚语汉语词典》编写组：《新印度尼西亚语汉语词典》，商务印书馆1997年版。

《汉语印度尼西亚语大词典》编委会：《汉语印度尼西亚语词典》，外文出版社2002年版。

惠宇、杜瑞清：《新世纪英汉大词典》，外语教学与研究出版社2016年版。

姜晚成、王郁良：《精选日汉汉日词典》（新版），商务印书馆2005年版。

金田一京助等：《新明解日汉词典》，外语教学与研究出版社2012年版。

俞彭年编：《现代日汉双解词典（修订版）》，上海外语教育出版社2012年版。

高大民族文化研究院中国语大辞典编纂：《中韩辞典》（第二版），汉城：高大民族文化研究院2004年版。

王凤阳：《古辞辨》（增订本），中华书局2011年版。

中国社会科学院语言研究所词典编辑室：《现代汉语词典》（第7版），商务印书馆2016年版。

Hornby A. S. , *Oxford AdvancedLearner's English – Chinese Dictionary* (9th edition)《新牛津英汉汉英双解大词典》（第9版），王玉章、赵翠莲、邹晓玲等译，商务印书馆/牛津大学出版社2016年版。

국립국어연구원：《표준국어 대사전》（《标准国语大词典》），부산동아，1999.

在线词典类：

英语在线词典：http：//oxforddic‐tionaries.com/

日语在线词典：https：//dict.hjenglish.com/jp

https：//www.mojidict.com/

韩语在线词典：http：//cndic.naver.com/

http：//dic.daum.net/

印尼语在线词典：www.kbbi.web.id

六　在线语料库网址

北京大学中国语言学研究中心 CCL 语料库：http：//ccl. pku. edu. cn/

国家语委现代汉语平衡语料库 http：//www. aihanyu. org/cncorpus/index. aspx

英国国家语料库：http：//corpus. byu. edu/bnc/

美国当代英语语料库 http：//corpus. byu. edu/coca/

21 世纪世宗计划语料库（韩语）：http：//www. sejong. or. kr/

附录一

目标词的等级、形容词义项及配例

表1　　　　　空间量度形容词的等级与释义

目标词	等级	义项及配例（都是形容词义位）①
大 dà	初级一等	❶在体积、面积、数量、力量、强度等方面超过一般或超过所比较的对象（跟"小"相对）：房子~｜地方~｜年纪~｜声音太~｜外面风~｜团结起来力量~。｜你的孩子现在多~了？❹排行第一的：老~｜~哥。
小 xiǎo	初级一等	❶在体积、面积、数量、力量、强度等方面不及一般的或不及比较的对象（跟"大"相对）：~河｜~桌子｜地方~｜鞋~了点儿｜我比你~一岁｜声音太~，听不见。❺排行最末的：~儿子｜他是我的~弟弟。
长 cháng	初等二级	❶两点之间的距离大（跟"短"相对）。a) 指空间：这条路很~｜~的柳条垂到地面。b) 指时间：夏季昼~夜短｜~寿。
短 duǎn	初等二级	❶两端之间的距离小（跟"长"相对）。a) 指空间：~刀｜~裤。b) 指时间：~期｜夏季昼长夜~。
高 gāo	初等一级	❶从下向上距离大；离地面远（跟"低"相对）：~楼大厦｜这里地势很~。❹在一般标准或平均程度之上：~速度｜体温~｜见解比别人~。
低 dī	初等二级	❶从下向上距离小；离地面近（跟"低"相对）：~空｜飞机~飞｜水位降~❷在一般标准或平均程度之下：~地｜声音太~｜眼高手~。❸等级在下的：~年级学生｜我比哥哥~一班。

① 目标词义项选取及配例依据《现代汉语词典》（第七版）。

续表

目标词	等级	义项及配例（都是形容词义位）
矮 ǎi	中等四级	❶身材短：~个儿丨个头儿不~。❷高度小的：~墙丨~凳儿。❸（级别、地位）低：他在学校里比我~一级。
宽 kuān	中等四级	❶横的距离大；范围广（跟"窄"相对）：~肩膀丨~银幕丨这条马路很~丨他为集体想得周到，管得~。
窄 zhǎi	三等	❶横的距离小（跟"宽"相对）：狭~丨路~丨~胡同。❷（心胸）不开朗；（气量）小：心眼儿~。
深 shēn	初级三等	❶从上到下或从外到里的距离大（跟"浅"相对，③④⑤⑥同）：~耕丨~山丨这院子很~。❸深奥：由浅入~丨这本书很~，初学的人不容易看懂。❹深刻；深入：~谈丨影响很~。❺（感情）厚；（关系）密切：~情厚谊丨两人的关系很~。❻（颜色）浓：~红丨~绿丨颜色太~。❼距离开始的时间很久：~秋丨夜已经很~了。
浅 qiǎn	中等四级	❶从上到下或从外到里的距离小（跟"深"相对，②③④⑤同）：水~丨屋子的进深~。❷浅显：~易丨这些读物内容~，容易懂。❸浅薄：功夫~。❹（感情）不深厚：交情~。❺（颜色）淡：~红丨~绿。❻（时间）短：年代~丨相处的日子还~。❼（程度）轻；不严重：流毒不~/害人不~。
粗 cū	中等四级	❶（条状物）横剖面较大（跟"细"相对，②至⑥同）：~纱丨这棵树很~。❷（长条形）两长边的距离不十分近：~线条丨~眉大眼。❸颗粒大：~沙。❹声音大而低：嗓门儿~丨~声~气。❺粗糙（跟'精'相对）：去~取精丨这个手工活太~了。❻疏忽；不周密：~疏丨~心大意。❼鲁莽；粗野：~暴丨~话丨~人。
细 xì	中等四级	❶（条状物）横剖面小（跟"粗"相对，②至⑥同）：~铅丝丨她们纺的线又~又匀。❷（长条形）两边的距离近：画一根~线丨曲折的小河~得像腰带。❸颗粒小：~沙丨玉米面磨得很~。❹声音尖；声音小：嗓音~/~声~气。❺精细：江西~瓷丨这几件象牙雕刻做得真~。❻仔细；详细；周密：~看丨精打~算丨深耕~作丨这人心很~。
厚 hòu	中等四级	❶扁平物上下两面之间的距离大（跟"薄"相对）：~木板丨~棉衣丨嘴唇很~。❸（感情）深：深情~谊丨交情很~。

续表

目标词	等级	义项及配例（都是形容词义位）
薄 báo	中等四级	❶扁平物上下两面之间的距离小（跟"厚"相对，下②③同）：~板｜~被｜~片｜这种纸很~。❷（感情）冷淡；不深：待他的情分不~。❹（土地）不肥沃：变~地为肥田｜这儿土~，产量不高。
远 yuǎn	初等一级	❶空间或时间的距离长（跟"近"相对）：~处｜路~｜广州离北京很~｜~古｜~景｜久~｜为时不~｜眼光要看得~。❸（差别）程度大：差得~｜~~超过。
近 jìn	初等二级	❶空间或时间距离短（跟"远"相对）：~郊｜~日｜~百年史｜靠~｜附~｜歌声由远而~｜现在离国庆节很~了。

附 录 二

空间量度概念 BIG{大}同词化的语系和语种分布

表1　　　BIG{大}的同词化概念及语种数量网址

序号	概念	语种数	数据网址 （查询日期2021-01-18）
1	ENOUGH	4	https：//clics.clld.org/edges/1202-1881
2	FATHER	6	https：//clics.clld.org/edges/1202-1217
3	MIGHTY OR POWERFUL OR STRONG	8	https：//clics.clld.org/edges/1202-3188
4	OLD（AGED）	10	https：//clics.clld.org/edges/1202-2112
5	HIGH	11	https：//clics.clld.org/edges/1202-1265
6	OLD	13	https：//clics.clld.org/edges/1202-1229
7	FAT（OBESE）	13	https：//clics.clld.org/edges/1202-1279
8	FAT（ORGANIC SUBSTANCE）	15	https：//clics.clld.org/edges/323-1202
9	LONG	17	https：//clics.clld.org/edges/1202-1203
10	LOUD	20	https：//clics.clld.org/edges/377-1202
11	TALL	22	https：//clics.clld.org/edges/711-1202
12	THICK	33	https：//clics.clld.org/edges/1202-1244
13	GROW	36	https：//clics.clld.org/edges/479-1202
14	MANY	45	https：//clics.clld.org/edges/1198-1202
15	WIDE	64	https：//clics.clld.org/edges/1202-1243

附录三

空间量度概念同词化类型分布

表1　　　　　空间范畴的同词化类型

类型	正向空间概念同词化	正向空间概念同词化
空间量度概念之间同词化	BIG｛大｝——WIDE｛宽｝－64 BIG｛大｝——THICK｛厚/粗｝－33 BIG｛大｝——TALL｛高｝－22 BIG｛大｝——LONG｛长｝－17 BIG｛大｝——HIGH｛高｝－11 LONG｛长｝——TALL｛高｝－121 LONG｛长｝——FAR｛远｝－70 LONG｛长｝——HIGH｛高｝－28 LONG｛长｝——LENGTH｛长度｝－5 LONG｛长｝——WIDE｛宽｝－4 TALL｛高｝——HIGH｛高｝－182 TALL｛高｝——DEEP｛深｝－11 HIGH｛高｝——LONG｛长｝－28 HIGH｛高｝——DEEP｛深｝－9 WIDE｛宽｝——THICK｛厚/粗｝－17	SMALL｛小｝——NARROW｛窄｝－44 SMALL｛小｝——SHORT－｛短｝－25 SMALL｛小｝——THIN（OF SHAPE OF OBJECT）｛薄/细（物体的形状）｝－14 SMALL｛小｝——LOW｛低｝－7 SMALL｛小｝——THIN｛细｝－5 SHORT｛短｝——LOW｛低｝－40 SHORT｛短｝——NEAR｛近｝－16 SHORT｛短｝——SHALLOW｛浅｝－4 LOW｛低｝——SHALLOW｛浅｝－20 SHALLOW｛浅｝——THIN（OF SHAPE OF OBJECT）｛薄/细（物体的形状）｝－10 NARROW｛窄｝——THIN（OF SHAPE OF OBJECT）｛薄/细（物体形状）｝－39 NARROW｛窄｝——THIN｛细｝－12 NARROW｛窄｝——FINE OR THIN｛细/薄｝－5 THIN｛薄/细｝——FINE OR THIN｛细/薄｝－24

续表

类型	正向空间概念同词化	正向空间概念同词化
空间量度与方位概念同词化	TALL {高}——TOP {顶部} -3 HIGH {高}——UP {上} -33 HIGH {高}——TOP {上、顶部} -11 HIGH {高}——ABOVE {上} -5 DEEP {深}——BOTTOM {底部} -5 DEEP {深}——INSIDE {内部} -4	LOW {低}——BELOW OR UNDER {在……下面} -42 LOW {低}——DOWN OR BELOW {下、下面} -30 LOW {低}——DOWN {下} -14 LOW {低}——BOTTOM {底部} -12 NEAR {近}——BESIDE {旁边} -93
正-负向量度概念同词化	SHORT {短}——WIDE {宽} -5 LOW {低}——DEEP {深} -5	

表2　　非空间范畴的同词化类型

正向空间量度概念同词化	负向空间量度概念同词化
BIG {大}——MANY {多} -45 BIG {大}——GROW {长大} -36 BIG {大}——LOUD {大声} -20 BIG {大}——FAT {脂肪} -15 BIG {大}——FAT {胖} -13 BIG {大}——OLD {老} -13 BIG {大}——OLD（AGED）{年纪大} -10 BIG {大}——MIGHTY OR POWERFUL OR STRONG {强、强大} -8 BIG {大}——FATHER {父亲} -6 BIG {大}——ENOUGH {足够} -4	SMALL {小}——FEW {少} -124 SMALL {小}——YOUNG {年幼} -29 SMALL {小}——CHILD {孩子} -21 SMALL {小}——CHILD（YOUNG HUMAN）{孩子（年幼）} -11 SMALL {小}——BABY {婴儿} -9 SMALL {小}——SOME {一些} -6 SMALL {小}——EGG {卵、蛋} -5 SMALL {小}——SON {儿子} -4

续表

正向空间量度概念同词化	负向空间量度概念同词化
LONG {长}——FOR A LONG TIME {久、时间长}–36 LONG {长}——MANY {多}–3 LONG {长}——STRAIGHT {直}–5	SHORT {短}——FEW {少}–10 SHORT {短}——ROUND {圆}–6
TALL {高}——LOUD {大声}–28 TALL {高}——FOR A LONG TIME {时间长、久}–4 TALL {高}——EXPENSIVE {贵}–3 HIGH {高}——LOUD {大声}–16 HIGH {高}——SKY {天}–6 HIGH {高}——HEAVEN {天国}–4	LOW {低}——FEW {少}–4 LOW {低}——CHEAP {便宜}–3
DEEP {深}——DARK {黑}–11 DEEP {深}——DIFFICULT {难}–6	SHALLOW {浅}——FLAT {平}–7 SHALLOW {浅}——DRY {干}–3
WIDE {宽}——FLAT {平}–11	NARROW {窄}——THIN (SLIM) {瘦(身材苗条)}–5
THICK {厚、粗}——FAT (OBESE) {胖(肥胖)}–11 THICK {厚、粗}——HEAVY {重}–9 THICK {厚、粗}——DENSE {浓}–9 THICK {厚、粗}——FOREST {森林}–7 THICK {厚、粗}——FAT (ORGANIC SUBSTANCE) {脂肪(有机物质)}–5 THICK {厚、粗}——FULL {满}–4 THICK {厚、粗}——MOTHER'S BROTHER {母亲的兄弟}–3	THIN {薄、细}——THIN (SLIM) {瘦(身材苗条)}–11 THIN {薄、细}——WEAK {弱}–6 THIN {薄、细}——FLAT {平}–5

续表

正向空间量度概念同词化	负向空间量度概念同词化
FAR {远}——THAT {那} -14 FAR {远}——FOR A LONG TIME {久、时间长} -6 FAR {远}——GIVE {给} -4	NEAR {近}——APPROACH {接近} -10 NEAR {近}——SOON {很快} -4 NEAR {近}——JOIN {加入} -4 NEAR {近}——ENTER {进入} -3 NEAR {近}——SUN {太阳} -3 NEAR {近}——NEIGHBOUR {邻居、邻近} -3

后　　记

　　当书稿即将完成时，我的脑海中不断浮现的是十一年前暑假在北京语言大学对外汉语研究中心①参加易混淆词辨析工作的场景，那是一段非常难忘的日子。我非常荣幸能在博士后流动站期间有机会参与这项重要的工作，并从中得到锻炼，这也为我十年来的研究奠定了基础。

　　这是国内规模最大的汉语易混淆词研究课题组在编写面向不同母语背景学习者学习词典的场景。几十个人在大会议室中，在首席专家张博教授的带领下，我们和来自不同国家的专家、研究者一起攻克汉语二语学习者词汇学习的难题——易混淆词，共同研发易混淆词的良方。每天大家早早来到会议室，按照语别在各自的工作组辨析易混淆词，中午大家一起吃盒饭，边吃饭边交流遇到的问题，下午、晚上各小组继续工作。会议室安静时是大家在梳理中介语语料，查阅词典，高度集中精力思考如何辨析才能更准确、更有效；会议室热闹时则是大家为某些词语为何混淆而展开热烈讨论，有些易混淆词往往会困扰我们几天几夜。记得后来我们韩语组在辨析"能"和"会"的时候，三个人合作用了一周的时间才基于中介语语料大致梳理清楚韩国学生混用的分布及成因，并针对致误点进行辨析。

　　在实践中我们不断积累经验，课题组也在张博教授的引领下不断发现问题，不断进行理论思考和提升。在易混淆词辨析过程中，我们深刻体会到母语者参与这项工作的必要性，中介语中很多词语混淆现象不能

---

　　① 后来更名为汉语国际教育研究院、国际中文教育研究院。

仅依赖汉语思维，如果不了解学习者的母语则很难精准发现混淆的成因，学习者的母语是重要的分析参项，与母语者合作至关重要。中介语词汇研究既需要对特定母语背景学习群体的词语混淆展开研究，也需要对不同母语背景学习群体的词语混淆展开对比研究。面对不同母语背景学习群体错综复杂的词语混淆现象，我们更需要开阔视野，更要有跨语言的对比意识，这样才能更精准地分析问题。问题意识指引着我们走近词汇类型学领域，并希望将之引入词汇习得领域为词语混淆提供新的研究视角。而彼时词汇类型学在国内外才刚刚兴起，研究成果很少，与词汇习得研究结合的研究更是一片空白。如何展开二者的结合研究是我们面临的挑战，挑战之一是来自不同母语背景学习者中介语语料的不平衡，这制约着我们对语言现象的深入分析。张博教授常说"中介语语料库是一个富矿，可以从中挖掘出很多宝藏"，虽然当时中介语语料不够丰富、均质，但是"不能等到条件都成熟才做研究"。要解决中介语中复杂的词语混淆现象，跨语言分析是我们必须要面对的问题。

大家逐步在语料的调查中找到自己的研究目标，我也从中发现中介语中单音节量度形容词混用严重，混淆词的词际关系错综复杂，堪比空中交通管线系统。这类词语的混淆现象深深地吸引着我，也深深地困扰着我，因为复杂的问题研究价值高，但是研究难度也大，在出站报告中我重点研究了单音量度形容词混淆的分布特征，跨语言分析了混淆成因。但我的终极目标是走向词汇类型学，并将其与二语词汇习得中的词语混淆现象结合进行分析。而面对复杂的语言现象需要找到突破口，逐步解决，由于量度范畴中的空间量度范畴在认知上是更为基础的一个语义范畴，更具有类型学研究的价值和意义，因此我开始聚焦在这一领域深入研究。在前期积累的基础上，2016年我非常幸运地申请到国家社科基金项目"基于词汇类型学的CSL学习者空间量度范畴形容词的习得研究"（批准号16BYY101）。与此同时，国内词汇类型学也进入快速发展期，研究成果不断涌现，虽然主要集中在本体研究中，但是也为我们借鉴到二语词汇习得领域有重要的价值。另外，全球汉语中介语语料库也逐步建设起来，语料规模和国别/语别分布更加丰富，而此时世界跨语言同词化数据库也在2014—2019年不断迭代发展，由CLICS升级到CLICS[3]。这都为词汇类型学与二语词汇习得的结合研究提供了更好的条件。

新的历史时期、新的理论会为我们的研究带来新的视角,基于词汇类型学理论分析词语混淆现象可以开阔汉语二语词汇习得研究的视野,有助于分析词语混淆复杂现象背后的规律性特征。而不同学习群体词语混淆的共性表现和个性表现也可以为词汇类型学的相关研究提供线索或佐证。这项研究作为一种探索性的研究成果获得国家社科匿名评审专家的一致肯定,同时也为我提出很多宝贵的意见,使我对这一课题有了更深刻的理解和认识。我深知这一领域具有很多挑战,本书在研究中还存在很多不足和不成熟之处,需要进一步研究完善。希望自己今后能不断拓展和深化词汇类型学与二语词汇习得的研究领域。本书出版更多是为抛砖引玉,诚恳希望得到专家和读者朋友们的批评指教。

本书是在博士后出站报告和国家社科结项报告的基础上不断修改而成的。课题在研究的过程中得到导师、专家、同门、学生以及亲友们的热情指导和大力支持。在此,我谨向各位致以诚挚的感谢:

衷心感谢导师张博教授一直以来对我的指引和谆谆教导。导师严谨治学,不仅有宽广的学术视野,敏锐的学术眼光,而且胸襟开阔,谦和豁达。十几年来导师一直关注我的发展和学术成长,时常提醒我要坚持做学术,不断思考,而且为我的研究和教学都提供了很多帮助。在生活中也时常关心我,并将人生经验传授给我。导师正能量满满,是我人生的榜样。我也衷心感谢在博士后流动站期间李宇明教授、张赪教授、程荣教授、谭景春教授、程娟教授、张黎教授给我的指导意见,这些意见对我当时的研究都极有启发性。

衷心感谢导师所带领的北京语言大学词汇学团队,在这个团队,我们十几年来互相启发、互相学习、共同成长,共享学术资源。在课题的研究过程中,各位同门无论在资源供给、误例评判,还是成因分析、访谈调查中都给予我无私的帮助和支持。同时也感谢我的研究生团队(朴鸿妍、冯晶晶、王紫凤、王春雪、郭君怡、韩柳、张依麟、靳佳莹、梁芷晴、易芳、王星童等),几年来我们围绕空间形容词展开跨语言的对比研究和讨论,为词汇类型学的深入研究奠定了基础。

衷心感谢北京语言大学相关单位的领导。科学研究离不开单位的支持，我工作在一个有爱的北京语言大学预科大家庭中，预科教育学院的翟艳院长、韩玉国副院长和别红樱副院长一直关注、支持并不断督促我的课题研究，学院主动为我提供机会到基地驻所，使我在一定时间内从繁重的教学工作中解脱出来。汉语国际教育研究院的基地为我提供了良好的科研条件，让我潜心学术，感谢基地主任姜丽萍教授的支持。我还要衷心感谢北京语言大学科研处张健处长、曹小兵老师、程金花老师、刘志敬老师对我项目的大力支持和帮助。

衷心感谢我的挚友许晓华老师，在我困惑迷茫的时候总能帮我梳理思绪，并在百忙之中帮助我校对书稿。我也衷心感谢家人，十几年来默默陪伴和支持，为我提供温馨的港湾。

衷心感谢中国社会科学出版社对本书出版给予大力支持，由衷感谢责任编辑孔继萍老师对本书的悉心编校。

苏向丽
2023 年 2 月 28 日